DIE KREUZFAHRT DER »ADMIRAL GRAF SPEE«

200 0 200 400 600

Seemeilen

A = Brennstoffübernahme von der »Altmark«

MICHAEL POWELL
DIE SCHICKSALSFAHRT DER GRAF SPEE

MICHAEL POWELL

DIE SCHICKSALSFAHRT DER GRAF SPEE

VERLEGT BEI
KAISER

Titel des Originals: Graf Spee
Einzige berechtigte Übertragung aus dem Englischen

Berechtigte Ausgabe für den Neuen Kaiser Verlag,
Gesellschaft m.b.H., Klagenfurt

Schutzumschlag: Volkmar Reiter unter Verwendung eines Fotos von
Ullstein Bilderdienst, Berlin
Reproduktion: Schlick KG., Graz
Druck und Bindearbeit: Gorenjski Tisk Kranj, Slowenien

KAPITEL I

DIE »AFRICA SHELL«

Um halb zehn Uhr morgens durchfuhr Patrick Dove, Kapitän des 706-t-Tankers *Africa Shell,* der an der portugiesisch-ostafrikanischen Küste entlangdampfte, ein heftiger Schreck. Die diesige ostafrikanische Luft, der Regen, die Böen und die unruhige See im Kanal von Mozambique verschlechterten die Sicht. Dennoch sah er, als er von der Brücke auf die See hinausspähte, wie ein großes Schlachtschiff, dessen Silhouette sich deutlich gegen eine dunkle Wolkenwand abhob, in voller Fahrt auf die *Africa Shell* zukam und eine riesige, weiß schäumende Bugwelle vor sich warf.

Der Erste Offizier, Mansfield, stand neben Dove auf der Brücke — er drückte auf den Alarmknopf, und der Ton der Glocke gellte durch das ganze Schiff. Ein junger Eingeborener stand am Steuer. Er hielt den Kurs gerade, aber seine Augen schielten ängstlich nach Backbord. Die *Africa Shell* war ein ganz neues Schiff und erst vor kurzem für den Küstenverkehr eingesetzt worden. Obwohl sich die Welt im Kriege befand, hätte niemand erwartet, daß sie so bald schon in eine Kampfhandlung verwickelt werden würde. Sie hatte nicht einmal ein Geschütz an Bord. Man hörte die Mannschaften an ihre Alarmposten eilen und die Offiziere über die Laufstege herbeirennen. Sie erreichten die Brücke fast zu gleicher Zeit und außer Atem.

Dove ließ das Fernglas sinken und sagte fast beiläufig: »Einer dieser deutschen Taschenpanzerkreuzer kommt auf uns zu.«

Alles grinste, und Low, der Erste Ingenieur, fragte: »Haben Sie eine Mücke im Glas, Skipper?«

»Und was für eine«, antwortete Dove, »mit tüchtigem Stachel! Schauen Sie selbst.« Er reichte das Glas Ingenieur Jeffcoat; der Zweite Offizier nahm das freie Glas, das auf der Brücke lag. Mansfield, der Erste Offizier, besaß sein eigenes. Alle drei richteten ihre Gläser nach Osten.

Mittlerweile war der riesige Schlachtkreuzer viel näher gekommen. Der kantige Kommandoturm war deutlich zu erkennen, die gedrungene Form und die schnelle Fahrt gaben dem Schiff ein äußerst gefährliches Aussehen. Obgleich rasches Handeln not tat, vermochte kaum einer der Männer das Glas von den Augen zu nehmen. Der Ingenieur faßte sich zuerst: »Bei Gott, Skipper, Sie haben recht.«

»Klar, das ist ein Schlachtschiff«, sagte Mansfield, und fügte hoffnungsvoll hinzu: »Vielleicht eins von den unsrigen.«

»Vielleicht ein Franzose«, meinte Jeffcoat, »der von Madagaskar kommt.«

Dove kümmerte sich nicht um diese Unterhaltung. »Sam!« brüllte er. Sein farbiger Boy antwortete von unten. »Sam! Bring mir das Photo aus meiner Kabine. Das aus der Marine-Zeitschrift — aber rasch!« Dann wandte er sich zu Mansfield »Wie ist unsere Position?« Er ließ sein Fernglas auf seine breite Brust fallen, stützte sich auf die Reling und beobachtete den herankommenden Unbekannten stirnrunzelnd.

»Dreißig Meilen nördlich von Mozambique«, antwortete Mansfield.

»Sie hissen eine Flagge. Schauen Sie hin, Skipper«, sagte der ewig optimistische Mansfield. »Ist das nicht die französische Flagge?«

Dove grunzte skeptisch, schaute aber nochmals hin und fragte: »Wie groß, meinen Sie, ist die Entfernung?«

»Sieben oder acht Meilen«, schätzte Jeffcoat.

Sam kam atemlos mit dem Photo auf die Brücke gestürzt und reichte es dem Kapitän. Dove schaute abwechselnd auf das Bild und durch sein Glas auf das herankommende Schiff, verglich die beiden und murmelte vor sich hin: »Derselbe verflixte große Kommandoturm . . . Hm!« Dann wandte er sich um und sah auf die langgestreckte Küste, die etwa sechs Meilen entfernt lag: »Wenn wir erst in der 3-Meilen-Zone sind, soll es mir egal sein, wenn die ganze deutsche Flotte hinter uns her ist.« Jetzt wurde er plötzlich aktiv: »Steuern Sie die Küste an, Mr. Jeffcoat . . . Holen Sie alles aus der Maschine heraus, Ingenieur, wenn Sie jemals England wiedersehen wollen. Lassen Sie die Boote ausschwingen, Mr. Mansfield. Stellen Sie vorn eine Wache auf, um auf Sandbänke aufzupassen. Ich gehe so nahe heran wie möglich.«

Der Ingenieur rannte in den Maschinenraum, die andern machten sich an die Arbeit. Kommandos erschallten — das Schiff drehte auf Westkurs, direkt auf die Küste zu. Der Maschinentelegraph klingelte auf »Volle Fahrt voraus«.

Bald lief das kleine Schiff mit einer Geschwindigkeit, die von seinen Erbauern nie vorgesehen worden war, auf eine weite, flache Bucht zu. Das Wasser war braun, sandig und bewegt, und die *Africa Shell* hüpfte über die Wellen wie ein führerloser Traktor, der über einen gefrorenen, frischgepflügten Acker jagt. Sie lief gerade auf das Land zu. Dove stand mit dem Rücken zur Fahrtrichtung, Auge in Auge mit seinem Verfolger. Er trug wie alle seine Offiziere Tropenanzug, und seine kurzen weißen Shorts und das Hemd mit den halblangen Ärmeln ließen seine gedrungene Gestalt noch vierschrötiger erscheinen.

»Wieviel machen wir?« schrie er.

Mansfield antwortete stolz: »Zwölf Knoten — vielleicht etwas mehr.«

Das Schiff bebte unter den Erschütterungen seiner auf ungewohnte Touren gebrachten Maschinen und der bewegten See.

»Die anderen sind doppelt so schnell«, stöhnte Dove. »Kontrollieren Sie unsere Position, Mr. Jeffcoat, und melden Sie laufend.« Der Zweite Offizier stürzte ins Ruderhaus und beugte sich über den Kartentisch.

Dove rief ihm nach: »Peilen Sie die beiden Leuchttürme Kap Zavora und Quessico an.« Dann wandte er sich um und sagte durchs Sprachrohr: »Fein, Ingenieur, fein! Versuchen Sie die Fahrt noch um ein oder zwei Punkte höher zu kitzeln, wenn's geht.« Er hob sein Glas und betrachtete das näher kommende Schiff.

»Jetzt signalisieren sie!« Mr. Mansfield trat zum Kapitän, und die beiden Männer schauten durch ihre Gläser und buchstabierten gemeinsam: »Internationaler Code! Drehen — Sie — bei — wir — kommen — an — Bord!«

Die beiden wechselten einen Blick — Dove grollte: »Dreckige Seeräuber! — Wie ist unsere Position?«

Jeffcoat antwortete aus dem Ruderhaus. »Noch eine halbe Meile und wir sind in Sicherheit.«

Dove wandte sich an Mansfield: »Hissen Sie ›Verstanden‹. Sagen Sie dem Matrosen, er soll sich Zeit lassen. Gehen Sie mit ihm und fummeln Sie mit der Flagge herum.«

»Sie signalisieren wieder, Sir«, rief Jeffcoat.

Die beiden Offiziere hoben ihre Gläser wieder und entzifferten: »Verbiete — Funkgerät — zu — benützen.«

Inzwischen vollführten Mr. Mansfield und ein Matrose der Eingeborenenbesatzung wahrhaft artistische Verzögerungsmanöver am Flaggenmast. Nachdem die Flagge halb hoch war, gelang es ihnen, die Leinen so zu verwickeln, daß sie sie wieder herunterholen mußten. Jetzt brauchte keiner mehr ein Glas, um festzustellen, daß ihr Verfolger ein Taschenpanzerkreuzer war. Er war nur noch eine Meile entfernt und holte rasch auf.

Plötzlich gab es einen organgefarbenen Blitz, und eine Rauchwolke stieg in die Luft. Eines der vorderen Geschütze hatte Feuer gegeben! Kapitän Dove ließ sein Fernglas mit einem Ruck fallen, so daß ihm der Riemen in den Nacken schnellte. Wenige Sekunden später heulte eine 15-cm-Granate über seinen Kopf hinweg. Unangenehme Erinnerungen an den Ersten Weltkrieg wurden wach. Eine Fontäne von Sand und Wasser sprang vor dem Bug des Schiffes hoch. Der Mann am Steuer schielte zu Dove hinüber, hielt aber den Kurs. Alle anderen starrten mit offenem Mund zum Kapitän und warteten auf Befehle.

»Hißt die Flagge«, schrie er, »worauf wartet ihr noch? Sollen sie euch eure schönen Köpfe wegschießen? — Wie ist unsere Position?«

»Ich kontrolliere gerade«, kam die Antwort aus dem Kartenhaus, während Mansfield rief: »Sie signalisieren wieder, Sir.«

Dove nahm sein Glas an die Augen und brummte:

»Dreht bei — oder wir versenken euch! — Das kennen wir schon. — Nun, Mr. Jeffcoat?«

»Wir haben es geschafft«, rief Jeffcoat und eilte heran, »wir sind innerhalb der 3-Meilen-Zone — wir sind nur noch zweieinhalb Meilen von der Küste!«

Dove sprang zum Maschinentelegraphen und stellte auf »Langsam«. Der Erste Ingenieur bestätigte fast gleichzeitig. Offenbar hatte er gesehen, wie seine Maschinen in ihren Bettungen hüpften, und seine Hand bereits am Drosselventil gehabt. Der Lärm und die Vibrationen hörten auf. Dove sah wieder nach seinem Verfolger.

»Du kannst jetzt an Bord kommen, mein Junge«, sagte er — und dann ins Sprachrohr: »Wir haben es geschafft, Ingenieur. Kommen Sie auf Deck.« Dann rief er nach dem Boy, der sofort die Treppe heraufstürmte.

»Es kann immer noch ein Franzose sein«, tröstete Mansfield, »der Lust hat, uns zu kontrollieren.«

»Diese Granate schien mir nicht gerade die *Marseillaise* zu summen«, antwortete Dove — und dann zum Boy: »Hol den Gin herauf. Vielleicht hat Mr. Mansfield recht. Bring auch den französischen Vermouth mit, damit wir unsere tapferen Verbündeten begrüßen können.«

Dove schaute wieder durch sein Glas und sagte zornig: »Ein Franzose, am A . . .! Das ist die Naziflagge!«

Er hatte die an der Gaffel flatternde Flagge deutlich erkannt, obgleich sie vom Wind halb zerfetzt, halb von Rauch geschwärzt und ausgebleicht war.

»Wahrhaftig: der Totenkopf und die gekreuzten Knochen«, sagte Dove. »Meine Herren, machen Sie sich bereit, Besuch zu empfangen. Scheren Sie ganz langsam gegen die Küste zu. Sie, Mr. Mansfield, bleiben auf der Brücke, ich muß die Schiffspapiere aus meiner Kajüte holen.«

Halb springend, halb fallend eilte er die steile Treppe hinunter, stürzte in seine Kajüte, öffnete den Safe und ergriff einen bereits vorsorglich beschwerten Beutel. Dann eilte er auf Deck zurück, warf das Paket über Bord und sah zu, wie es versank. Dann ging er nochmals in seine Kabine und holte einen 45er Colt und eine Büchse Munition aus einem Fach. Als er damit an Deck erschien und sich umsah, hatte sich die halbe Mannschaft versammelt, um die Dinge zu beobachten; sein Boy rief hochentzückt zu einem Freund, der sich unten befand: »Tom, Tom! Komm auf diese Seite. Hier gibt's große Schlacht.«

Eine Sekunde später mußte er enttäuscht zusehen, wie sein Kapitän Pistole und Munition dem Paket nachschickte, just als Tom seinen Kopf aus der Kombüse steckte und fragte: »Wo — wo ist die Schlacht?«

»Ist schon fertig«, kam die Antwort.

Die Maschinen der *Africa Shell* standen jetzt fast still, und das Schiff schlingerte schwer in der Dünung. Mansfield, der Erste Offizier, befand sich unten in der Last, um die Gäste zu empfangen. Die andern standen auf der Brücke und beobachteten das Kriegsschiff.

Kapitän Dove gesellte sich zu ihnen. Das Panzerschiff, dreißigmal so groß wie die *Africa Shell,* war jetzt nur noch eine halbe Meile weit weg. Sie hatten auf dem Achterschiff einen elektrischen Kran ausgeschwungen und eine Barkasse zu Wasser gelassen. Es war ein ungewöhnlich großes Ding, vollbesetzt mit Männern, das schnell herankam. Das Kriegsschiff bewegte sich nur langsam und drehte sich, um zwischen die *Africa Shell* und das Land zu kommen. Das Interesse an diesem Manöver flaute ab, als die Barkasse näher kam, und die Offiziere wandten ihre ganze Aufmerksamkeit den Insassen des Bootes zu. Es war ein Prisenkommando.

Jetzt wurde Parick Dove die nackte Wirklichkeit seiner Situation auf einmal bewußt. Er senkte sein Glas zugleich mit Mr. Jeffcoat, und sie schauten sich an. »Sieht aus wie eine Gratisreise nach Deutschland«, bemerkte Dove.

Jeffcoat nickte: »Vielleicht für alle von uns Offizieren.«

»Mr. Jeffcoat, und du, Sam«, sagte Dove leise und ernst, »nehmt alle Wertsachen an euch, die ihr behalten wollt, auch die meinen, und sagt das der übrigen Mannschaft. Beeilt euch! Diese Burschen verstehen keinen Spaß.«

In diesem Augenblick tauchte sein Boy mit einem Tablett voll Gläsern auf. Dove schimpfte: »Was soll das? Zitronensaft — jetzt?«

»Es ist acht Glas, Sir«, antwortete der Boy mit Grabesstimme, »der Koch sagt — Hitler oder nicht Hitler, Sie müssen um acht Glas Ihren Zitronensaft haben.«

»Gib mir das Tablett«, sagte Dove ungeduldig. »Geh in meine Kabine — du weißt doch, wo ich meine goldenen Manschettenknöpfe habe, nicht wahr?«

Des Boys Augen strahlten: »O ja, Sir.«

»Gut, bring sie mir.« — Dann lächelte er Jeffcoat verschämt zu: »Das war ein Hochzeitsgeschenk von meiner alten Dame.«

»Sie kommen, Sir!« erscholl es jetzt von der Last.

Beide Offiziere beugten sich über die Reling.

»Die sehen nicht gerade aus wie von der Sonntagsschule«, meinte Dove.

Jeffcoat nickte: »Die sind von der scharfen Sorte.«

Die große Barkasse hatte längsseits angelegt. Jeffcoats »scharfe Sorte« schwärmte über das Deck aus: zwei Offiziere und zwölf Matrosen, angetan mit den seltsamsten Dingen. Einige waren in Heizeroveralls, andere in schmutzigen weißen Hosen und schwarzen Marinesweatern, einige mit Mützen (ohne Schiffsnamen natürlich), einige mit gestrickten Wollkappen, einige ohne Kopfbedeckung. Nur einer, ein ganz Besonderer, trug saubere weiße Hosen und eine Lederjacke. Er war auch der erste, der an Bord kam. Alle hatten Gewehre in der Hand und Dolche in ihren Gürteln. Das Hakenkreuz war irgendwo an ihrer Kleidung angebracht. Es war die reinste Seeräubermannschaft. Sie kamen an Bord wie Piraten. Eine besondere Gruppe trug Sprengstoff und Sprengkapseln. Mr. Mansfield sah ihnen zornig zu. Die Lederjacke, an ihrem Gewehr fummelnd, redete ihn in gutem Englisch an: »Wo ist Ihr Captain?«

Mansfield zeigte mit dem Damen nach oben: »Auf der Brücke.«

»Zeigen Sie mir die Funkkabine.«

»Wir haben keine.«

Die Lederjacke fuchtelte mit dem Gewehr. »Führen Sie mich sofort hin! Es ist Ihnen verboten, Signale auszusenden. Es ist Ihnen verboten, sich mit Küstenstationen in Verbindung zu setzen. Sie haften mir persönlich dafür, daß niemand erfährt, daß wir hier sind.«

Mansfield trat nah an ihn heran: »Sagen Sie, Herr, sind Sie Offizier auf dem Schiff da drüben?«

»Gestapo«, war die Antwort.

»Dacht' ich doch«, sagte Mansfield, »Süßwassermatrose.«

Während dieses Intermezzos war der Rest des Prisenkommandos seiner Arbeit nachgegangen. Sie wußten genau, was sie zu tun hatten. Offenbar hatten sie es schon manches Mal zuvor getan. Einige verschwanden im Maschinenraum, andere liefen nach vorn, wieder andere nach achtern — wie Frettchen wimmelten sie auf dem ganzen Schiff herum, während die Besatzung des Tankers fluchte oder sie anstarrte. Auf Mr. Mansfields Befehl wurden die Rettungsboote zu Wasser gelassen und die Seesäcke der Mannschaft hinuntergeworfen. Dann wartete man darauf, das Schiff verlassen zu können. Deutsche Befehle und die Rufe fröhlicher Beutemacher schallten von überall her.

Der deutsche Seeoffizier hatte sich direkt auf die Brücke begeben. Als sein Kopf über der eisernen Treppe auftauchte, rief Dove: »Hallo, Hertzberg! Haben Sie einen neuen Job?«

Im ersten Augenblick war Leutnant Hertzberg bestürzt, dann grinste er und trat vor. Er war ein smarter, liebenswürdiger Offizier: »Dove! Bully Dove! Fein, Sie hier zu treffen!« sagte er in perfektem Englisch.

»Ich finde es gar nicht fein, Sie hier zu treffen«, antwortete Dove grimmig. »Aber da Sie schon mal hier sind, halten Sie mit?« Er zeigte auf das Tablett: »Zitronensaft — ich möchte, es wäre Arsenik.«

»Danke«, sagte Hertzberg und nahm ein Glas. Er erhob es: »Worauf wollen wir trinken? ... Aufs Kriegsglück?«

»Hals- und Beinbruch«, entgegnete Dove und hob sein Glas.

»Hals- und Beinbruch«, antwortete Hertzberg.

Sie tranken. Der Deutsche stellte sein Glas auf den Kartentisch und sah Dove von der Seite an: »Ein bißchen anders als auf der Hamburg-Amerika-Linie, eh? Keine Flirts mehr mit hübschen weiblichen Passagieren — keine Bierchen mehr mit Bully Dove.« Dann wurde er offiziell: »Es tut mir sehr leid, Captain. Wir müssen Ihr Schiff versenken.«

»Den Teufel werden Sie versenken«, brauste Dove auf. »Schauen Sie doch her, Hertzberg, sehen Sie sich diese Karte an. Peilen Sie diese Leuchttürme an. Wir sind in portugiesischen Gewässern, gut innerhalb der 3-Meilen-Zone.«

Hertzberg parierte mit einem Lächeln: »Das kann ich nicht zugeben.«

»Zum Teufel, natürlich nicht.«

Hertzberg blinzelte: »Ihre Karte ist ungenau. Sie haben noch zehn Minuten, um Ihre Besatzung in Sicherheit zu bringen.« Sein Ton wurde wieder freundlicher. »Und um der alten Zeiten willen, Dove: Sie und Ihre Offiziere können mitgehen.« Er zeigte mit dem Arm zur Küste: »Sie werden nicht zu weit zu pullen brauchen.«

»Bestimmt weniger als drei Meilen«, antwortete Dove und sah ihm gerade in die Augen.

»Für mich sind es eher mehr«, meinte Hertzberg kühl. »Bitte, führen Sie mich in Ihre Kabine. Ich muß Ihr Logbuch haben.«

Auf der Treppe trafen sie den Ersten Ingenieur mit einem Koffer und der Schiffskatze: »Machen Sie rasch, Skipper«, sagte er atemlos, »sie haben die Seeventile geöffnet und Zeitbomben an die Öltanks gelegt.«

Einige der Boote lagen schon zum Absetzen bereit. Das Prisenkomamndo hatte sein Vernichtungswerk getan; die Leute pendelten in Eile zwischen Schiff und Barkasse hin und her, die Arme voller Beute: Schreibmaschinen, Zigaretten, Flaschen, Radioapparate, Instrumente und Konservenbüchsen.

»Seeräuber! Verdammte Piraten seid ihr«, brummte Dove und ging voran zu seiner Kabine.

Man hörte Mansfields Stimme nach ihm rufen. »Ich komme«, schrie Dove. Und als der Erste Offizier in der Tür erschien, sagte er mit einer Kopfbewegung zu Hertzberg: »Dieser Gentleman will unser Logbuch klauen. Aber ich werde eine Quittung von ihm verlangen.«

Hertzberg lächelte: »Die sollen Sie haben.« Doves Beleidigungen schienen ihm Spaß zu machen.

Ein schwarzes Gesicht erschien hinter Mansfield. »Boy«, sagte Dove, »lauf schnell in meine Kajüte und hol meine Golfschläger und meinen Landanzug.«

»Fort, schwarzer Affe!« befahl die Lederjacke und zwängte sich durch die Tür. Hertzberg blickte finster. Wie fast alle Mitglieder der deutschen Marine hätte er ohne die Gestapo auskommen können. »Wo haben Sie Ihren Code?« wandte sich die Lederjacke an Dove.

»Den internationalen Code?« fragte Dove, absichtlich den Naiven spielend, »auf der Brücke natürlich.«

»Den Geheimcode«, verlangte der Gestapomann zornig.

Dove zeigte mit dem Daumen auf die See. »Das hat der Teufel in seinem Spind.«

Unterdessen hatte Hertzberg seinen Schein ausgeschrieben. »Hier ist Ihre Quittung, Captain Dove. Bitte händigen Sie mir das Logbuch aus«, sagte er förmlich.

Vom Flaggendeck des Panzerschiffes kamen Lichtsignale herüber. Ein deutscher Matrose kam angerannt

Hans Langsdorff

der Kapitän des

Panzerschiffs Graf Spee

und erstattete Hertzberg eine Meldung. Inzwischen hatte man alle Boote zu Wasser gelassen. Das Prisenkommando befand sich bereits in der Barkasse. Dove, Hertzberg und der Gestapomann verließen als letzte den Tanker.

Als Hertzberg die Meldung des Matrosen erhielt, verließ er plötzlich die Kajüte, gefolgt von Dove. Als sie das Fallreep hinunterstiegen, sagte er: »Tut mir leid, Dove: Gegenbefehl. Sie werden mit uns kommen müssen.«

Dann rief er zu den Booten hinüber, die auf der Dünung tanzten: »Los, pullen Sie weg! Das Schiff wird gleich versenkt.« Mansfield, der im Heck seines Bootes stand, rief nach Dove, doch Hertzberg antwortete ihm: »Ihr Captain geht mit uns!« Dann sagte er etwas auf deutsch zum Gestapomann. Dove protestierte. »Und was ist mit Ihrem Versprechen, Hertzberg?« Der Offizier antwortete ohne zu lächeln: »Mein Kapitän hat uns zurückbeordert. Wir haben ein anderes Schiff gesichtet, dem wir unsere Aufmerksamkeit schenken müssen. Kommen Sie!«

»Ich protestiere«, sagte Dove trotzig, folgte aber dem Befehl.

»Sie können sich bei Kapitän Langsdorff beschweren!«

Die Barkasse nahm Fahrt auf und schoß auf das Kriegsschiff zu. Ein klagender Schrei tönte über das Wasser. Es war Doves Boy: »Oh — Captain, Sir!« Die Boote der *Africa Shell* schaukelten im Kielwasser der Barkasse, Dove winkte und rief mit aller Kraft: »Viel Glück euch allen!« Und viele Stimmen antworteten über das Wasser. Dove füllte seine Lungen bis zum Bersten und schrie: *»Mr. Mansfield! Erstatten Sie dem* *nächsten britischen Konsul Meldung!«* Der Gestapomann machte eine Bewegung, um ihn zum Schweigen zu bringen, aber auf ein Zeichen von Hertzberg zuckte er mit den Achseln und setzte sich wieder auf die Ruderbank.

Hoch über einem Wellenkamm erschien noch einmal die Gestalt von Doves Boy, der mit rührender Gebärde die Golfschläger und den Landanzug seines Kapitäns in die Höhe hielt, und eine dünne Stimme klagte, vom Lärm des Windes und der See verzerrt: »Captain, Sir! Ihre Sachen —!«

KAPITEL II

DER TIGER DER SEE

Die Barkasse näherte sich dem riesigen Stahlleib des Kaperschiffes, der sie um zehn Meter überragte. Der große Kran war ausgeschwenkt, der Haken fuhr ihnen bereits entgegen, als der Bootsführer die Barkasse längsseits brachte. Die Taljen lagen im Boot bereit und wurden geschickt eingehängt. Es wurden keine Befehle gegeben. Alles geschah nach den Signalen der Bootsmannspfeife hoch über ihren Köpfen, wo Dove Gesichter auf sie herunterspähen sah. Es waren fast alles junge Gesichter, einige von ihnen noch halbe Kinder, nicht älter als sechzehn oder siebzehn Jahre. Sie schauten gespannt herab, um zu erfahren, was für Beute man gemacht und welcher Fisch sich diesmal in ihrem Netz gefangen hatte.

Dove hatte erwartet, eine Strickleiter hinaufklettern zu müssen. Zu seinem Erstaunen gab es nochmals einen Pfiff, und die Barkasse hob sich mit all ihren Insassen glatt und sauber aus dem Wasser und in die Luft. Bald hatten sie die Höhe des Decks erreicht, und ein paar Sekunden später waren sie weit darüber. Dove konnte die Leute an den Geschützen sehen und wie die Kanonen langsam herumschwenkten und den Horizont absuchten. Er überblickte jetzt das ganze Achterdeck des Schiffs und sah die Aufbauten über sich aufragen. Mit schnellem Auge erfaßte er die vorderen Geschütztürme und die übrige Bewaffnung des Kreuzers; aber schon senkte sich die Barkasse mittschiffs nieder und wurde sanft in einen offenstehenden Hangar hinuntergelassen. Ein vierschrötiger, typisch norddeutscher Maat mit einer Signalpfeife im Mund, mit einem kräftigen, frischen Gesicht, grinste Dove an, während die Barkasse zu seinen Füßen in ihr dunkles Versteck versank; mehrere andere Matrosen winkten ihm freundlich zu. »Wie die lieben Sardinen«, brummte Dove zu Hertzberg, als sie zwischen den Stahlwänden verschwanden.

Die Schiffsmaschinen liefen bereits auf halbe Fahrt, und plötzlich begann ein Lautsprecher Befehle zu schmettern. Dove vernahm das Getrappel von Stiefeln auf dem Deck über ihm. Die Barkasse setzte sich mit einem dumpfen Stoß auf die Aufklotzung am Boden des Hangars. Alsbald ertönte von oben ein unheimlich dröhnendes Geräusch. Als Dove nach oben sah, entdeckte er zu seinem Erstaunen, wie ein riesiges Stahldach über die Öffnung des Hangars rollte, um das Ganze abzudecken. Der Spalt wurde immer kleiner, und er sah, wie die Köpfe der herunterspähenden Matrosen abgeschnitten wurden. Das letzte Zipfelchen Himmel verschwand, und das Dach schloß sich mit einem Knirschen. Für einige Augenblicke befanden sie sich in völliger Finsternis, dann gingen grelle Lichter an, und die Bootsmannschaft kletterte aus der Barkasse, gefolgt von Dove und Hertzberg. Dove war ein Gefangener an Bord des Kaperschiffs.

Als Hertzberg Dove nach vorn führte, lief das Kriegsschiff bereits mit voller Fahrt voraus. Das Brüllen des Luftgebläses war ohrenbetäubend, als sie am Maschinenraum vorbeikamen. Ihr Weg führte sie über mehrere »Stockwerke« und Gänge. Dove hielt seine Augen offen und lauschte auf die hundert Geräusche, die auf einem großen Schlachtschiff zu hören sind. Endlich standen sie vor der Tür einer Kabine in der Nähe des Kommandoturms. Hertzberg klopfte und trat gleich ein, gefolgt von Dove. Ein Mann in Kapitänsuniform saß vor einem Schreibtisch. Hertzberg trat vor und erstattete kurz Meldung. Dove verstand nur, daß von »Kapitän Dove« und dem »Tanker *Africa Shell*« die Rede war.

Sein Blick fiel auf die große eingerahmte Photographie eines Schlachtkreuzers, die an der Schottwand hing. Er trat vor und sah sie genauer an. Da war eine französische Aufschrift, die besagte: »Der *Graf Spee* zur Erinnerung an den französischen Kreuzer *Jeanne d'Arc*.«

Der gedämpfte Schall einer ziemlich nahen Explosion riß ihn aus seinen Betrachtungen. Dove drehte sich um und sah, wie die beiden Offiziere einen Blick tauschten.

»Es tut mir leid, Captain«, sagte der Kapitän höflich, »aber das war Ihr Schiff.«

Dove brummte und murmelte etwas von gewissen Seeräubern; dann wies er auf das Photo und sagte. »Sie sind also der Taschenpanzerkreuzer *Admiral Graf Spee*.« Die beiden Deutschen lächelten, ohne zu antworten. Kapitän Kay verabschiedete Hertzberg, und Doves alter Schiffskamerad war geschmacklos genug, ihm zuzuzwinkern und »Cheerio!« zu sagen, bevor er die Tür hinter sich schloß.

Der Kapitän zeigte auf einen Stuhl: »Bitte, nehmen Sie Platz.«

Dove ignorierte die Aufforderung und sagte: »Kapitän Langsdorff, ich möchte einen Protest anmelden.«

»Mein Name ist Kay«, wurde er unterbrochen. »Ich

habe den Rang eines Kapitäns zur See, bin aber nicht der Kommandant dieses Schiffs.«

Dove rührte sich nicht von seinem Platz und verlangte stur: »Ich wünsche Kapitän Langsdorff zu sprechen.«

»Ihr Wunsch wird ihm vorgetragen werden«, antwortete Kay ruhig. »Kapitän Langsdorff verläßt die Brücke nur selten. Ist das der einzige Anzug, den Sie haben? Sie werden ja frieren.«

Dove schaute auf und fragte neugierig: »Warum? Fahren wir nach Süden?«

Da er keine Antwort erhielt, fuhr er fort: »Der junge Hertzberg hat mir keine Zeit gelassen. Ich habe nur, was ich anhabe.«

Kay war sichtlich bemüht, sich nicht von seiner freundlichen Haltung abbringen zu lassen, und versprach: »Wir werden sehen, was sich für Sie finden läßt. Bitte, setzen Sie sich doch, Captain.«

Dove erlaubte sich, der Aufforderung nachzukommen. Kay schob ihm ein Kästchen zu: »Zigarette?«

Dove griff zu und sah sie aufmerksam an. Kay lächelte: »Ja, es ist eine Virginia. Von einem englischen Schiff, der *Newton Beach*.«

Dove zündete die Zigarette an: »Ach, Sie sind's also, die die *Newton Beach* auf dem Gewissen haben.«

Kay goß ihm einen Whisky ein und meinte: »Scotch, vom Dampfer *Clement*.«

»Oh«, sagte sein Gast, »und wer versorgt Sie mit Tee?«

Kay sah ihn erstaunt an. »Tee?« Dann lachte er: »Oh, Sie meinen das Kistchen Orange Pekoe da drüben! Das kommt vom *Huntsman*.«

»Der Kapitän des *Huntsman* war mein Freund«, murmelte Dove grimmig.

Kay machte ein gekränktes Gesicht: »Bei allen Frachtern, die er versenkte, hat Kapitän Langsdorff nicht ein einziges Menschenleben geopfert. Er ist fanatisch in dieser Beziehung. Sie werden Ihren Freund wiedersehen — wenn alles gutgeht.«

»Ist er an Bord?« fragte Dove gespannt.

»Das nicht gerade«, antwortete Kay ausweichend und fragte, ob Dove Wasser oder Soda wünsche. »Ich nehme meinen Whisky pur«, sagte der Gast und kippte sein Glas.

»Ich darf Ihnen sagen, daß wir genug Whisky an Bord haben. An Tee sind wir etwas knapp.«

Dove sah nach dem Teekistchen in der Kabinenecke. Kay folgt seinem Blick: »Das ist ein Weihnachtsgeschenk für meine Frau. In Hamburg haben sie noch weniger Tee als wir.«

»Also gehen wir zu Weihnachten nach Hause?« kommentierte Dove, »das ist famos.«

Das Alarmsignal begann zu summen. Auf dem ganzen Schiff gingen die Lautsprecher an. Befehle und Zahlen wurden gerufen. Schwere Stiefel eilten über die stählernen Decks und die eisernen Treppen hinauf. Dove konnte eine Frage nicht unterdrücken. Kay bediente ohne zu antworten eine Klingel. Draußen tönte ein Summer. Die Tür ging auf, ein Oberwachtmeistermaat trat ein und grüßte mit dem Hitlergruß.

Dove hatte bereits bemerkt, daß nur wenige an Bord anders als mit dem alten Gruß der Marine grüßten. Es wurde nicht nur sehr selten mit dem Hitlergruß gegrüßt, er war vielmehr bei der deutschen Marine äußerst unbeliebt, bis dieser Gruß nach dem Attentat auf Hitler im Jahre 1944 zwangsweise eingeführt wurde.

Kay erhob sich und sagte zum Oberwachtmeistermaat: »Begleiten Sie den englischen Kapitän in seine Kabine.« Dabei setzte er seine Mütze auf. Die Unterhaltung war zu Ende.

Dove stand auf, blieb eine Weile stehen, zuckte mit den Achseln und ging hinaus. Der Wachtmeister kam nach und schloß die Tür. Noch immer brüllten die Lautsprecher. Der Wachtmeister tauchte über eine Leiter in einen stählernen Gang hinab. Es wimmelte von rennenden Matrosen. Sie setzten im Laufen ihre Stahlhelme auf, und Gasmasken baumelten ihnen auf der Brust. Alle machten einen fröhlichen Eindruck. Die meisten waren junge Burschen von siebzehn oder achtzehn Jahren. Dove und sein Begleiter stiegen wieder eine Leiter hinunter, gingen über eine große Plattform, dann über eine Leiter, durch einen Korridor und schließlich nochmals über eine Leiter. Überall schwärmten Matrosen hin und her, wie in ihrem Nest gestörte Ameisen. Der Lärm der Maschinen wurde lauter und lauter. Es war, als spürte man das ganze Schiff von Kraft und Energie beben.

»Gibt es ein Gefecht?« fragte Dove.

Ohne stehenzubleiben sagte der Wachtmeister: »Verzeihung?« Er hatte wohl die englische Frage nicht verstanden, und so versuchte Dove es mit pantomimischen Gesten und brüllte auf englisch: *»Fight — Battle!* Bumm! Pschsch!«

Der Wachtmeister lachte trocken: »Nein, nein, keine *Battle.* Wie *Clement,* wie *Huntsman,* wie *Africa Shell,* eh, Kapitän?«

Dove verstand: »Wieder ein *Merchantship,* eh?«

»Ja, ja! *Merchantship*«, echote der Wachtmeister glücklich. »Keine *Battle!*«

»Vielleicht hängt das nicht von euch ab«, sagte Dove vor sich hin und ohne daß sein Begleiter es verstehen konnte. »Ich möchte es erleben, daß das Lachen auf deinem dummen Gesicht verschwindet.«

»Pardon?« sagte der Wachtmeister.

»Bewilligt«, gab Dove zurück.

Sie befanden sich jetzt unterhalb der Wasserlinie. Hier gab es kein Bullauge. Ein blaues Licht beleuchtete die kleine, einfache Kabine. Es war ziemlich lärmig. Ein Ventilator surrte in einer Ecke des Raumes. Er mußte jemand gehören, denn es hingen Kleidungsstücke herum, Bücher, und ein paar Photos lagen überall verstreut. Der Wachtmeister verkündete: »Sie bleiben hier. Ich gehe jetzt.« Und schon war er fort.

Dove brummte: »Sie bleiben hier — als ob mir was anderes übrigbliebe.« Er schaute sich in der Kabine um, betrachtete ein Photo an der Wand: »Hübsches Mädchen. Nanu.« Er ließ sich auf die Koje fallen, zog die Füße hoch, streckte sich aus und verschränkte die Arme hinter seinem Kopf. »Nur Mut«, redete er sich zu, »wir werden bald tot sein.« Bald darauf schlief er friedlich ein.

Eine Stunde später knackte das Schloß, und die Tür ging auf. Der Wachtmeister kam mit einem sehr jungen Offizier herein. Es amüsierte sie, Dove schnarchend vorzufinden, und sie wechselten ein paar witzige Bemerkungen. Der junge Offizier begann seine Sachen zusammenzupacken und pfiff dabei einen beliebten Schlager. Dove wachte ebenso ruhig auf, wie er eingeschlafen war, und sagte »Hallo«.

Der junge Offizier schlug die Hacken zusammen und verbeugte sich. Er war ein netter blonder Junge und sah kampflustig aus. »Leutnant Friedrich! Flugabwehr!«

stellte er sich vor, und fuhr in gutem Englisch fort: *»Ack-ack-Officer.* Tut mir leid, Sie zu stören. Ich packe schnell meine Sache zusammen.«

Dove richtete sich auf: »Oh, ist das Ihre Kabine?«

Friedrich lächelte: »Es ist jetzt die Ihre.«

»Tut mir leid, Sie hinauszuschmeißen«, sagte Dove.

Friedrich lachte: »Sie sind willkommen! Diese Kabine liegt direkt über der Schraubenwelle. Ich ziehe höher hinauf.« Er zog einige Schubfächer auf und pfiff wieder vor sich hin. Dove schaute grimmig zum Maat hinüber: »Noch mehr Gefangene? Oder ist euch das Schiff entwischt?« Er sprach langsam, mit illustrierenden Gesten, und wurde diesmal verstanden.

Der Bursche antwortete hochfahrend: »Nix ist entwischt. Uns entkommt kein Schiff. Wir sind zu schnell. Japaner.«

Friedrich half mit der Übersetzung: »Es war ein japanisches Schiff.«

»Ein Japaner?« fragte Dove entrüstet. »Das ist doch ein Neutraler. Warum haben Sie mich nicht hinübergeschafft?«

Der Wachtmeister zuckte mit den Schultern und sagte: »Sie wissen zuviel. Sie wissen, daß dieses Schiff die *Graf Spee* ist. Sie wissen, welche Schiffe wir versenkt haben ...« Dann gab er das Radebrechen auf und sagte: »Kapitän, Sie können jetzt an Deck Bewegung machen.«

»Ich möchte mit Kapitän Langsdorff sprechen«, sagte Dove eigensinnig.

Und wieder wurde sein Wunsch mit der Antwort durchkreuzt: »Mag sein, daß er Sie sprechen will, vielleicht auch nicht.«

Als Dove auf Deck kam, war keine Spur von irgendeinem anderen Schiff zu sehen. Soweit er es beurteilen konnte, war ihr Kurs jetzt Süd-Süd-West, während ihre Reise vorher in südöstlicher Richtung gegangen war. Dove schloß daraus, daß Kapitän Langsdorff sich nach der Versenkung der *Africa Shell* direkt von der afrikanischen Küste entfernt hatte, um aus der Reichweite von Suchflugzeugen zu kommen. Dann hatte er seinen Kurs geändert, und sie fuhren, wie Kapitän Kay vorausgesagt hatte, südwärts in kältere Breiten. Nachdem er sich das zu seiner eigenen Befriedigung ausgeknobelt hatte, begann Dove ohne alle Eile seinen Rundgang auf dem Schiff und beobachtete alles, was es dort zu sehen gab, mit dem größten Interesse. Überall waren junge deutsche Matrosen mit irgend etwas beschäftigt. Sie sahen Dove bei seinem Vorbeigang mit dem gleichen Interesse an. Einer oder zwei von ihnen grüßten ihn naseweis aber gutmütig mit einem flüchtigen Nazigruß. Dove nahm das, wie es gemeint war, und antwortete mit einem überdeutlichen Kopfnicken und manchmal mit einem rauhen *»How d'ye do?«*

Es schien keinen Unterschied zu machen, was er sehen durfte und was nicht. Der Wachtmeister zog ihn nicht fort, wenn er stehenblieb, um die 28-cm-Geschütze in ihren schwer gepanzerten Türmen zu bestaunen; wenn er die Batterien der schnellfeuernden Fliegerabwehrkanonen bewunderte; wenn er die Stellungen der 15-cm-Kanonen zählte und all die anderen Waffen, von denen das Kriegsschiff nur so starrte. Immer wieder blieb er stehen, um zum massiven Kommandoturm hinaufzuschauen, der so anders war als alles, was er je gesehen hatte. Etwas, was ihn besonders verwunderte, war eine seltsame Vorrichtung hoch über dem Kommandoturm im Hauptmast, die sich ununterbrochen drehte, als ob sie die See absuchen wolle. Dove hatte, wie viele andere in jenen Tagen, noch nie so etwas gesehen. Seiner Zeit voraus, wie auch in vielen anderen Dingen, war das Panzerschiff mit einer Art von Radar ausgerüstet.

Es gab hundert Dinge zu sehen.

Dove war tief beeindruckt von der Sauberkeit, die überall herrschte: »Man könnte direkt von den Decks essen«, bemerkte er zum Wachtmeister.

»Ja, ja. Bald bekommen Sie was zu essen«, beschwichtigte sein Begleiter ihn.

Dove beschloß, die Konversationsversuche aufzugeben.

Ein Matrose trat herzu und sprach mit dem Wachtmeister, worauf dieser sich an Dove wandte: »Unser Kapitän wünscht Sie zu sprechen«, und schon drehte er sich um, ihm den Weg zu zeigen. Dove blieb wie angewurzelt stehen und rief den beiden nach: »Halt — Stop!« Sie blieben stehen und starrten nach dem vierschrötigen, halsstarrigen Mann zurück. Dove tat keinen Schritt. »Ist es diesmal der Richtige?« fragte er, und als die anderen fortfuhren, ihn anzustarren, fügte er hinzu: »Werde ich Kapitän Langsdorff sehen?« Beide nickten und sagten wie aus einem Munde: »Ja, Kapitän Langsdorff.«

Die Kapitänskajüte befand sich auf der Höhe des Hauptdecks und war sehr groß. Dove fiel zuerst die blendende Sauberkeit und Zweckmäßigkeit auf. Erst später gewahrte er, daß die Möbel aus Stahl und sehr modern in der Form waren. Sein erster Blick galt dem gestrengen Mann, der ihn hatte holen lassen.

Kapitän Langsdorff war ein großer, schlanker Mann von etwa vierzig Jahren. Das war alles, was Dove vorderhand sehen konnte, denn er stand mit dem Rücken zu seinem Besucher, über eine sehr große Karte des Südatlantik gebeugt. Anscheinend war er eben erst von der Brücke hereingekommen, denn sein Fernglas hing ihm noch um den Hals.

Die Seekarte war groß und interessant. Sie war in Dutzende von Quadraten eingeteilt, etwa dreißig Seemeilen in jeder Richtung, die sich alle zwischen bestimmten Breiten- und Längengraden befanden. Auf jedem Quadrat war ein Datum eingetragen. Der Kurs der *Graf Spee* war von ihrem Ausgangspunkt in Hamburg bis zu ihrer gegenwärtigen Position mit dicken Strichen eingezeichnet. Er verlief im Zickzack und kreuzte sich mehrmals vor der Westküste Afrikas. In diesen Gegenden hatte die *Graf Spee* auf der Lauer gelegen, bevor sie britische Schiffe zu versenken begann. Jede dieser Aktionen war auf der Karte verzeichnet. Ordentliche kleine Schilder, bedruckt mit dem Namen des versenkten Schiffes, zeigten die Beute an, die Langsdorff bis zu dem Tage anheimgefallen war. Die *Africa Shell* war bereits im Kanal von Mozambique eingetragen.

Ohne anzuklopfen hatte der Wachtmeister die Tür geöffnet und war, gefolgt von Dove, eingetreten. Der Matrose blieb draußen in Rufweite stehen. Der Maat meldete: »Der englische Kapitän Dove, Herr Kapitän!« Er zog sich zurück, schloß die Tür und ließ Dove allein mit seinem neuen Herrn.

Nach einer Weile richtete sich Kapitän Langsdorff auf und wandte sich um. Er hatte sensible und zugleich energische Züge, aus den Augen sprachen Klugheit und Phantasie. Am Kinn trug er einen eleganten Piratenbart. Seine Haltung war ungezwungen und aufrecht. Er wirkte überaus selbstsicher.

Nun, da er der obersten Instanz gegenüberstand, wurde in Patrick Dove die ganze Entrüstung und Gekränktheit wieder wach. Er sah finster drein und versuchte gar nicht, seine Gefühle zu verbergen. Ein amüsiertes Blitzen tanzte in Kapitän Langsdorffs Augen. »Nun, Captain Dove«, sagte er.

»Nun, Kapitän Langsdorff«, grollte Dove, ohne nachzugeben.

Es folgte eine kurze Pause, und die beiden Männer maßen sich mit den Blicken. Ein liebenswürdiges Lächeln erhellte Langsdorffs Gesicht, dann trat er schnell vor und streckte seine Hand aus. Dove blieb nichts übrig, als sie zu ergreifen. Dann sprach Langsdorff in einem fast akzentlosen Englisch, das noch besser war als dasjenige Hertzbergs: *»How do you do, Captain?* Mein Prisenoffizier hat mir Ihre Beschwerde überbracht. Sie sagen, Sie hätten sich in territorialen Gewässern befunden. Wenn das stimmt, kann es für mich recht unangenehm werden.«

Dove, nicht unempfänglich für den Charme seines Gegners, beharrte aber auf seinem Standpunkt: »Nicht halb so unangenehm, wie es für mich bereits gewesen ist. Ich habe mein Schiff mit allem, was drin war, verloren. Für mich besteht nicht der geringste Zweifel, daß ich innerhalb der 3-Meilen-Zone war, und wenn ich meine Seekarte bei mir hätte, könnte ich . . .«

»Hier ist Ihre Karte, Kapitän«, sagte Langsdorff und nahm ein zusammengefaltetes Papier von seinem Schreibtisch. »Zeigen Sie mir Ihre Position!«

Ziemlich überrascht, glättete Dove das Papier mit seinen harten Händen und sagte: »Das will ich. Schauen Sie her! Sehen Sie diese Linie? Das war mein Kurs, nichts ist eindeutiger als das.« Langsdorff schaute ernst und höflich auf Doves Karte und gab sich den Anschein, Doves Beschwerde zu überlegen, aber er zwinkerte mit den Augen, was Dove nicht entging. Langsdorff lächelte: »Captain, wir werden uns wohl nicht einigen können. Sie wollen mir beweisen, daß Sie im Recht sind und ich im Unrecht — während ich ...« Er sprach den Satz nicht zu Ende und lächelte. Dove sah ihn fest an, und Langsdorff fuhr fort: »Wollen wir einen Kompromiß schließen? Setzen Sie Ihren Protest schriftlich auf, und ich will ihn selbst unterschreiben. Ist das fair?«

Dove merkte, daß er nichts weiter erreichen konnte. An eine Entschädigung nach dem Kriege denkend, nahm er an und meinte: »Gut, das genügt mir, Sir.«

»Darauf wollen wir trinken«, sagte Langsdorff fröhlich. »Nehmen Sie einen Whisky?« Er ging auf die andere Seite der Kajüte, und Dove folgte ihm grinsend: »Von der *Clement.*«

Langsdorff schenkte ein und sah ihn scharf an. »Ja, vom Dampfer *Clement.*« Er folgte dem Gedanken hinter Doves Bemerkung weiter und sagte, ihm das Glas reichend: »Glauben Sie mir, Captain, es macht mir keinen Spaß, Schiffe auf den Grund zu schicken. Kein Seemann tut das gern. Ich führe auch nicht gern Krieg gegen Zivilisten. Bis heute sind es die Zivilisten, die in diesem Krieg gelitten haben. Die Soldaten sitzen hinter Betonwällen und Panzerplatten und senden sich Radionachrichten zu. Die Flieger machen Aufklärungsflüge. Und was die Seeleute betrifft, nun — sehen Sie mich an! Ich habe das Kommando über ein prächtiges Schiff, ein neues Schiff, eines der feinsten Schlachtschiffe, die es gibt. Wir sind schnell ...«

»Fünfundzwanzig Knoten«, schätzte Dove laut.

Langsdorff schwenkte seine Zigarre: »Mehr. Wir haben eine gewaltige Feuerkraft ...«

»Sechs 28-cm-Geschütze«, warf sein aufmerksamer Zuhörer ein, »und acht oder zehn Fünfzehnzentimeter?«

Langsdorff schaute Dove genauer an:

»Sie haben gute Augen. Ja, wir sind stark, und trotzdem lautet meine Order: Handelsschiffe zu versenken und einer Seeschlacht ausweichen.«

»Sie wissen nicht, was Ihnen noch bevorsteht«, tröstete Dove. »Kann sein, daß Sie wider Erwarten auf einen unserer Kreuzer stoßen.«

Langsdorff griff nach einer neuen Zigarre und entzündete sie am Stummel der alten. Er war der einzige Zigarren-Kettenraucher, den Dove je getroffen hatte: »Sie besitzen nur drei Schiffe, die sich mit meinem messen könnten: die *Repulse, Renown* und die *Hood.*«

»So steht's auf dem Papier«, sagte Dove sanft.

Langsdorff sah ihn an und fuhr fort: »Und diese großen Schlachtschiffe sind nicht schnell genug, um mich zu fangen.«

»Viele unserer Kreuzer sind schneller als Sie«, meinte der zähe Gast.

Das Geplänkel schien Langsdorff Spaß zu machen: »Ihre schnellen Kreuzer sind aber meiner Artillerie nicht gewachsen«, sagte er, und Dove erwiderte abermals: »Auf dem Papier.«

Diesmal verfinsterte sich Langsdorffs Gesicht, dann lächelte er wieder und bekannte: »Ich habe noch einen großen Trumpf, Captain: es ist sehr schwierig, mich zu finden.«

»Das will ich zugeben«, sagte Dove. »Es ist mir ein Rätsel, wie Ihr Versorgungsschiff Sie jemals finden kann.«

Das Panzerschiff Graf Spee

auf großer Fahrt

»Das kann es auch nicht«, erwiderte der moderne Freibeuter und sah stolz wie ein Junge aus, als er fortfuhr: »*Ich* finde das Versorgungsschiff.«

»Ist das nicht genauso schwierig?« fragte Dove schlau. Und damit hatte er erreicht, was er wollte. Langsdorff führte ihn hinüber zum großen Kartentisch, den Dove aus dem Augenwinkel betrachtet hatte, seitdem er in der Kabine war. Die beiden lehnten sich über die Karte. Langsdorff wischte die Zigarrenasche weg und erklärte: »Es ist furchtbar einfach. Die Einzelheiten sind geheim, aber das System ist alt. Der Ozean ist in Quadrate eingeteilt, und ich weiß genau, in welchem Quadrat ich an einem vorbestimmten Datum mein Versorgungsschiff treffen kann.«

Dove beugte sich über die Karte und versuchte, so viel als möglich seinem Gedächtnis einzuprägen. Dazu meinte er, daß alles so interessant sei. Als er aufsah, begegnete er Langsdorffs Blick, der ihn amüsiert beobachtete: »Ich weiß genau, was Sie denken, Captain — aber diese Karte ist in Sicherheit, und Sie sind es auch. Vorläufig jedenfalls . . .«

Er richtete sich auf und betrachtete die Karte, auf der sein Kurs eingezeichnet, die verschiedenen Treffpunkte mit dem Versorgungsschiff markiert und all die Schiffe, die er versenkt hatte, aufgeführt waren. Er überblickte sie wie ein Adler, der auf seine Jagdgründe herabsieht, und sagte: »Sie sehen, ich habe die sieben Meere als Jagdgebiet, vom Nordpol bis hinunter in die Antarktis!«

»Ich hoffe, daß Sie nicht bis dorthin fahren, Sir«, bemerkte Dove trocken. »Ich bin nicht warm genug angezogen.«

Langsdorff, dieser seltsame Mann, hob plötzlich

seine Hand und klopfte Dove auf die Schulter. Freundschaftlich, fast mit Zuneigung sagte er: »Unser Schneider wird Sie einkleiden. Ich werde selbst dafür sorgen.« Dann wandte er sich schnell um, ging zur Tür, öffnete sie und rief: »Lempke!« Die Stimme des Wachtmeisters antwortete sofort. »Begleiten Sie Captain Dove in seine Kajüte.« Die Unterredung war zu Ende.

Doch das Merkwürdige war, daß beide Männer, obwohl sie offiziell Feinde waren, das Gefühl hatten, einen Freund gewonnen zu haben.

KAPITEL III

DER TIGER UND DER SCHAKAL

»Wunderbar!« sagte der kleine dicke Schneider.

Dove betrachtete sich im großen Spiegel. Sein neuer Anzug aus dickem blauem Wollstoff saß wirklich ausgezeichnet. Er hatte darauf bestanden, keinerlei Uniformstreifen anzubringen, jedoch verlangt, daß seine Ordensbänder aus dem Ersten Weltkrieg auf die Brust geheftet würden. Nachdenklich strich er über diese Auszeichnungen. Der Schneider, der für sich daherplauderte, zupfte nach Schneiderart da und dort an seinem Werk herum. Er war in Uniform, aber sichtlich kein Seemann. Er schien besonders stolz auf die stattliche Figur seines Kunden zu sein. »Wunderbar!« wiederholte er.

»Meinen Sie Ihre Arbeit oder spielen Sie auf meine Figur an?« fragte Dove.

Der Schneider strahlte ihn an und fragte wie gewöhnlich: »Bitte?«

Dove spitzte plötzlich die Ohren. »Hallo. Wir verlangsamen die Fahrt. Was ist los?«

Ein Chinese steckte seinen Kopf zur Tür herein. Dove wußte, daß er in der Wäscherei arbeitete. Das Gesicht des gelben Mannes strahlte: »Hell Winklel (der Schneider hieß Herr Winkler), sie ist da!« Er zeigte auf Deck, verstummte aber, als er den englischen Kapitän gewahrte.

»Nun, John«, fragte Dove freundlich, »wer ist da?«

Jemand stieß den Chinesen ziemlich heftig zur Seite, und der Wachtmeister spazierte herein. Auch er sah ganz vergnügt aus und hatte sein blaues Zeug an. Dove und er, inzwischen alte Schiffskameraden geworden, hatten beträchtliche Achtung voreinander.

»Kapitän Langsdorff fragt nach Ihnen, Captain Dove«, sagte er, »ich habe Befehl, Sie zu bringen.« Bewundernd schaute er auf Doves neuen Anzug. »Der ist prima.«

Dove drehte sich würdevoll vor ihm. Der kleine Schneider mit dem Zentimetermaß um den Hals strahlte vor Stolz. »Fertig?« fragte der Maat. »Jawohl«, antwortete der Schneider und zupfte ein letztes Mal am Rücken des Jacketts. »Sie werden den warmen Anzug an Deck brauchen«, sagte der Wachtmeister zu Dove, als sie aus der Tür traten.

Das erste, was Dove sah, als er ins Freie trat, war ein nur wenige Kabellängen entfernt liegender großer schwerer Tanker, der die norwegische Flagge führte. Er schätzte ihn auf etwa zwölftausend Tonnen. Das Schiff war mit allem für die Brennstoffversorgung auf hoher See ausgerüstet; wie fette, träge Schlangen hingen ein halbes Dutzend Ölschläuche hoch an den Ladebäumen; auf den Decks wimmelte es von Menschen, und Doves scharfe Augen gewahrten Gruppen, die Kisten öffneten und Vorräte aus den Laderäumen heraufholten während andere die Vorrichtungen für den Transport von Schiff zu Schiff überprüften. Kein Zweifel: das war ein Versorgungsschiff. Die Schiffe kamen sich näher und näher. Beide machten um die fünfzehn Knoten, und im schmaler werdenden Zwischenraum kochte und brodelte das Wasser wie ein riesiges Mühlgerinne. Es fiel ihm auf, daß die norwegische Flagge heruntergeholt wurde. Eine andere ging hoch und entfaltete sich: die Naziflagge. Sie wurde von der Besatzung des Schlachtschiffes mit Jubelgeschrei und Hochrufen begrüßt.

Auch auf der *Graf Spee* wimmelte es von Leuten. Arbeitskommandos spannten die Ladebäume auf und machten die Einfüllstutzen für die Ölübernahme bereit. Männer in Stahlhelmen standen bereit, um die Leinen in Empfang zu nehmen. Außerdem war jeder an Deck, die Disziplin war wie durch stillschweigendes Einvernehmen gelockert; Rufe und Scherze flogen zwischen den Schiffen hin und her. Die lärmende Heiterkeit beim Anblick des Versorgungsschiffes verriet die Anspannung, unter der diese Männer während der Monate auf hoher See bei harter Disziplin gelebt hatten.

Sie befanden sich weit im Süden — wie weit, hatte Dove nie herausfinden können. Der Himmel war grau, das Meer grün und eisig. Sie mochten etwa auf der Höhe der Kerguelen oder der Prinz-Edward-Insel sein, und es hätte ihn nicht gewundert, wenn Eisschollen vorbeigetrieben wären. Auf dem Schiff faßte sich der Stahl feucht und kalt an.

Die Schiffe waren nur noch etwa dreißig Meter voneinander, und Dove fand Gelegenheit, die Seefahrerkunst der beiden Kapitäne zu bewundern. Die See brüllte zwischen ihnen. Auf dem Tanker knallte eine Messingkanone; eine Kugel mit einer Leine daran wurde herübergeschossen. Schreiend fuhren die jungen Burschen aus ihren Deckungen, und jeder wollte als erster die Leine fassen. Weitere Leinen schossen zum Vor- und Achterschiff herüber, und in kurzer Zeit waren die Hißanlagen bereit. Offiziere flogen auf Bootsmannsstühlen zwischen den Schiffen hin und her;

Vorräte wurden herübergeschafft; die großen Ölschläuche wanden sich wie Riesenschlangen zum Schlachtschiff, bis ihre offenen Mäuler von ihren Bändigern ergriffen und gezwungen wurden, die Tonnen von Öl in die leeren Tanks abzugeben.

Nach Doves Meinung klappte alles viel zu reibungslos, alles war zu gut organisiert. »Allerhand, was ihr hier macht«, sagte er zum Wachtmeister. »Man könnte meinen, daß der Südatlantik euch gehört!«

Hoch über ihm, von der oberen Brücke des Gefechtsmasts, rief eine Stimme: »Guten Morgen.« Kapitän Langsdorff hatte ihn erkannt und beugte sich herab. Auch er wirkte gelöst und aufgeräumt. Langsdorff hatte sich angewöhnt, Dove während der vierzehn Tage seiner Gefangenschaft alle zwei, drei Tage zu sehen. Sie hatten sich gut kennengelernt, und ihre Hochschätzung füreinander war gewachsen. Dove hatte den Eindruck, daß es dem Kommandanten wohl tat, die Last der Autorität und der Verantwortung, die auf ihm ruhte, für eine Weile zu vergessen. Wahrscheinlich hatte Dove mehr als jeder andere die Bürde gespürt, die auf diesem jungen Kapitän lastete. Langsdorff war ein leidenschaftlicher Patriot, und er glaubte, daß der Ruhm und die Seegeltung Deutschlands von der erfolgreichen Erfüllung eines Auftrags gegen die vereinte Macht der Feinde und von der siegreichen Rückkehr seines Schiffes in den Heimathafen abhing. Dieses Ziel, verbunden mit dem Vorsatz, wenn irgend möglich kein Menschenleben zu vernichten, und dem ausgesprochenen Gefühl dafür, allein für das Schicksal seiner Besatzung verantwortlich zu sein, das alles war eine schwere Last für einen sensiblen Mann von hoher Gesinnung, der einer Marine ohne lange Seetradition angehörte und der kein Echo für seine Ideale fand.

Jetzt, als Dove ihm dafür dankte, daß er ihn auf Deck hatte kommen lassen, sah er froh und zuversichtlich aus. »Ich dachte, es würde Sie interessieren«, rief er herab.

»Sie haben recht«, antwortete er mit einer Betonung, die Langsdorff nicht entging, »das interessiert mich.« Er stand neben einer der »Seilbahnen«, an der ein großer Sack herübergeholt wurde, der in der Luft platzte und das Batteriedeck mit getrockneten Früchten überschüttete. Es gab ein lautes Hallo, und die Maate sahen lächelnd zu, wie die jungen Matrosen sich über die Pflaumen und Rosinen hermachten. Einer der Jungen reichte Dove eine Handvoll. Er zögerte und sah hinauf zur Brücke, wo er Langsdorff zuletzt gesehen hatte. »Bedienen Sie sich nur«, sagte jemand neben ihm. Langsdorff war heruntergekommen, die unvermeidliche Zigarre im Mund; und wie er dastand, in seiner blauen Uniform, die Mütze schief aufgesetzt, mit seinem schwarzen Bart, glich er dem Bild eines romantischen Piraten.

Dove ließ sich das nicht zweimal sagen, nahm eine Handvoll Rosinen und meinte kauend: »Es sieht so aus, als ob der Weihnachtsmann gekommen wäre.«

»Das ist er auch«, sagte Langsdorff heiter. »Mit frischem Fleisch, Gemüse, Früchten und Öl. Wollen Sie den alten Mann näher besichtigen?« Er nahm sein Fernglas ab und reichte es Dove.

Dove nahm es gern. Es hatte ihn gewundert, daß der Tanker keinen sichtbaren Namen trug. Durch die starken Okulare konnte er jetzt sehen, daß sich mittschiffs ein übermalter Name befand. Für scharfe Augen waren die Buchstaben gerade noch zu erkennen. Dove regulierte die Gläser, schaute nochmals hin und buchstabierte laut: *»Altmark«*.

Das war lange Zeit, bevor der Name dieses übelbeleumdeten Gefangenenschiffs bekannt wurde; aber dieser Name, der unter der schwarzen Farbe hervorlauerte, hatte für Dove schon damals etwas Unheimliches.

Als er Dove sprechen hörte, sah Langsdorff ihn von der Seite an, nahm ihm das Glas ab, schaute selbst nach der *Altmark*, runzelte die Stirn, zuckte mit den Schultern und sagte sorglos: »Nicht sehr getarnt. Jetzt machen wir so was viel besser.« Dabei zeigte er auf ein tiefergelegenes Deck, wo einige Matrosen damit beschäftigt waren, ein fünf Meter langes, dreißig Zentimeter breites Metallband mit dem Namen *Deutschland* zu bemalen. Auf einen Ruf des Kapitäns gab der diensthabende Offizier einen Befehl, das Band wurde umgedreht, und auf der Rückseite war *Admiral Scheer* zu lesen. »Das sind zwei unserer Decknamen«, sagte Langsdorff. »Wir bringen sie für die Neutralen an, manchmal die eine, manchmal die andere Seite. Gelegentlich zeigen wir auch unseren richtigen Namen. Die Neutralen berichten immer, wen sie treffen — und so lasse ich Ihre Navy herumrätseln ...«

Er lächelte den ernst dreinblickenden Dove mutwillig an: »Ich bin wie eine schöne Frau. Ich wechsle meinen Hut — ich wechsle mein Kleid, und Hokuspokus bin ich ein anderes Weib!«

In seiner Fröhlichkeit und seinem Redestrom lag eine nervöse Spannung. Dove verstand, daß Langsdorff sich bewußt abzulenken suchte, und hörte ihm aufmerksam zu, während sie weiterschlenderten.

»Sehen Sie dieses Arbeitskommando dort? Sie montieren gerade einen neuen Schornstein — eine Attrappe aus Segeltuch! Und die da drüben machen einen Extra-Geschützturm aus Holz. Wir verändern unsere Silhouette.«

Sie traten zu einem Malermeister, der andere Maler überwachte, die verschiedene Farben mischten: »Das ist unsere Make-up-Abteilung — Max Factor! Hier geht es zu wie in einem Filmstudio in Hollywood. Dies ist unser Maskenbildner.« Dann rief er: »Leutnant Hirth!« Ein ernster junger Leutnant kam her mit einem großen Buch. »Leutnant Hirth ist unser Tarnexperte. Ein großer Künstler auf seinem Gebiet.« Dann sagte er auf deutsch zu Hirth: »Geben Sie mir das Buch.« Dove erkannte es sofort: »Oh-ho, Jane!«

Langsdorff lächelte: »Ja, *›Janes Almanach der Kriegsflotte‹*, eine ausgezeichnete Publikation — Made in England!« Er zeigte auf ein Bild: »Dies ist unsere neueste Silhouette.«

»Aha«, sagte Dove, »ein amerikanischer schwerer Kreuzer. Darum haben Sie also Ziffern auf Ihren Bug gemalt. Das heißt wohl, daß wir westwärts fahren?« Langsdorff und sein Tarnoffizier wechselten einen Verschwörerblick. »Und Sie glauben, daß Sie damit durchkommen?« fragte Dove sehr direkt.

»Schnell genug, um das Erkanntwerden zu verzögern«, antwortete Langsdorff und reichte das Buch mit einem Wort des Dankes zurück. Er nahm seinen Rundgang wieder auf. »Bei dreißig Knoten Fahrt können fünf Minuten darüber entscheiden, ob man in Schußweite ist oder nicht. Im Seekrieg kommt es heute auf zwei Dinge an: einen guten Nachrichtendienst an Land, damit Sie wissen, was Sie zu erwarten haben, wenn Sie es sehen; und gute Beobachter auf Ihrem eigenen Schiff, damit Sie wissen, was Sie sehen, wenn Sie es erwarten ... Übrigens, da wir gerade von Silhouetten sprechen — ich gratuliere«, fügte er hinzu und musterte Dove von Kopf bis Fuß.

»Danke. Auch bei mir ist um den Bauch herum gute Tarnarbeit geleistet worden!«

Langsdorff lachte: »Es ist fein, daß Sie gut aussehen, Captain. Sie werden heute abend Gesellschaft bekommen. Ich lasse alle gefangenen Offiziere von der *Altmark* auf mein Schiff bringen.«

Das war eine große Neuigkeit, und Dove hätte sich eigentlich auf seine Landsleute freuen müssen. Er war von Natur ein geselliger Mann. Aber Menschen sind nun einmal so anpassungsfähig, daß er zu seinem Erstaunen feststellen mußte, wie enttäuscht er darüber war, daß seine einsame Reise auf der *Graf Spee* zu Ende sein sollte. War diese Reise wirklich so einsam gewesen? Sein Leben lang sollten ihm diese zwei Wochen unvergeßlich bleiben. Wahrscheinlich hatte er zu keiner Zeit seines tätigen, aber naturgemäß eintönigen Seemannsleben so viel Zeit zum Nachdenken gehabt noch die Gelegenheit, so viel Interessantes zu erleben, und noch nie die Möglichkeit, einen Mann aus der Nähe kennenzulernen, den er allen Ernstes zu bewundern begann. Es kam ihm plötzlich der Gedanke, dies könnte das letzte vertrauliche Gespräch mit Langsdorff sein. Vielleicht ahnte Langsdorff, was in ihm vorging, denn er betrachtete ihn aufmerksam. »Ich nehme an«, sagte Dove, »daß Sie bisher alle gefangenen Offiziere und Mannschaften auf der *Altmark* untergebracht haben.«

Langsdorff nickte, und Dove fuhr fort: »Darf ich fragen, warum das jetzt geändert wird?« — Natürlich, Captain«, antwortete Langsdorff lebhaft, »ich habe keine Geheimnisse vor Ihnen.« Sein freundliches Lächeln strafte die Ironie seiner Worte Lügen. »Die *Graf Spee* wird von einem anderen Schiff abgelöst. Wir haben vorläufig unsere Pflicht getan.« Plötzlich brach die tiefe Erregung, die hinter seinem sorglosen Gebaren verborgen war, durch. Es lag Empfindung in seinen Worten: »Drei Monate auf hoher See! Wir sind reif für einen Urlaub zu Hause ... Wenn ich heimkomme, muß ich meine gefangenen Offiziere mitbringen. Das ist gut für die Moral der Bevölkerung. Die *Altmark* wird unabhängig von uns mit den gefangenen Mannschaften nach Deutschland fahren. — Heute nacht werden Sie nicht mehr allein sein. Entschuldigen Sie mich jetzt. Ich werde dem Wachtmeister sagen, daß er Ihnen Ihr neues Quartier zeigt ... Lempke!« Er gab einen Befehl, grüßte Dove und verschwand auf der Leiter zur Kommandobrücke.

Die Tür, die zu Doves neuem Quartier führte, trug ein Metallschild, auf dem »Seekadetten« stand. Der Wachtmeister beauftragte den Schiffszimmermann, der sie begleitete, das Schild abzuschrauben. Auch Dove hätte es unpassend gefunden, nun, da der Raum ein Gefängnis werden sollte.

Es war ein großer Raum, direkt unter dem Hauptdeck. Die Bullaugen waren vergittert und mit Brettern verschalt. Viele Stahlstühle standen herum und mehrere Tische, die am Fußboden verbolzt waren. Ein Waschraum und eine Anrichte lagen neben dem Hauptraum. Eine der Ecken war mit weißer Kreide markiert. Blaues elektrisches Licht beleuchtete den Raum, der sehr sauber, aber kahl war. Dove nickte zustimmend: »Sehr schön! Sehr schön und geräumig.«

Der Maat stimmte ihm bei: »Ja, Platz genug für neunundzwanzig Offiziere.« Dove wiederholte betroffen: »Neunundzwanzig?« Sein Führer grinste: »Ja, ja. Und später werden es noch mehr werden.« Er führte Dove zur markierten Ecke. »Das ist Ihr Platz, Captain. Befehl von Kapitän Langsdorff. Für Sie reserviert.«

Junge Matrosen stürmten herein, lachend und schwatzend deponierten sie eine Menge Gepäck. Sie bildeten die reinste Prozession. Im Nu waren Seesäcke, Köfferchen, braune Pakete und sogar ein oder zwei Kabinenkoffer auf dem Boden aufgetürmt. Dove wurde ganz aufgeregt, als er die Schilder las und die Namen der bekannten Heimathäfen sah. »Ich muß schon sagen, daß diese Leute mehr Zeit zum Packen gehabt haben als ich«, seufzte er. Vom Deck kam das Getrappel von Füßen und aufgeregten Stimmen; die ersten Gefangenen stürmten herein. Einer von ihnen rief in breitem Yorkshire-Dialekt: »Zuerst die *Newton Beach!* Hereinspaziert, Jungens!«

»Schnell, besetzt eine der Ecken!« schrie sein Kamerad. »Jawohl! Ecken sind gemütlich«, ließ sich ein kleiner Ingenieur aus Wales vernehmen.

Sie kümmerten sich nicht um Doves ausgestreckte Hand, polterten durch den Raum und ergriffen von der für Dove reservierten Ecke Besitz — seine wenigen persönlichen Effekten flogen in weitem Bogen in die Mitte. Der Kapitän, der als erster hereingekommen war, verkündete mit herausfordernden Blicken: »Das ist die *Newton-Beach*-Ecke!«

Den ersten Eroberern folgten die anderen auf dem Fuße. Niemand fand Zeit für Dove. Das Leben auf der *Altmark* hatte die Manieren dieser Leute offenbar nicht verbessert, dafür aber ihren Selbsterhaltungstrieb geschärft. Während Dove sich hierhin und dorthin wandte, um sich vorzustellen, kamen immer neue Leute herein, rissen sich um die besten Plätze in den Ecken, auf und unter den Tischen. Sobald einer sich ein Plätzchen erobert hatte, rief er den Namen seines Schiffes aus und forderte seine Leute auf, sich anzuschließen. Andere wühlten im Stapel in der Mitte des Raumes, um zu ihrem Gepäck zu kommen. Es war ein Hexensabbat von Stimmen, Scharren, Bumsen von Koffern und Rufen wie *»Huntsman, Huntsman«* ... *»Ashlea,* hierher!« ... *»Newton Beach!«* ... *»Trevanion,* dieser Tisch gehört der *Trevanion!«*

Schließlich faßte der verzweifelte Dove einen großen Mann am Arm, der an ihm vorbeidrängte, drehte ihn herum und sagte mit Nachdruck: *»Good evening, Captain.«*

»Was! Sie sind einer von uns?« rief der Eindringling erstaunt und schaute auf Doves Ordensbänder. Die anderen scharten sich um die beiden: »Ich dachte, er wäre ein Deutscher!« ... »Gott sei Dank, ein neues Gesicht!« ... »Wer sind Sie übrigens?« klang es durcheinander.

»Dove, *Africa Shell*«, antwortete er und fühlte sich wie ein »Neuer« vor einer Bubenklasse.

»Wann ist Ihr Schiff versenkt worden?« fragte der Kapitän der *Ashlea.*

»Am 15. November im Indischen Ozean.«

»Sind noch mehr von Ihnen da?« fragte *Newton Beach.*

»Nein, sie haben nur mich mitgenommen, und mein Schiff war das letzte, das sie versenkt haben.«

»Habt ihr das gehört, Jungens?« rief der Erste von

der *Newton Beach,* »keine Beute mehr seit fast drei Wochen. Sie muß wohl langsam Hunger kriegen.«

»Wie hat man Sie behandelt?« fragte ein Ingenieur.

Das schien eine wichtige Frage zu sein. Dove war in der Lage, ihn zu beruhigen: »Ganz anständig.«

»Und wie ist der Kapitän?« fragte ein streitlustiger junger Ire.

»Ja, wie ist der Alte?« erscholl es im Chor.

»Ein Gentleman«, antwortete Dove tapfer.

Wachtmeister Lempke hatte sich zu der Gruppe um Dove gesellt und hörte wohlwollend zu. Der Ire sah ihn feindselig an und sagte: »Der Alte ist also ein Gentleman? Nicht so einer wie unser Freund Dahl von der *Altmark!* Das war ein richtiges Schwein — der reinste Hen . . .«

»Das war eine verdammte schwimmende Hölle!« fiel eine andere Stimme ein. »Unsere Leute sind wie Vieh zusammengepfercht! Nichts als die vier Wände und ein stinkender Kübel!«

Es gab ein allgemeines Murren, und der Maat sah sich plötzlich lauter wütenden Gesichtern gegenüber. Mit einem »Auf Wiedersehen« zog er sich zurück. Ein verwundeter Funkoffizier, den sie auf einen der Tische bei der Tür gebettet hatten, rief ihm nach: »Auch das wird keine Luxusreise werden!« Der Wachtmeister grinste, trat ins Freie und schlug die Stahltür zu.

Gleich darauf wurde kaltes weißes Licht angezündet. Doves scharfe Augen hatten etwas entdeckt, als die Tür zuging. »Wir haben Glück«, bemerkte er, »Meister Blau hat vergessen, die Schraubenlöcher zuzuschmieren, als er das Schild abmontierte.« Tatsächlich befanden sich vier offene Löcher in der Tür. Dove und einer seiner Mitgefangenen schauten hindurch und entdeckten, daß sie gute Sicht auf das Deck mit der 15-cm-Batterie und ihrer Bedienung gaben. »Das könnte später vielleicht einmal ganz wichtig werden«, meinte Dove und wußte nicht, wie recht er damit hatte. »Wir wollen der Reihe nach Wache halten«, sagte er und machte sich daran, seine Habseligkeiten zusammenzusuchen. Seine Blicke wanderten durch den überfüllten Raum. »Als ich allein war, hätte ich lieber Gesellschaft gehabt — jetzt bin ich nicht mehr ganz sicher ...« murmelte er nachdenklich.

»Wir fahren, Jungs!« rief der Oberingenieur aus Wales, »wir fahren!«

Alle horchten auf, und der Ausgucker an der Tür meldete, daß die Fahrt, nach dem Schatten an Deck zu urteilen, nach Nordwesten ging. »Well, und wer seid ihr nun alle?« fragte Dove und schaute sich um. Eines nach dem anderen meldeten sich nun die Schiffe durch die Stimmen ihrer Offiziere: *»Huntsman!«* ... *»Newton Beach!«* ... *»Ashlea!«* ... *»Trevanion!«* ... Zuletzt kam Dove mit seiner *»Africa Shell!«*

Aus der Seekadettenzeit hing noch eine große Karte des Süd- und Nordatlantik an einer Wand. Mit einer ausholenden Handbewegung fuhr Dove über die weiten Meeresflächen, die vor ihnen lagen, und fragte finster: »Wer kommt als nächster dran?«

KAPITEL IV

DER JÄGER

Es wäre für Dove und seine Mitgefangenen ermutigend gewesen, wenn sie gewußt hätten, daß sich andere Menschen in der ganzen Welt Tag und Nacht dieselbe Frage stellten.

Genau im selben Augenblick gab der Chef des Marine-Nachrichtenwesens in London vor einem seltsam gemischten Publikum einen Überblick über die Lage. Einige seiner Hörer waren in Uniform, andere in Zivil; die einen waren achtbare Leute, die andern hatten einen üblen Ruf. Es waren Männer und Frauen darunter. Einige machten sich Notizen über das Gehörte, andere rauchten und starrten zur Decke. Nur einer oder zwei von ihnen schauten auf die Karte, auf der das weite Operationsgebiet der *Graf Spee* eingezeichnet war. Der Chef des Nachrichtenwesens sprach in einem Ton, als handelte es sich um das Wetter und nicht um die Jagd nach einem Raubtier, das die halbe Welt unsicher machte. »*Trevanion* ... *Newton Beach* ... *Africa Shell* — alles Handelsschiffe, die ohne Schutz fahren. Es mögen zwei Kaperschiffe sein, vielleicht auch nur eins. Wahrscheinlich nur eins, obwohl von mehreren berichtet wird. Sie verfügen drüben über einen guten Nachrichtendienst. Sie haben überall Agenten an Land und neue Methoden der Nachrichtenübermittlung ...«

Ein älterer Offizier in Marineuniform, der irgendwie bekannt wirkte — er war in seinem zivilen Leben ein berühmter Dramatiker —, trat zum Chef und überreichte ihm ein Papier, das dieser überflog, bevor er fortfuhr: »... ich lasse eine Depesche mit Vorrang an alle unsere Agenten, alle Marine-Attachés unserer Botschaften und Legationen gehen. Was wir vor allem suchen, sind Personen, die häufig Telegramme aus neutralen Häfen erhalten.« Er hielt das Papier in seiner Hand hoch: »Sehen Sie zum Beispiel die hier. Das kommt von Stanley aus Paris. Die französische Polizei unterstützt uns vorbildlich ...«

Ein oder zwei Stunden später sollte in Paris auf der Gare de Lyon der Expreßzug nach Rom abfahren. Ein nervöser Herr, der vor dem Schlafwagen nach Genua eine Zigarette rauchte, drehte sich plötzlich um und sprang über die Stufen in den Wagen. Der Umstand, daß die Bahnbeamten bereits *»En voiture!«* riefen, rechtfertigte kaum die große Hast, mit der er zu Bett ging; und wäre sein Gewissen so rein gewesen, wie es hätte sein sollen, hätte ihn der Anblick von zwei Männern, die durch die Sperre eilten, kaum so verwirrt; denn der eine von ihnen war ein französischer Polizeiinspektor namens Lorrain. Sein Begleiter, Gasset, war ein wohlbekannter Inspektor der Sûreté in Zivil. Sie hatten eine Liste von Namen in der Hand und kamen geradewegs auf den Schlafwagen nach Genua zu. Nachdem sie ihre Liste mit dem Schaffner durchgelesen hatten, stiegen sie in den Wagen. Und obgleich der Uhrzeiger die Abfahrtszeit schon überschritten hatte, blieb der Zug in der Halle stehen.

Im Korridor des Schlafwagens klopften Lorrain und Gasset an die Tür. Als keine Antwort kam, versuchte

Lorrain die Tür zu öffnen. Sie war verschlossen, Gasset zog seine Pistole aus der Tasche, gab dem Schaffner ein Zeichen, mit seinem Nachschlüssel aufzuschließen — aber es zeigte sich, daß die Kette vorgelegt war. Auf der anderen Seite kletterte der nervöse Reisende aus dem Fenster und sprang auf den engen, rauchigen Steg, der zwischen dem Expreß und einem Vorortezug lag. Er war in solcher Eile, daß er sich nicht umschaute, und das war recht ungeschickt von ihm, denn er landete direkt in den Armen eines großen Engländers, der ihn festhielt und sehr höflich sagte: »Mein Name ist Stanley — ich nehme an, Sie sind Doktor Livingstone?«

Zwei Tage später saßen in einem Londoner Club zwei Männer Seite an Seite in ihren Sesseln und lasen ihre Zeitungen. Die eine war die *Times*, die andere ein Pariser Blatt. Hinter dieser Deckung aus Papier unterhielten sich Stanley und der Chef des Nachrichtenwesens der Navy mit leiser Stimme. Stanley lachte in sich hinein: »Sein Name war Evergreen (Immergrün). Komisch, nicht? Wir brachten ihn in Gassets Büro. Zuerst haben wir nichts auf ihm gefunden — dann entdeckten wir das da.« Er reichte seine Pariser Zeitung hinüber und nahm dafür die *Times* in Empfang. Der Chef wußte, daß Stanley kleine Geheimnistuereien liebte, und ging auf sein Spiel ein: »Die Pferdesport-Seite?« fragte er und wartete auf Stanleys Erklärungen. »Ja, ja, der Pferdesport . . . Der alte Gasset hatte eine Weile daran herumgerätselt — dann meinte er, er könne nicht verstehen, warum französische Züchter ihren Pferden keine französischen Namen geben könnten. ›Was für Namen meinen Sie?‹ fragte ich ihn. ›Oh‹, sagte er; ›Huntsman, Newton Beach‹. Sie müssen weiter unten lesen, Sir — dort — unter ›Neu eingetroffen‹.«

Der Chef las und murmelte: »Tatsächlich. Warum haben wir das nicht schon längst gemerkt!«

Stanley nickte: »Und jedes Mal ist der Abfahrtshafen genannt.«

»Sehr geschickt«, meinte der Chef.

»Wir haben ihn natürlich fest«, fuhr Stanley fort. »In Frankreich gibt's kein *Habeas Corpus*. Gasset hat ihm einen Mann in die Wohnung gesetzt.«

Der Chef hatte die Seite aufmerksam durchgelesen: »Da sind eine Menge südamerikanischer Häfen angegeben. Ray Martin wird sich darüber freuen.«

Stanley gähnte: »Es ist Zeit für einen Martini. Wo befindet sich Ray Martin zur Zeit?«

»Die Drinks gehen auf meine Rechnung«, sagte der Chef, und nachdem er geläutet hatte: »Montevideo.«

In Uruguay, auf der anderen Seite der Welt, saß Mike Fowler auf der Spitze eines Telegraphenmastes. An diesem besonderen Telegraphenmast fielen drei Dinge auf: das eine war eine sonderbare metallene Gabel, die auf dem Querbalken befestigt war; das zweite ein großer Lehmklumpen, der wie ein kleiner Backofen aussah; und das dritte war Mike Fowler selbst. Er hielt ein Mikrophon in der Hand und sprach mit Begeisterung zu den Hausfrauen Amerikas: »Hier spricht Mike Fowler in seiner Hörfolge von wirklichen Naturaufnahmen aus dem Leben der Vögel und Wildtiere am Rio de la Plata, offeriert von der *Red Meat Packing Company* in Chicago. Wir bringen Ihnen heute die Stimme des Ofen-Vogels. Dieser Vogel hat seinen Namen von seinem sonderbaren backofenähnlichen Nest, das er sich aus Lehm baut. Ein solches Gebilde habe ich eben vor mir; sein Eingang ist geschickt ausgehöhlt, und der Vogel sitzt darin auf seinem Nest — so hoffe ich wenigstens.«

Er klopfte an den Lehmklumpen und fragte: »Ist jemand zu Hause?« Nach kurzer Pause fuhr er fort: »Jawohl — ich höre das seltsame Zischen, das dieses Tier von sich gibt, wenn es gestört wird. Passen Sie gut auf, ich halte jetzt das Mikrophon ganz nahe ans Nest.« Als es soweit war, übertönte das laute Gebrüll einer Viehherde alle anderen Geräusche. »Schneiden!« sagte Mike verzweifelt ins Mikrophon. Er schaute unter sich und rief: »Pop! Das ist doch nicht schon wieder Vieh!«

Der mit Pop angesprochene Mann war ein zäher, schlanker, malerisch aussehender Gaucho. Er lehnte unten am Telegraphenmast und drehte sich mit philosophischer Ruhe eine Zigarette. Rings um ihn herum, so weit das Auge reichte, liefen auf dem staubigen Pfad neben der Autostraße Rinder, Rinder und abermals Rinder. Sie wurden von berittenen Gauchos, die ohne Neugier zu Mike hinaufschauten, zu den Schlachthöfen von Montevideo getrieben. Ein paar Gauchos riefen Pop auf spanisch an, der sein Zigarettenpapier fachmännisch beleckte und seinem Arbeitgeber ungerührt antwortete, bevor er die Zigarette in den Mund steckte: »Klar! Das ist Vieh, viel Vieh!«

»Kann man sie bitten, sich zu beeilen?«

Pop riß ein Streichholz an seinem Daumennagel an und nahm erst einen Zug aus seiner Zigarette: »Keinen Zweck, Mike. Vieh verliert an Gewicht, wenn schnell getrieben. Das wissen Sie doch.«

»Natürlich weiß ich das ... Aber wer kommt denn da?«

Ein Mann in Uniform mit einem schweren Werkzeugkasten hatte sein Motorrad abgestellt und bahnte sich seinen Weg durch die Viehherde. Die Gauchos schimpften, die Hunde bellten, das Vieh brüllte, und der Ankömmling schrie Mike auf spanisch an. Pop übersetzte, während er seelenruhig paffte: »Mann sagt, Sie haben Telephondraht nach Montevideo durchgeschnitten — dies sehr wichtige Leitung — Verbindung von Zentrale zu Radiostation. Mann sagt, er Sie beobachten. Warum Sie immer sagen ›schneiden‹? Er denkt, wir zerschneiden Draht ... Haben wir Erlaubnis?«

Mike war wütend: »Natürlich haben wir Bewilligungen.« Er zog ein Bündel Papiere aus seiner Tasche. »Eine von der uruguayischen Regierung und eine vom Postminister, um diesen Telegraphenmast für die Aufnahmen zu benützen. Dann eine besondere Erlaubnis von der Regierung der Vereinigten Staaten, um ...« Doch weder Pop noch der Fremde hörten ihm zu. Schließlich sah Pop hinauf und meldete: »Mann sagt, wenn Sie alle Erlaubnisse haben, Sie sind all right, und der Ofen-Vogel hat die Leitung kaputt gemacht, nicht Sie. Ofen-Vögel machen Telephongesellschaft viel Ärger. Telephongesellschaft hat Eisengabel auf Querbalken montiert, damit Ofen-Vogel kein Nest baut. Aber nichts kann Ofen-Vogel hindern. Mann sagt, bitte herunterkommen, er 'raufgehen und Leitung prüfen.«

»O. K., O. K.«, agte Mike betrübt. Er kletterte herunter, und der Mann vom Telegraphenamt kletterte hinauf.

In der britischen Gesandtschaft in Montevideo las ein unbedeutend aussehender Mann Zeitungen. Er schien ein Zivilist zu sein, jedenfalls ein Kettenraucher.

Die Tür ging auf, und eine junge, elegante Sekretärin kam herein, schaute unschlüssig durch den blauen Dunst auf den Zeitungsleser und ging zum Telephon. »Geben Sie mir das Gespräch bitte hierher«, sagte sie. »Die britische Botschaft? ... Kann ich Kapitän McCall sprechen? ... Ja, den Marineattaché.« Dann bedeckte sie die Muschel einen Moment mit der Hand und sagte: »Mr. Martin, die Linie ist wieder in Ordnung. Sie haben Buenos Aires.«

Der zerknittert aussehende Mann langte schweigend nach dem Hörer. Sie reichte ihn hinüber und verließ zögernd das Zimmer, als er sagte: »Sind Sie's, McCall? ... Hier ist Ray Martin. Es ist etwas sehr Wichtiges aufgetaucht — bitte kommen Sie mit dem nächsten Flugzeug herüber.« McCall schien nicht bereit, sofort auf die Einladung zu reagieren, denn nachdem Martin ihm eine Weile zugehört hatte, fuhr er fort: »Nein. Tut mir leid wegen Ihrer Tochter. Wir können nichts aufschieben. Die *Exeter* wird morgen hier einlaufen.«

Diese Nachricht hatte offenbar die gewünschte Wirkung erreicht, denn Martin sagte gleich darauf zufrieden: »Gut so. Wir erwarten Sie also morgen früh hier.« Er legte den Hörer auf und wandte sich seinen Zeitungen zu.

In einer Pariser Wohnung saß ein französischer Detektiv auf einem unbequemen Stuhl im Vorraum, las ebenfalls die Zeitung und rauchte. Aus dem Radio, das er sich zur Unterhaltung herausgeholt hatte, kamen die Nachrichten.

Es klingelte an der Eingangstür. Der Detektiv stand auf, ging zur Tür und öffnete. Er wechselte ein paar

Worte mit einem Boten, nahm ein Telegramm entgegen, schloß die Tür, ging zum Telephon an der Wand, wählte eine Nummer, drehte das Radio ab und riß den Umschlag auf. Unterdessen sprach er in den Apparat: »Sûreté dreihundertzehn ... Herr Inspektor? Hier ist Lemaitre. Ein Marconigram aus ... Montevideo ... Adresse Evergreen ... Pferderennen Montevideo — stop — Exeter wird laufen ... Ja, Monsieur Gasset, ja, das ist alles. Ja ... ja«, und er wiederholte den Namen *Exeter*.

Im strahlenden Morgensonnenschein lag der Kreuzer *Exeter* am Kai im Hafen von Montevideo. Es war ein hübsches Schiff, tadellos in Stand gehalten, ein leichter Kreuzer von 8400 Tonnen, mit sechs 20,3-cm-Geschützen armiert. Auf dem Achterdeck war eine Ehrenwache angetreten, und eine Gruppe von Offizieren in blendend weißen Uniformen mit Säbeln und Orden stand vor dem Laufsteg, um einen hohen Gast zu begrüßen.

Der Rolls-Royce des britischen Gesandten glitt über die Tramschienen und hielt am Fuße des Laufstegs. Der Gesandte, begleitet von Captain McCall, stieg aus, ging den Steg hinauf und wurde an Bord mit den gebührenden Pfeifsignalen empfangen. Man tauschte die formellen Begrüßungen aus. Mr. Millington-Drake lüftete seinen Hut.

Mr. Eugen Millington-Drake, groß, elegant, in Eton und Oxford erzogen, ein erstklassiger Sportsmann, reich, großer Hispanophile, gutaussehend und leutselig, war in Uruguay enorm beliebt, und er war in jenem historischen Moment ganz bestimmt der richtige Mann am richtigen Platz. Er war großzügig, hatte einen ausgezeichneten Sinn für Repräsentation, war mehr als bloß ein guter Schauspieler und verstand sich prachtvoll mit Commodore Harwood. Er war für diesen offiziellen Besuch in Cutaway und Zylinder erschienen.

Commodore Henry Harwood-Harwood war ein großer, derber, stämmiger Mann, der harmlos aussah, es aber nicht war. Er hielt auf strenge Disziplin, war ein glühender Patriot und ein Fachmann auf dem Gebiet der Strategie und der Seekriegsgeschichte. Er war sich der politischen und diplomatischen Bedeutung eines hohen englischen Marineoffiziers im Ausland voll bewußt, und während der zwei Jahre, die er auf seinem südamerikanischen Posten verbracht hatte, gab es wenige einflußreiche Leute in Brasilien, Uruguay und Argentinien, die er nicht persönlich kennengelernt hatte. Er besaß scharfe, schlaue Augen und sprach gern und viel über Sport, wobei er nebenbei herausbekam, was er wirklich wissen wollte.

Captain »Hookie« Bell, der die *Exeter* befehligte, war ein schweigsamer, ungemein tüchtiger Offizier mit einer Nase, vor der selbst Julius Cäsar oder Wilhelm der Eroberer Respekt gehabt hätten. Er hatte den Befehl über das Flaggschiff erst vor kurzem übernommen und war mit dem Commodore noch nicht sehr vertraut. Als Kapitän war er sehr beliebt, ein Kämpfer, wie Nelson es gewesen, und er besaß einen grimmigen Humor.

Captain McCall, der britische Marineattaché in Buenos Aires, war ein aktiver und scharfsinniger Mann, mit einer hohen Stirn, sehr lebhaften dunklen Augen und einer starken persönlichen Ausstrahlung.

Nach der offiziellen Begrüßung trat Harwood vor und gab dem Gesandten die Hand. Dann stellte er die anderen vor: »Herr Minister, darf ich Ihnen den neuen Kapitän der *Exeter* vorstellen? Captain Bell — Mr.

Millington-Drake.« Die beiden Männer drückten sich die Hand. Harwood wandte sich um und fragte: »Sie kennen Bell, nicht wahr, McCall?«

McCall nickte: »Hallo, Hookie.«

»Well«, sagte Harwood gutgelaunt, »da nun die langweiligen Förmlichkeiten vorüber sind, wollen wir etwas trinken.«

Unten vor der Admiralskabine stand ein Steward mit einem Tablett voll Gläser und wollte sie hineintragen. Bill Roper, ein junger Matrose und einer der Läufer des Kapitäns, hielt ihn auf: »Versuch zu horchen, wie es mit dem Landurlaub steht.« — »Mach dir keine Sorgen«, sagte der Steward zynisch, »sie hat dich längst vergessen.«

»Du kennst Julie nicht«, antwortete Bill und verschwand, weil Schritte die Kajütentreppe herunterkamen. »Ich paß schon auf«, brummte der Steward, betrat die große luftige Kajüte und setzte das Tablett auf einem Seitentisch ab. Es war schon jemand da. Ray Martin, so still und unscheinbar wie immer, saß er in einem Sessel und las seine ewigen Zeitungen. Draußen hörte man McCall reden: »... das übliche Programm, Sir. Offizielle Besuche beim Hafenkommandanten und bei General Campos, dem Verteidigungsminister. Um 17 Uhr Empfang für alle Offiziere im Englischen Club. Dinner beim Gesandten um 20.30 Uhr. Der Admiral und General Campos werden Ihren Besuch heute morgen um 11.30 Uhr und 12.30 Uhr erwidern.« Martin schaute auf, als sie hereinkamen. Harwood, der McCalls Aufzählung ungeduldig gefolgt war, sagte: »Ja, ja. Übrigens, Sie kennen Martin wohl alle?« Das war der Fall, und Martin nickte. Harwood wollte noch mehr wissen: »Und was ist zwischen 15 und 17 Uhr los? Das interessiert mich.«

»Der Minister hat mich gebeten, diese zwei Stunden freizuhalten«, antwortete McCall.

Der Commodore atmete auf. »Das will ich hoffen. Dann spiele ich Golf, mein Bester, Golf! Sie kommen doch alle?«

»Ja, der Verteidigungsminister, der Admiral und Señor Guani, der Außenminister, freuen sich darauf, mit Ihnen zu spielen.«

»Glänzend«, sagte Harwood. »Und wie steht's mit der Mannschaft?«

Der Steward, die Getränke herumreichend, spitzte die Ohren.

»Mietbusse werden die, die es wünschen, zur Britischen Brauerei fahren«, sagte McCall zu Bell. »Um 15 Uhr findet im Stadion ein Fußballspiel statt. Geben Sie allen Urlaub?«

Mit einem Blick zum Commodore meinte Bell: »Wenn Sie damit einverstanden sind, Sir. Ich würde unter den gegebenen Umständen auch denen, die unter Strafe stehen, einen Landurlaub gewähren.«

Harwood stimmte zu, und der Steward strahlte.

»Alle Strandbäder sind geöffnet, und niemand in Uniform wird Eintritt zahlen müssen.«

Harwood nahm dem Steward seinen Drink ab und sagte: »Schwirr ab, Wilkins.« Dann zu McCall gewandt: »Wie steht's mit der anderen Angelegenheit?«

McCall senkte die Stimme: »Also, um es kurz zu machen: die Telephonleitung zwischen der Gesandtschaft hier und der Botschaft in Buenos Aires wird abgehört. Niemand außer Martin und mir wußte, daß die *Exeter* heute hier erwartet wurde; doch am selben Tag, als er es mir telephonierte, ist es nach Paris gemeldet worden, nicht wahr, Martin?«

Martin nickte, nahm eine neue Zeitung und murmelte: »Könnte ganz nützlich sein, wenn wir ihnen je falsche Informationen geben wollen.«

»Sind von unseren Handelsdampfern welche im Hafen?« fragte Harwood.

Martin hielt vier Finger hoch. »Schön, sie werden eine andere Route nehmen müssen«, sagte Harwood. »Oder vielleicht ist es noch besser, sie ein paar Tage hier aufzuhalten. Das ist ja das Teuflische: die bloße Erwähnung eines Nachrichtenlecks legt die Schiffahrt für Wochen lahm. Das ist mein erster Besuch in Montevideo seit Kriegsbeginn. Wie ist die Stimmung hier, seit wir richtig drin sind?«

»Das kann ich Ihnen genau sagen«, antwortete Millington-Drake, »sie werden alle Regeln der Neutralität strikt einhalten, aber ihre Sympathien sind mit uns.«

Harwood sah McCall an: »Und wie steht's in Argentinien?«

»Dort sind sie von der deutschen Propaganda sehr beeindruckt und stärken den Deutschen den Rücken«, sagte McCall vorsichtig. »Aber sie werden neutral bleiben.«

»Aha«, lachte Harwood, »wir sind also von Neutralen umgeben, aber einige sind neutraler als die anderen.«

Unter allgemeinem Gelächter hob er sein Glas. »Auf das Wohl des Feindes — möge er seinen Weg hierher finden!«

»Wie sind die letzten Nachrichten?« fragte Kapitänleutnant Medley, Harwoods Stabsoffizier.

»Seit der Versenkung des kleinen Tankers *Africa Shell* haben wir nichts mehr gehört«, antwortete McCall. »Aber wir kennen natürlich nicht alle Opfer.

Nicht alle haben die Chance, noch einen Laut von sich zu geben.«

»Es ist wie die Jagd auf einen menschenfressenden Tiger«, sagte Millington-Drake nachdenklich, »einen unbekannten Mörder, der die sieben Meere terrorisiert. Glauben Sie, es ist die *Scheer?*« Diese Frage führte zu einer allgemeinen Diskussion. Das einzige, was man wußte, war, daß das Kaperschiff ein Taschenpanzerkreuzer war. »Wenn sie in unsere Gegend kommt, könnten Sie mit ihr fertig werden?« fragte Millington-Drake interessiert.

Harwood antwortete prompt: »Sie zum Kampf stellen, ganz gewiß. Sie erledigen, das ist weniger sicher. Wenn es die *Scheer* oder die *Graf Spee* ist, so verfügt sie über sechs 28-cm-Geschütze. Von meinen beiden 28-cm-Kreuzern liegt die *Cumberland* auf den Falklandinseln zur Kesselreinigung. Es bleiben mir also nur die *Exeter* und die beiden kleinen 6-Zoll-Kreuzer *Ajax* und *Achilles,* um die ganze Küste von Pernambuco bis zu den Falklandinseln zu überwachen.«

»Eine Strecke von dreitausend Seemeilen. Das ist viel verlangt«, meinte Millington-Drake nachdenklich.

»Ja . . .« antwortete Harwood, »keine kleine Aufgabe.« Aber er schien deswegen nicht gerade niedergeschlagen und schnitt ein anderes Thema an: »Ich bin gespannt, was meine Meute in Punta del Este macht. Ich muß sie unbedingt nächsten Monat laufen lassen.«

»Darf ich Sie daran erinnern, Sir«, fiel Medley ein, »daß die *Exeter* nach internationalem Recht erst in drei Monaten wieder in diese Territorialgewässer zurückkehren darf?«

»Das bezieht sich auf die *Exeter,* aber nicht auf mich«, sagte Harwood.

Wie auf Kommando wurden die Gläser abgestellt. Alle starrten den Commodore an, und selbst Martin ließ seine Zeitung sinken. Harwood ließ sie einen Augenblick zappeln, dann verkündete er: »Ich versetze meinen Stander auf die *Ajax.*« Mit blitzenden Augen sah er die andern über sein Glas hinweg an. Und damit hatte es sein Bewenden.

KAPITEL V

IDYLLE

Ein leerer Bus mit einer kleinen englischen Flagge stand am Eingang der Playa Pocitos, einem der schönen goldsandigen Strandbäder von Montevideo. Der ortsansässige Fahrer lehnte am Kühler und sah sich durch ein billiges Fernglas die Badegäste an. Er hatte gerade Lotte aufs Korn genommen, ein hübsches Mädchen, dessen duftiges Sommerkleid in der Brise flatterte. Sie stand auf einem Landungssteg und schaute aufs Meer, wo etwa hundert Meter weit draußen ein Floß verankert war.

Auf dem Floß zog eben ein Bursche ein junges Mädchen aus dem Wasser. Sie schienen sehr verliebt zu sein. Aus der Entfernung hörten sie das Mädchen vom Landungssteg rufen: »Julita!«

»Jemand ruft dich«, sagte Bill Roper.

Julita winkte hinüber und sagte: »Das ist Lotte. Sie arbeitet mit mir im selben Laden. Aber nicht in derselben Abteilung.«

»Nettes Mädchen?«

»Willst du sie kennenlernen?«

»Nicht gerade jetzt.«

»Du kannst sie treffen, wenn du willst. Sie ist klüger als ich. Sie ist Abteilungsleiterin.«

Bill streichelte ihren Arm und sagte: »Was du nicht sagst! Welche Abteilung hat sie denn?«

Julita, die sich gerne streicheln ließ, schnurrte: »Arbeitskleidung. Weißt du, für die Arbeiter auf den Estancias. Jeans, Overalls, Ponchos.«

Bill zog sie träumerisch zu sich herab und flüsterte: »Was sind Ponchos?«, obwohl es ihn eigentlich gar nicht interessierte. »Das, was die Gauchos tragen«, antwortete Julita langsam. Dann küßten sie sich. Das plätschernde Wasser unter dem Floß hörte einen Seufzer und dann: »Billy — mein Billy . . .« Es wurde still. Dann sagte die Stimme des Mannes: »Ich liebe dich, Julie.«

Nach einer Weile begannen sie wieder zu sprechen. »Das letzte Mal, als du in Montevideo warst, versprachst du, in meinen Laden zu kommen.«

»Ich werde diesmal kommen.«

»Morgen?«

»Heute.. Morgen sind wir nicht mehr hier.«

»Du wirst hier bleiben, weil dein Kommodore gern Golf spielt.«

»Wieso weißt du das?«

»Alle wissen das. Er ist ein berühmter Mann.«

Bill war aufrichtig überrascht: »Wirklich? Unser Alter? — Aber in Kriegszeiten können wir nicht so lange bleiben, wie wir möchten.«

»Wie lange möchtest du bleiben?«

»Oh — eine Woche«, neckte er sie, »einen Monat — für immer — aber nicht jetzt.«

»Warum?«

»Ihr laßt uns nicht.«

»Warum, warum, warum?«

»Ihr seid neutral, darum«, erklärte Bill nachsichtig. »Das Internationale Recht sagt, daß Kriegsschiffe eines Landes — das sind wir — im Kriege mit einem andern Lande — das ist Deutschland — nicht länger als vierundzwanzig Stunden in einem neutralen Hafen — das seid ihr — bleiben dürfen, und das nur alle drei Monate einmal.«

Julita schnurrte einen langen spanischen Satz und endete mit: »Ich finde, das Internationale Recht ist . . .«

Bill unterbrach sie: »Das finde ich auch«, und fügte verschlagen hinzu: »Natürlich können wir auch Häfen an anderen neutralen Ländern anlaufen . . . Rio . . . Santiago . . . Buenos Aires . . .«

»Hast du ein Mädchen in Buenos Aires?«

Bill nickte: »Und in Santiago — und in Rio.«

Julita sprang auf und ging bis zum Rand des Floßes. Dort blieb sie mit dem Rücken zu ihm stehen. Sie war hübsch gewachsen. Bill setzte sich auf und rief: »Julie! Es gibt kein anderes Mädchen als dich.« Sie drehte sich nicht um, und er fragte sehr ernst: »Julie, hast du einen anderen?«

Ohne sich umzudrehen, antwortete Julita: »Ja, ich habe einen.«

Nach einer Pause meinte Bill ziemlich flau: »Wahrscheinlich einen von diesen galoppierenden Gauchos?«

Julita drehte sich um und kam zu ihm zurück: »Nein, einen dummen, kleinen Matrosen.«

Bill hielt sie eng umschlungen und sah ihr in die Augen: »Ich werde wiederkommen, Julie, Liebling. So lange ich auch wegbleiben muß, immer werde ich zurückkommen. Bin ich nicht schon zweimal zurückgekehrt?«

Vom Hafen her ertönte die Stimme der *Exeter*. Bill sprang auf. »Was ist das?« fragte Julita. Die Sirene rief zum zweitenmal. »Das ist unser Schiff«, sagte Bill, »wenn sie drei Mal ruft, bedeutet es einen Alarm.« Und schon setzte der langanhaltende Ton zum dritten Male an. »Ich muß gehen«, sagte Bill; »beeil dich, ich mach' mit dir ein Wettschwimmen zum Strand.«

Auch im großen Fußballstadion hatte man die drei Rufe gehört. Das Spiel war noch in vollem Gange, doch unter den Sitzenden erhoben sich kleine Inseln von britischen Matrosen und eilten dem Ausgang zu.

In den Kinos erschienen handgeschriebene Diapositive auf der Leinwand: *»Die englischen Matrosen werden gebeten, auf ihr Schiff zurückzukehren.«* Die Seeleute, noch immer Arm in Arm mit ihren Mädchen, verließen ihre Plätze.

Auf dem Golfplatz mitten in der Stadt spielten vier Herren, darunter Commodore Harwood in sportlichem Tweed, schon auf dem fünfzehnten Green. Er war gerade dabei, zu putten. Die anderen Herren schauten hinab, wo die *Exeter* die Signalflagge gehißt hatte. Harwood wandte sich dem Ball zu und sagte: »Meine Herren! Ich muß Sie leider verlassen, ich habe gerade noch Zeit, dieses Loch zu gewinnen.«

Er schlug und traf. Unter allgemeinem Applaus setzte er hinzu: »Wir wollen den Match ein andermal fertigspielen.«

Am Strand drängten sich Matrosen, noch zum Teil in Badeanzügen oder nur notdürftig angezogen, in den Bus. Der Fahrer hupte wie wild. Lotte rauchte eine Zigarette und stand neben ihm an der offenen Vordertür. Die beiden schienen Bekanntschaft geschlossen zu haben. Er lachte sie an während er hupte, sie lächelte zurück und fragte: »Fahren Sie immer einen Bus?«

»Manchmal hab' ich auch einen Wagen. Ich bin Fahrer bei der britischen Gesandschaft«, antwortete er.

»Fahren Sie gern?«

»Sicher — warum?«

»Ich mag gerne gefahren werden.«

Ihm fiel nichts Besseres ein, als zu sagen: »Dann müssen wir uns mal treffen.«

Auf der anderen Seite standen Bill und Julie. Er war angekleidet, aber seine Haare waren noch naß, und er hatte sein nasses Badezeug in der einen Hand. Sie war noch im Badeanzug und kämpfte tapfer mit den Tränen: »Ich muß jetzt einsteigen«, sagte er sanft.

Sie klammerte sich an ihm fest: »Billy, oh mein Billy . . .«

»Kopf hoch, Julie. Ich komme bald wieder.«

Der Fahrer hupte. Matrosen schauten aus allen Fenstern und lachten. Julie machte einen Versuch zu lächeln und flüsterte: »Ich warte auf dich — mein dummer kleiner Matrose.«

»Ich komme wieder. Ich schwöre es dir.«

Er küßte sie, und fünfzig Kameraden riefen Beifall. *»Adios«*, rief er und sprang in den Wagen.

Der junge Fahrer winkte Lotte zu und fuhr an. Im Wagen schlug sich Bill rücksichtslos einen Weg zu einem Fenster. Er lehnte sich weit hinaus und rief noch einmal: »Ich komme wieder!«

Lotte und Julie sahen dem Bus mit sehr verschiedenen Gedanken nach. Lotte schlang den Arm um ihre Freundin: »Hat er dir gesagt, wohin sie fahren?«

Julie konnte nicht sprechen und schüttelte den Kopf. »Warum sind sie zurückgerufen worden?« beharrte Lotte.

Julie wandte sich ab, um zu ihren Kleidern zu gehen. Lotte begleitete sie. Mit tränenerstickter Stimme sagte Julie leise: »Bill sagt, es sei ein Alarm.« Sie war mit ihren eigenen Gedanken zu sehr beschäftigt, um auf den Ton in der Stimme ihrer Freundin oder den Ausdruck ihres Gesichts zu achten. Lotte dachte angespannt nach. Sie wiederholte: »Ein Alarm — meinst du, es könnte das deutsche Kaperschiff sein?«

»Ich werde jeden Tag für ihn beten«, murmelte Julie.

»Du solltest lieber beten, daß ihm das deutsche Schiff nicht begegnet.«

Julie blieb stehen und sah ihre Freundin an: »Warum?«

»Weil es das stärkste und gefährlichste Schiff auf der ganzen Welt ist«, antwortete Lotte stolz.

»Woher weißt du das?« fragte Julie und starrte die Freundin an.

»Ich weiß es! Ich habe Bilder in den Zeitschriften gesehen, die Vater aus Deutschland bekommt.«

Julie starrte Lotte noch immer an, als hätte sie sie noch nie gesehen: »Lotte! Du bist eine Deutsche! ... Ich habe ganz vergessen, daß du Deutsche bist ...«

KAPITEL VI

KURS GEGEN WESTEN

1. Commodore Harwood

Am Morgen des 12. Dezember um 9 Uhr dampfte das Geschwader von Commodore Harwood, etwa auf dem fünfunddreißigsten Breitengrad rund hundert Meilen vor der Punta del Este, an der Mündung des Rio de la Plata in Kiellinie voraus. Es bestand aus H. M. S.*) *Ajax*, H. M. S. *Exeter* und H. M. N. Z. S.**) *Achilles*. Auf der *Ajax* wehte Harwoods Stander eines Commodore Erster Klasse. Die *Achilles*, die aus dem Norden herbeibeordert worden war, hatte sich erst an jenem Morgen dem Geschwader angeschlossen. Zum erstenmal seit Kriegsbeginn hatte der Commodore drei seiner Schiffe unter seinem Kommando vereinigt. Und das war kein Zufall.

Kapitän Woodhouse von der *Ajax* stand auf seinem üblichen Platz auf der Backbordseite der Kommandobrücke. Er war groß, blond, langsam in seiner Art zu reden, ein entschlossener Mann, dem man die Kompromißlosigkeit ansah. Irgendwann in seinem Leben war seine Nase einmal mit einem harten Gegenstand zusammengestoßen, wahrscheinlich einem Boxhandschuh. Er trat an die Seite der Brücke und schaute achteraus auf die beiden anderen Kreuzer, die ihm folgten. Es

*) His Majesty's Ship
**) His Majesty's New Zealand Ship

war ein herrlicher, südatlantischer Morgen. Die Kreuzer schimmerten weiß in der Sonne, und die See war tiefblau. Woodhouse wunderte sich im stillen, warum der Commodore diese Zusammenziehung gerade jetzt angeordnet hatte. Wie angezogen von diesem Gedanken erschien der Commodore auf der Brücke.

Die Anwesenheit seiner Persönlichkeit erregte einige Befangenheit. Die wartenden Läufer hörten auf, sich zu räkeln, und rückten ihre Mützen zurecht. Dasselbe tat der wachhabende Offizier. Der Obersteuermann hörte auf, sich ans Kompaßhaus zu lehnen. Woodhouse, äußerlich gelassen, begann auf der Brücke herumzupatrouillieren, um in Hörweite zu bleiben. Er hatte das Gefühl, daß irgend etwas im Anzug war. Medley, der mit dem Artillerieoffizier geschwatzt hatte, trat eilig zu seinem Chef. Nach einem flüchtigen Rundblick, der alles, auch das Wetter, umfaßte, ging Harwood zu seinem hohen Teakholzstuhl auf der Steuerbordseite der Brücke und ließ sich hineinsinken; er nahm die Mütze ab, hängte sie an den Kompaß und sagte mit einer Stimme, die jedermann hochspringen ließ: »Staffy!« (Stabsoffizier).

»Sir?« fragte Medley, und Woodhouse schlängelte sich näher heran. »Signalisieren Sie an *Achilles* und *Exeter:* Wünsche Sie 11 Uhr an Bord des Flaggschiffes zu sprechen.«

Harwood begegnete Woodhouses Blick und weidete sich an dessen Erstaunen. »Sind die Seekarten in Ordnung?«

»Alles ist bereit, Sir«, antwortete Medley. Dann rief er nach dem Signalmeister, dem er den Befehl gab: »Setzen Sie noch die Ausgabezeit dazu.«

Woodhouse lächelte mit großer Genugtuung in sich

hinein; sein Gefühl hatte Recht gehabt. Es geschah damals höchst selten, daß ein Admiral auf hoher See eine Kapitänsbesprechung einberief. Das geschah ganz nach Nelson und war für Woodhouse ein Beweis, daß Harwood seinen Kapitänen etwas sehr Wichtiges zu sagen hatte, etwas, was zu wichtig und zu kompliziert war, um es zu signalisieren, und unmöglich gefunkt werden durfte. Obwohl er ganz ruhig schien, war er gespannt und aufgeregt, als er zur festgesetzten Zeit in Harwoods Kajüte erschien.

Die drei Schiffe hatten zwanzig Minuten zuvor ihre Maschinen gestoppt, und *Achilles* und *Exeter* hatten Boote ausgesetzt. Woodhouse hatte so lange gewartet, bis beide Boote beim Flaggschiff anlegten und dann dem Wachhabenden und Medley bedeutet, die Gäste zu empfangen. Captain Bell war der erste an Bord. Medley meldete ihn an: »*Exeter,* Sir.«

Harwood saß an seinem Schreibtisch und studierte eine Signalliste: »Morgen, Bell. Kennen Sie Woodhouse?«

»Ich habe Sie seit Jahren nicht mehr gesehen«, sagte Bell, und Woodhouse antwortete: »Nicht seit jenem berühmten Spiel in Twickenham.« Gleichzeitig fragte Bell mit den Augen: »Was ist los?«, und Woodhouse antwortete ebenfalls mit einem Blick: »Wir werden's bald erfahren.«

Harwood, noch immer ein Signal in der Hand, sah auf: »Ich werde achtgeben, euch zwei nicht allein zu lassen. Bell könnte Ihnen zuviel von meinen schlechten Angewohnheiten erzählen, aus der Zeit, wo meine Flagge noch auf der *Exeter* wehte.«

Medley meldete: »*Achilles*, Sir.«

Captain Parry war sehr groß und dünn und älter als

die beiden anderen Kapitäne. Er besaß viel Scharfsinn, eine charmante Art und die große Gabe, mit Menschen verschiedenster Art und Herkunft umzugehen. »Freut mich, Sie zu sehen, Parry«, begrüßte ihn Harwood herzlich, und zu Bell fügte er hinzu: »Hookie! Ich glaube, Sie kennen Parry noch nicht.« Die beiden Kapitäne gaben sich die Hand.

»Nun«, fragte Harwood, »wie machen sich Ihre Neuseeländer?«

Parry dachte einen Moment nach, lächelte und meinte: »Es sind fünfhundert Individualisten.«

Harwood legte die Signalliste endlich beiseite und rief ganz unerwartet »Hookie!« Bell schnellte hoch, und Harwood fuhr fort: »Wie steht's mit der Defekt- und Ersatzteilliste für die *Exeter,* die ich Sie gebeten habe zusammenzustellen und an unsere Flottenbasis zu schicken? Ist sie abgegangen?« Er wußte, daß es unmöglich hatte geschehen können, und Bell wußte, daß er es wußte, und es war das zweite Mal, daß er in den letzten drei Tagen danach gefragt hatte.

»Nein, noch nicht, Sir«, antwortete Bell taktvoll.

Harwood ließ ihn nicht so leicht davonkommen. »Woher diese Verzögerung?« fragte er.

Die beiden anderen Kapitäne studierten die Decke oder die Bilder. »Tut mir leid, Sir«, sagte Bell. »Die Liste ist noch nicht komplett. Ich werde sie heute fertigstellen.«

»Tun Sie das«, sagte Harwood, die Augen unerbittlich auf seinen jüngsten Kapitän gerichtet. »Bitte, tun Sie das, und geben Sie sie dem ersten Handelsschiff mit, das sie nach Simonstown mitnehmen kann.«

Zeus hatte gesprochen, und er fuhr fort: »Well, wir wollen anfangen.«

Die drei Kapitäne und Medley setzten sich um den großen Tisch, und Harwood forderte sie auf: »Bitte, rauchen Sie, wenn Sie wollen.«

Er selbst blieb mit der Pfeife in der Hand am Kopfende des Tische stehen.

Eine historische Pause trat ein. Die Ventilatoren surrten an der Decke. Das Schiff, mit abgestellten Maschinen, war seltsam still. Man konnte das Wasser unterm Heck plätschern hören. Parry und Bell bedienten sich sehr vorsichtig mit Zigaretten und zündeten sie an. Woodhouse lehnte sie ebenso vorsichtig ab. Medley beobachtete seinen Chef.

Harwood lächelte ein bißchen gehemmt und begann: »Ich habe — eh — ich habe den etwas ungewöhnlichen Weg gewählt, Sie hierherkommen zu lassen, weil ich Sie sehen wollte, um Ihnen persönlich zu sagen, wie ich die gegenwärtige Situation sehe. Ich habe die Zusammenziehung unserer Schiffe hier vor dem Rio de la Plata angeordnet, weil ich Nachrichten über die jüngsten Bewegungen des deutschen Kaperschiffes erhalten habe, das den Südatlantik unsicher macht. — Bitte, sehen Sie sich die Karten an. Die Admiralität verfügt über zuverlässige Informationen, daß dieser Taschenpanzerkreuzer — es kann die *Admiral Scheer*, die *Graf Spee* oder die *Deutschland* sein — Kiel am 21. August verlassen hat. Sie hat sich irgendwohin in den Südatlantik begeben, lange bevor der Krieg erklärt war. Bis zum 30. September hat sie keine Schiffe angegriffen. Ich kann mir vorstellen, warum: Hitler hat geglaubt, daß England und Frankreich nach dem Fall von Polen Frieden schließen würden . . . Am 30. September jedoch hat sie die *Clement* versenkt — sehen Sie, hier auf der Höhe von Pernambuco. Dann hat sie dieses Gebiet sofort verlassen und sich in den Mittelatlantik begeben — wo ihr zwischen dem 5. und 10. Oktober die *Newton Beach,* die *Ashlea* und die *Huntsmann* zum Opfer gefallen sind. Darauf hat sie sich in aller Eile an die Westküste von Afrika gemacht, wo sie die *Trevanion* versenkte. Dann suchte sie wieder neue Jagdgründe auf, ist um das Kap in den Indischen Ozean vorgestoßen — vermutlich um die Australien-Indien-Südafrika-Route anzugreifen —, sie hat aber nur einen kleinen Tanker versenkt, die *Africa Shell* — hier — im Kanal von Mozambique. Vermutlich machte sie dann kehrt, denn vor ein paar Tagen versenkte sie die *Doric Star* von der Blue Star Line — hier! . . . Sie weiß aber, daß es der *Doric Star* gelungen ist, eine Radiomeldung durchzugeben, und so ist es klar, daß der Angreifer so schnell wie möglich aus diesen Gewässern verschwinden will . . . Nun wird sie, nach meiner Meinung, eines von drei Dingen tun: erstens — könnte sie in den Indischen Ozean zurück. Zweitens — sie könnte versuchen, nach Deutschland zu entwischen, auf demselben Weg, auf dem sie gekommen ist — durch die Dänemarkstraße*) — oder drittens — bevor sie nach Hause zurückkehrt, kommt sie hierher, wo wir jetzt sind und wo sie schon die ganze Zeit hätte sein müssen, um unter den Getreide- und Fleischtransportschiffen aus Südamerika ihr Werk zu verrichten — und ich bin überzeugt, das ist genau das, was sie tun wird!«

Als er gesprochen hatte, trat eine Stille ein. Jeder der Kapitäne ging seinen eigenen Gedanken nach, Gedanken an den Kampf, auf den sie sich während ihrer ganzen militärischen Laufbahn vorbereitet hatten. Harwoods Ausführungen hatten sie völlig überzeugt. Sie

*) Zwischen Grönland und Island.

glaubten ihm und zweifelten nicht daran, daß ihnen der Feind in diesem Augenblick entgegenlief.

Harwood setzte sich ans Kopfende des Tisches und fuhr in verändertem Ton fort, im Ton eines Mannes, der sich mit unmittelbar bevorstehenden Aufgaben beschäftigt: »Wenn wir ihre vermutliche Geschwindigkeit in Betracht ziehen, schätze ich, daß sie heute vormittag, 12. Dezember, dort angelangt sein müßte, wenn ihr Ziel Rio wäre. Wenn sie dagegen hierher zum La Plata kommt, was ich viel eher annehme, dann wird sie vierundzwanzig Stunden später da sein.«

Bell hörte seine Stimme »Also morgen« sagen, ohne daß er sich bewußt war, gesprochen zu haben. Harwood wiederholte: »Ja, morgen.« Dann sah er sie alle miteinander an: »Mein Ziel ist die Vernichtung des Feindes. Ich habe die Absicht, sofort anzugreifen — tags oder nachts. Seine Artillerie ist uns an Kaliber wie an Reichweite überlegen. Darum werden wir, sobald wir des Raubtiers ansichtig werden, mit äußerster Kraft heranfahren, es an verschiedenen Flanken angreifen und dadurch zwingen, sein Feuer zu verteilen, *Ajax* und *Achilles* greifen gemeinsam an, *Exeter* für sich allein.«

Parry und Bell nahmen diesen Befehl philosophisch hin. Bell, der Jüngere, konnte bei dem Gedanken, den Kampf selbständig zu führen, ein leichtes Grinsen nicht unterdrücken. Harwood fuhr fort: »Abgesehen davon, daß wir dem Feind so verunmöglichen, seine Hauptbatterien auf ein einziges Ziel zu vereinigen, können wir einander melden, wie unsere Schüsse liegen.« Dann bemerkte er Bells Grinsen und sagte: »Suchen Sie nach allen Defekten, Bell, die Ihre Kampfkraft vermindern könnten, und sehen Sie zu, daß das in Ordnung gebracht wird.« Er wartete, bis Bells Grinsen dem Ausdruck eines hölzernen Götzenbildes gewichen war, und fuhr dann an alle gewandt fort: »Ich wünschte, ich hätte die *Cumberland* dabei. Ich könnte noch einen zweiten 8-Zoll-Kreuzer brauchen. Aber sie liegt noch auf den Falklandinseln im Dock und kann vor vierzehn Tagen nicht nachkommen. Sagen Sie Ihren Mannschaften, daß es während der nächsten paar Tage scharf zugehen wird. Wir werden heute sowohl bei Tag als auch in der Nacht meine Taktik durchexerzieren, wie ein Taschenpanzerkreuzer zum Kampf zu stellen ist.«

Er hatte die letzten Worte mit der Stimme eines Befehlshabers am Vorabend der Schlacht gesprochen. Niemand sagte ein Wort, niemand rührte sich. Der Rauch ihrer Zigaretten ringelte sich gegen die Decke und wurde von den Ventilatoren weggewirbelt. Aller Augen waren auf die stämmige, resolute Gestalt des Commodore in seiner weißen Uniform gerichtet, auf die kräftigen derben Hände, die auf den Tisch trommelten, das dichte graue Haar, die schlauen Augen.

Harwood wandte sich an Medley und sagte scharf, ohne seinen Ton zu ändern: »Staffy, wo steht die Sonne?«

Aus seiner Geistesabwesenheit aufgeschreckt, starrte Medley seinen Chef an, sah das Funkeln in seinen Augen, lachte und antwortete schlagfertig: »Längst über dem Rahnock, Sir!«

»Fein«, sagte Harwood, »dann machen Sie den Gin auf.«

Um 04.50 am Morgen des 13. Dezember dampften die drei Kreuzer in Linie voraus. Alles war auf Frühgefechtsstation. Dies war vor der Einführung des Radar genauso allgemein üblich wie zu den Zeiten Nelsons, da man nie wußte, was zu erwarten war, wenn die Sonne aufging. Sie liefen mit einer normalen Reisgeschwindigkeit von vierzehn Knoten auf nordöstlichem Kurs, doch waren alle Kessel verbunden, um sofort auf volle Fahrt gehen zu können, falls der Feind im Morgengrauen in Sicht kommen sollte.

Die Sterne waren am Erlöschen, doch es war noch immer sehr dunkel. Auf der Kommandobrücke des Flaggschiffes konnte man nur undeutliche Konturen erkennen, blaue und rote Lichter, und stumme, vermummte Gestalten. Ein schwacher Schimmer kam vom verdunkelten Kartentisch. Es war vor Sonnenaufgang kalt, und jeder hatte sich allerhand warmes Zeug übergeworfen. Harwood mit seiner Pfeife zwischen den Zähnen schlenderte auf und ab und sah äußerst zuversichtlich aus. Woodhouse wärmte seine Hände an einer Tasse Kakao und schaute achteraus. Die Umrisse der nachfolgenden Schiffe waren mehr zu ahnen, als zu sehen.

Auf der *Achilles*, der nächsten in der Formation, unterhielten sich leise zwei Wachen. Einer von ihnen namens Archer stak in einer bis an den Hals zugeknöpften Ölhaut, und er hatte sich einen schwarzen Wollstrumpf bis zu den Augen herabgezogen, so daß nur sein trauriger Blick und sein melancholischer Mund zu sehen waren. Er gähnte und sagte: »Ich hatte einen so schönen Traum ...«

»Wer war sie?« fragte sein Kamerad mitfühlend.

»Es war keine *sie*«, erklärte Archer, »es war ...« Eine vierschrötige Gestalt ging brummend an ihnen vorbei: »Hier gibt's nichts zu reden, Archer, auch Sie, Barnes!«

Als die Luft rein war, fuhr Archer leise fort und bewegte kaum seine Lippen: »Von dem da hab' ich geträumt.«

»Von ihm?«

»Ja, von ihm«, sagte Archer mit Geisterstimme. »Ich war in London im Hotel Ritz und«, mit einer Kopfbewegung, »unser Oberbootsmaat war der Portier. Ich schickte ihn in den Regen hinaus, um ein Taxi zu besorgen, und als es kam, sagte ich zu ihm: ›Holen Sie mir ein anderes, mein Bester. Die Farbe gefällt mir nicht.‹ «

Der Freund kicherte. Archer war der anerkannte Witzbold bei seiner Wache. Und selbst die schwächsten Scherze helfen über die langen Stunden vor dem Morgengrauen hinweg.

Auf der *Exeter,* der letzten in der Formation, reichte Bill Roper Captain Bell eine Tasse Kakao und sagte: »Ihr Kakao, Captain, Sir.« Bell nahm das dicke, süße Gebräu und sagte höflich: »Danke, Roper. Sind Sie mit dem Wetter heute früh zufrieden?«

»Die reinste Privatvorstellung, Sir«, wagte Billy zu scherzen. »Alles voll Sterne.«

Eine leichte Brise summte über ihren Köpfen. Bell trat neben den Obersteuermann und schaute ins Kompaßhaus. »Halten Sie Ihre Position«, sagte er, »das Flaggschiff hat seinen Kurs um einige Punkte geändert. Der Commodore hat es wohl absichtlich getan, um sicher zu sein, daß wir unsere Augen offenhalten.«

Die beiden vorausfahrenden Schiffe waren jetzt deutlich zu erkennen: schwarze Gestalten vor der graugrünen See. Der Horizont begann sich aufzuhellen.

»Roper hat recht wie immer«, meinte Bell. »Es wird ein schöner Tag werden.«

Der Obersteuermann nickte und dachte, was es wohl zu sehen und zu tun geben mochte, bevor die Sonne unterging — er wußte nicht, daß er nie wieder ein Morgenrot erleben sollte. »Wir werden gute Sicht haben, Sir«, antwortete er.

Auf der *Ajax* zeichnete sich achtern die Silhouette des kleinen »Seafox«-Bordflugzeugs auf dem Katapult deutlich gegen den Himmel ab. Die Sterne waren erloschen. Der Beobachter Dick Kearney, ein großer, kräftiger junger Mann, war bereits auf seinem Sitz. Er fummelte ein bißchen herum, seufzte und grüßte: »Morgen, Dickie — morgen, Monk.«

Die schlaflose Nacht, die er in der Offiziersmesse verbracht hatte, lastete auf ihm. Kearny und Monk sahen sich grinsend an und sagten mitleidig: »Morgen, Drunkie.«

Lewin hieß eigentlich Duncan; in der Navy hatte man diesen Namen schon ziemlich bald in Drunken (Betrunken) und dann in Drunkie umgewandelt. Der Spitzname blieb ihm sein Leben lang anhaften, und es gab manchen Morgen, wo er ihn schwerer ertrug als an anderen. Der Mechaniker begann mit seiner Litanei, und er gab die Antworten fast automatisch. Er warf den Propeller an, und beim dritten Versuch sprang der Motor zu brüllendem Leben an.

Auf der Kommandobrücke der *Ajax* standen Harwood und Woodhouse nebeneinander und schauten gegen Osten. Beide hatten eine Karte des Südatlantik in der Hand und gelangten zu etwas verschiedenen Resultaten. Beide waren überzeugt, daß irgendwo aus dieser weiten Wasserwüste früher oder später der Feind auftauchen mußte. Nach einem langen Schweigen sagte Woodhouse: »Well, heute ist also *der Tag*.«

»Ja—a . . .« antwortete Harwood.

Die Worte waren nur ein äußeres Zeichen ihres inneren Einvernehmens. Die beiden Männer stimmten vollkommen überein.

Auf der *Achilles* befand sich alles in Alarmbereitschaft. Der Horizont war jetzt eine scharfe Linie zwischen der dunklen See und dem helleren Himmel geworden. Alle kannten die Überzeugung des Commodore, daß der Taschenpanzerkreuzer an diesem Morgen auftauchen mußte. Nachtgläser suchten die Weiten des Ozeans ab. Jedes Fernrohr war bemannt. »Sagen Sie dem Artillerieoffizer, er solle den Horizont absuchen«, befahl Parry.

Der Artillerieleitstand befindet sich hinter der Kommandobrücke, liegt höher als sie und ist mit Ausnahme des Ausgucks im Hauptmast der höchste Punkt des Schiffs. Er ist leicht gepanzert und bietet etwa einem Dutzend Leuten Platz. Er kann sich 360 Grad um seine Achse drehen. Der Artillerieoffizier sitzt auf dem höchsten Platz, Sprachrohre verbinden ihn mit der Kommandobrücke und den tiefer liegenden Stellungen, während er durch Schlitze im Stahlmantel seine Beobachtungen macht. Es ist der beste Beobachtungsstand des Schiffes, aber auch der exponierteste Platz.

Leutnant Washbourn, der Artillerieoffizer der *Achilles*, war sehr beliebt bei der Mannschaft, die er zu größter Leistungsfähigkeit erzogen hatte. Er hatte ihnen auch beigebracht, daß jeder an seinem Posten durch einen andern zu ersetzen sein mußte, und das war etwas, wofür er im Laufe des Tages noch sehr dankbar sein sollte. Er war ein hochgewachsener, kühner, hübscher Mann, der kein Blatt vor den Mund nahm.

Die Stimme des Wachhabenden kam durchs Sprachrohr: »A. O.! Suchen Sie den Horizont ab, beide Seiten.«

Washbourn bestätigte und gab Befehl: »Schwenkt — rechts.« Zu gleicher Zeit bemerkte er, daß sein Läufer, der hinter ihm am Telephon stehen sollte, wieder einmal nicht auf seinem Posten war, sondern unten mit einem Kameraden schwatzte und lachte. »Dorset!« brüllte er und sah den Jungen finster an, als er auf seinen Platz kletterte. Dorset war ein sehr junger, sehr gut aussehender Bursche und wurde von der ganzen Besatzung verwöhnt. Washbourn mochte ihn gerne, mußte ihn aber häufig hart anfassen.

Der Leitstand begann den östlichen Horizont abzusuchen und drehte sich glatt in seinen Lagern; alle fünf Doppelgläser und Periskope suchten langsam, peinlich genau. Jeden Augenblick mußte die Sonne erscheinen.

Der bärtige Ausguckposten auf der *Exeter*, der durch das große Seefernrohr schaute, atmete tief und sagte: »Da kommt sie! Das alte Spiegelei!«

Ein leichter Morgendunst verminderte die Sicht auf etwa achtzehn Kilometer, aber da war keine Spur von einem andern Schiff! Der Feuerleitstand auf der *Achilles* beendete seine Suchaktion, und Washbourn meldete: »Captain, Sir! Horizont leer.«

Parry saß entspannt in seinem Stuhl auf der Brücke und griff nach dem Sprachrohr: »Danke, A. O.«

Die Spannung hatte nachgelassen. Man hörte Stimmen murmeln, und jemand lachte. Cowburn, der Navigationsoffizier, fragte: »Wegtreten von Gefechtsstellung, Sir?«

»Warten wir auf das Flaggschiff«, antwortete Parry gleichmütig.

Auf der Brücke der *Ajax* war die gespannte Atmosphäre ebenfalls gewichen. Alles wartete auf Harwood, doch dieser Herr brauchte lange, um sich zu entschließen. An den Kompaß gelehnt, starrte er weiter auf die See und bemerkte nicht, daß aller Augen auf ihn gerichtet waren. Die Sonne war an diesem Morgen um 05.56 Uhr aufgegangen, aber es dauerte noch eine gute halbe Stunde, bis der Alarm aufgehoben wurde. Und im Aktivdienst auf See kann eine halbe Stunde mehr in der Koje oder Hängematte viel bedeuten.

Captain Woodhouse, der Harwoods Instinkt schätzte, aber die vorwurfsvollen Blicke rundherum spürte, faßte sich schließlich ein Herz und meldete: »Optimale Sicht, Sir. Nichts in Sicht.« Harwood räusperte sich nur und fuhr fort, nach Osten zu spähen.

Nach einer weiteren Pause versuchte Woodhouse wieder: »Alarmstufe Drei?«

Harwood richtete sich störrisch auf und nickte dann widerstrebend. Woodhouse stand auf und rief: »Gut, N. O.: Marschstation.«

Auf der Kommandobrücke brach eine allgemeine Geschäftigkeit aus. Der Navigationsoffizier befahl: »Bootsmannsmaat! Blasen Sie Wegtreten. Blasen Sie Marschstation.«

Der Signalmeister ging zum Sprachrohr, die Sekretäre des Commodore und des Kapitäns gingen dankbar nach unten. Woodhouse nahm seinen Dufflecoat auf. Der wachhabende Midshipman breitete die Schutzleinwand über den Kartentisch des Navigationsoffiziers.

Auf der *Achilles* verkündete der Signalmeister, das Fernglas am Auge: »Signal vom Flaggschiff: übergehen auf Alarmstufe Drei.«

Parry befahl: »Lassen Sie die Alarmwache ablösen«, und der Wachhabende rief: »Hornist!« in einem Ton, der eigentlich keine Antwort erwartete. Es ist eine seltsame, doch wohlbekannte Tatsache, daß ein Hornist niemals zur Stelle ist, wenn man ihn braucht. Erst nach dem zweiten Ruf erschien er und fragte in einem Ton, der bedeutete, daß man sich auf die Marinesoldaten immer verlassen kann: »Sir?«

»Blasen Sie Wegtreten. Blasen Sie Vollalarm ab.«

Bald darauf hörte man von Schiff zu Schiff den dünnen Ton des Horns.

Der Dunst löste sich rasch auf. — Captain Bell schrieb in sein Tagebuch: »Es ist einer jener herrlichen Tage im Südatlantik, die Sonne scheint warm, und es ist kaum eine Wolke am Himmel, eine milde Brise weht, die See ist ruhig, und die Luft ist so kristallklar, daß man so weit sehen kann, wie die Erdkrümmung es zuläßt.«

Bell sagte zum wachhabenden Kapitänleutnant Smith: »Ich will ein Bad nehmen und mich rasieren. Haben Sie ein Auge auf alles.« Im Abgehen wandte er sich noch einmal um und setzte hinzu: »Und zwei Augen auf den Commodore.«

Smith grinste und nickte. Er war ein aufmerksamer, überaus tüchtiger Offizier.

Auf dem Flaggschiff schaute Harwood immer noch nach Osten, als wollte er seinen Feind aus der See heraufbeschwören. Woodhouse blieb vor dem Hinuntergehen bei ihm stehen und sagte: »Um Shakespeare frei zu zitieren: ›Die Iden des Dezember sind jetzt da!‹«

»Ja, Cäsar«, fiel Harwood mit Nachdruck ein, »aber noch nicht vorbei.«

Auf der *Achilles* blickte Cowburn vorwurfsvoll auf Parry: »Sechs Uhr zehn, Sir.«

Parry schaute auf seine Uhr, reckte sich, nahm seine Mütze ab, rieb sich die Augen und sagte gähnend: »Wenn etwas los ist —ich bin in meiner Kabine.«

Alle drei Kapitäne waren an jenem Morgen ein bißchen störrisch, denn als Parry sein Fernglas neben den Kartentisch hängte, sagte er, nach Cowburns Meinung ganz überflüssigerweise: »Geben Sie scharf acht!«

»Aye, aye, Sir!« antwortete Cowburn.

Und bevor er nach unten verschwand, fügte Parry noch hinzu: »Und besonders auf das Flaggschiff.«

Harwood befand sich in der Tat immer noch auf der Kommandobrücke, und jedermann wünschte sehnlichst, er möchte endlich nach unten gehen. Drunkie Lewin war wachhabender Offizier und sehnte sich nach einem Gespräch mit seinem Beobachter Kearny, der sich in der Nähe herumtrieb. Kommandierender Offizier vom Dienst war Pennefather, der Torpedooffizier. Führer der Backbordwache war ein tüchtiger, luchsäugiger Maat namens Swanston. Harwood streifte sie immer wieder mit seinen Blicken, während er in Gedanken versunken auf und ab ging. Jeder von ihnen dachte an seine Sünden, wenn die furchtbaren Augen sie trafen. Ein kleiner Läuferjunge, den Harwood wahrscheinlich noch nie bemerkt hatte, wurde von einem dieser Blicke getroffen. »Wo ist dein Koppel?« fragte er ihn im Vorbeigehen, drehte sich aber nochmals um, gerade als der Junge eine Grimasse der Erleichterung schnitt, und fügte hinzu: »Und laß dir deine Haare schneiden.«

Er trat zu Lewin, schlenderte zum Kompaß und klopfte ganz unnötigerweise auf das Glas. Dann beschloß er seine Runde auf der Brücke beim Kartentisch und setzte sich, als ob er sich für immer dort niederlassen wolle. Medley, der sich im Hintergrund gehalten hatte, wagte endlich, seinen Kopf in des Löwen Schlund zu stecken: »Sir, darf ich Ihnen die Papiere zur Unterschrift nach dem Frühstück bringen?«

Medley hatte Glück. Der Löwe brummte zustimmend, und er konnte nach unten verschwinden. Harwood brummte nochmals vor sich hin und rief dann zur Erleichterung aller: »T. O.!«

»Sir?« kam sofort die Antwort des Torpedooffiziers.

Harwood hatte sich entschlossen und war schon dabei, die Brücke zu verlassen. Über die Schulter rief er: »Lassen Sie es mich sofort wissen, wenn Sie irgend etwas sehen!« Zu den Leuten auf Ausguck sagte er im Vorbeigehen: »Jungens, haltet eure Augen offen!«

Swanston antwortete schneidig: »Aye, aye, Sir«, wandte sich dann an seine Leute und sagte mit der Stimme und der Art eines kleinen Propheten: »Well, ihr habt es ja gehört.«

Der T. O. seufzte erlöst und ging nach vorn. Lewin und Kearney fingen an zu plaudern. Alles schien wieder normal. Es sah aus, als sollte es ein Tag wie jeder andere werden.

Swanston blieb wachsam. Harwoods Unruhe schien sich auf den kleinen Propheten übertragen zu haben. Er ging ein paar Mal auf und ab, holte dann das große Teleskop von seinem Platz, montierte es auf seinen Sockel vorn an der Brücke, spazierte nochmals hin und her, näherte sich dann Lewin, der mit Kearney über Torpedoangriffe sprach und meldete in einem Ton, der bedeutete, daß er, Swanston, der einzige Mann auf dem Schiff sei, der beide Augen offenhielt: »Beobachter der Alarmwachen sind abgetreten.«

»Schön«, sagte Lewin beiläufig und setzte seine technische Diskussion fort.

Unzufrieden mit der Art, wie man seinen Eifer abfertigte, ging Swanston zum nächsten Fernglas, trat auf den Tritt und suchte mit eigenen Augen den Horizont ab. Die Tugend fand nicht sogleich ihren Lohn. Die See war leer, die Sicht ausgezeichnet. Er ließ das Glas langsam von Nord nach Süd und wieder zurück wandern. Dann richtete er sich auf, rieb sich das Kinn und beugte sich wieder zu den Gläsern. Diesmal schwenkte er hinüber nach Nordwesten. Plötzlich hielt er inne, prüfte noch einmal. Da war Rauch am Horizont!

2. *Kapitän Langsdorff*

Er war todmüde. Dove hatte recht: die Fröhlichkeit, die der Kapitän vor einer Woche beim Zusammentreffen mit der *Altmark* gezeigt hatte, war seinen bis zum Zerreißen gespannten Nerven zuzuschreiben gewesen. Er schlief schlecht und rauchte viel zuviel. Die Anspannung von drei Monaten unaufhörlicher Wachsamkeit hatte ihn gezeichnet.

Er drückte den Zigarrenstummel aus und sah auf seine große Seekarte. Er betrachtete die lange Linie, die sich von Hamburg zum Indischen Ozean und wieder zurück in den Atlantik zog und seine unglaubliche Reise bezeichnete. Auf der Karte vor ihm waren auch die Schiffe eingetragen, die er versenkt hatte: 80 000 Bruttoregistertonnen britischer Handelsschiffe hatte er auf den Grund geschickt, aber noch lange nicht so viel, wie die deutsche Admiralität erwartet hatte, als er seine Geheimorder erhielt. Der Reihe nach übersah er sie alle: die *Clement*, die *Ashlea*, die *Newton Beach*, die

Huntsman, die *Trevanion,* die *Africa Shell* — hier hielt er inne und lächelte unwillkürlich, weil ihm Doves ehrlich entrüstetes Gesicht einfiel. Er zog an einer neuen Zigarre und sah wieder auf die Karte: die *Doric Star,* die *Tairoa* und dann als letzte von allen die *Streonshalh* am 7. Dezember.

Wie oft hatte er nicht während dieser erschöpfenden Wochen auf See seinen eigenen Kurs gekreuzt und wieder gekreuzt ... Wie viele Seemeilen hatte er nicht zurückgelegt, immer gehetzt von der Notwendigkeit, seine Spuren zu verwischen und sein kostbares Schiff nach jeder Versenkung Tausende von Meilen vom Gekläff der Verfolger wegzubringen. Der weite Vorstoß in den Indischen Ozean hatte sich als reine Zeit- und Treibstoffverschwendung herausgestellt. Er hätte Doves kleinen Tanker nie versenkt, wenn ihn der Regendunst der afrikanischen Küste nicht zehnmal größer hätte erscheinen lassen, als er gesichtet wurde. Die siebenhundert Tonnen Öl der *Africa Shell* würden ja nicht einmal ausgereicht haben, die *Graf Spee* tausend Meilen weiterzubringen ... Vielleicht war es seine Menschlichkeit gewesen, die ihn um den Erfolg gebracht hatte. Wer konnte das wissen? Hätte er rücksichtslos alles vernichtet, was seinen Weg kreuzte, wären die vielen starken Jagdgeschwader, die jetzt die Meere nach ihm absuchten, vielleicht nicht auf seinen Fersen. Man hatte ihn ja davor gewarnt. Sein Blick ruhte wieder auf der Karte und seinem verwickelten Kurs bis zur Versenkung der *Streonshalh* vor fünf Tagen, wo er seine Entscheidung getroffen hatte. Jetzt war der 12. Dezember, und die Linie seines Kurses lief auf der Karte seit fünf Tagen schnurgerade westwärts — so gerade wie die Linie seines Schicksals.

Von irgendwo aus dem Schiff tönten die Stimmen junger Matrosen, die das Weihnachtslied »Stille Nacht, heilige Nacht« probten. Langsdorff seufzte, ging an seinen Schreibtisch und nahm den Lederrahmen mit den Photographien seiner Frau und seiner Kinder in die Hand. Der ferne Gesang hielt an, er murmelte die bekannten Strophen des Liedes mit und betrachtete die Bilder seiner Familie. Die Tür ging auf. (Langsdorff haßte es, wenn seine Offiziere anklopften, und jeder war gehalten, sofort einzutreten.) Er stellte die Bilder sorgfältig an ihren Platz und wandte sich um. Der Wachtmeister war eingetreten und meldete: »Captain Dove von der *Africa Shell,* Herr Kapitän.«

Dove trat ein, die Mütze in der Hand. Es war ein halboffizieller Besuch, denn er kam, um eine Beschwerde vorzubringen. Langsdorff entließ den Wachtmeister, und auf die freundlichste Art sagte er wieder einmal: »Well, Captain Dove«, und bot ihm einen Stuhl an. »Sie wünschen mich zu sehen. Was haben Sie für Sorgen?«

Dove war als Wortführer für die anderen erschienen, aber wie gewöhnlich entwaffneten ihn Langsdorffs Charme und seine aufrichtige Freundschaft für den Kommandanten. Er setzte sich und sagte: »Die anderen haben mich gebeten, mit Ihnen zu reden, Sir. Ich spreche für uns alle. Wir sind schrecklich eingeengt in unserem Quartier, und wie wir hören, sollen noch mehr Leute zu uns hereingestopft werden. Wir sind bereits über fünfzig Mann. Ich schlafe auf einem Tisch, und das ist schon ein großer Vorzug!«

Langsdorff bot ihm eine Zigarette an und sagte mitfühlend: »Es tut mir leid, Captain. Ich bin der letzte, der seine Gefangenen schlecht behandeln möchte.«

»Ich weiß«, fiel Dove ein. »Darum erlaube ich mir auch . . .«

Langsdorff unterbrach ihn: »Captain Dove, Sie sind nicht der einzige, der Sorgen hat. Kürzlich ist vor der Küste von Island etwas geschehen, das alle meine Pläne umgeworfen hat.«

Er stand auf, wanderte unruhig zum Kartentisch: »Haben Sie schon einmal von der *Rawalpindi* gehört?«

Der Name berührte eine Saite in Doves Gedächtnis: »*Rawalpindi?* — Ja — ein Dampfer der P.-&-O.-Linie . . . Ist sie nicht mit ein paar alten Kanonen bestückt worden? Man hat sie für den Wachtdienst auf den westlichen Zufahrtsstraßen eingesetzt.«

Langsdorff starrte auf die Karte und antwortete: »Sie ist versenkt worden.« Nach einer Pause fuhr er fort: »Vor einigen Tagen stieß sie auf der Höhe von Island auf zwei unserer Schweren Kreuzer und stellte sich zum Kampf. In der Abenddämmerung ging sie bis auf neun Kilometer heran. Ihr Kapitän — vielleicht kannten Sie Captain Kennedy — kämpfte sehr tapfer. Die vierte Salve unserer Kreuzer riß die Kommandobrücke und den Funkraum weg. Ihre Geschütze wurden außer Gefecht gesetzt, und das ganze Schiff außer dem Back und der Hütte stand in Flammen. Sie sank, ohne die Flagge zu streichen. Sie hat sich überaus tapfer geschlagen.«

In der Stille, die folgte, hörte Dove die frischen jungen Stimmen Weihnachtslieder singen. Gebannt hatte er Langsdorffs Worten gelauscht. Langsdorff selbst war tief bewegt, wie es wohl jeder aktive Offizier gewesen wäre. Und er wiederholte: »Sie hat sich überaus tapfer geschlagen.«

»Es war ein Massaker«, sagte Dove mit belegter Stimme.

»Ja, ein Massaker«, nickte Langsdorff.

»Was für eine Verschwendung von Menschenleben ...« murmelte Dove bitter.

Langsdorff, der noch immer auf die Karte starrte, fiel ein: »Da bin ich nicht einverstanden, Captain. Es ist niemals ein Fehler, die Offensive zu ergreifen. Dieses Gefecht hat die Anwesenheit unserer Schiffe im Nordatlantik verraten. Sie mußten in die Heimat zurückkehren, und jetzt wimmelt die See zwischen uns und unserem Heimathafen von britischen und französischen Kriegsschiffen und Flugzeugen. Darum fahren wir zu Weihnachten anstatt nach Hause nach — in eine andere Richtung ...«

Dove nahm diese Mitteilung nachdenklich hin und meinte: »Darum also üben Sie Weihnachtslieder.«

Langsdorff nickte: »Das hilft den jüngeren Leuten, durchzuhalten. Einige von Ihnen haben großes Heimweh. Ich habe auch Ihnen einige Weihnachtsdekorationen geschickt. Ich hoffe, Sie haben sie erhalten.«

»Ja, danke. Wir waren erstaunt, sie schon so früh zu bekommen. Wir haben ja immerhin erst den 12. Dezember.«

Am frühen Morgen des 13. Dezember erschien die *Graf Spee* vor der brasilianischen Küste, etwas nördlich vom La Plata. Harwood hatte ihre Absichten richtig erraten. Langsdorff hatte beschlossen, in sicherer Entfernung von der Küste auf und ab zu kreuzen, bis er auf Beute stieß, die seiner Aufmerksamkeit wert war. Er wußte, daß einige wichtige Konvoys unter Geleitschutz von Buenos Aires und Montevideo unterwegs waren. Er war in der Lage, beträchtlichen Schaden anzurichten, bevor man seine Anwesenheit weitermelden konnte, und damit das Wagnis seiner Fahrt nach Westen voll zu rechtfertigen! Und dann konnte er wieder in den gewaltigen Weiten des Südatlantik verschwinden und sich für die Heimfahrt Zeit lassen.

Um 06.02 Uhr zeigte das Radargerät die Gegenwart von Schiffen im Südwesten an. Er nahm direkten Kurs auf sie und machte vier dünne Masten aus, die er bald als H.M.S. *Exeter* identifizierte. Ein wenig später meldete der Ausguck der *Graf Spee* zwei niedrig gebaute Schiffe, die sie voreilig als zwei Zerstörer bezeichneten. Langsdorff gab den Befehl »Volle Fahrt voraus«. Er glaubte, sein großer Tag sei gekommen, denn die beiden Zerstörer und die *Exeter* mußten die Geleitschiffe des großen Konvoys sein, den er erwartete. Nach wenigen Minuten bemerkte er seinen Irrtum. Im selben Augenblick, da Swanston den Rauch am Horizont entdeckte, erkannte Langsdorff, daß er mit achtundzwanzig Knoten auf drei feindliche Kreuzer zulief. Es folgten lähmende Sekunden der Unentschiedenheit. Seine Order ging dahin, einem Gefecht auszuweichen und sein Schiff sicher nach Hause zu bringen. Doch wenn er die drei Schiffe identifiziert hatte, war mit Sicherheit anzunehmen, daß auch sie ihn erkannt hatten. Wenn er jetzt abdrehte und zu entkommen versuchte, würden sie ihn mit ihren weit schwächeren Geschützen vielleicht nicht angreifen, doch würden sie sofort seine Position in die Welt hinausfunken, und man konnte nie wissen, ob nicht eines der stärkeren Jagdgeschwader in der Nähe war. Diese Gedanken durchfuhren sein Hirn, während sein Schiff dem Feind mit jeder Sekunde fünfzehn Meter näher kam. Er sah, daß er sich zum Kampf stellen mußte. Seine einzige Chance war, die drei kleinen Kreuzer zu vernichten und wieder im Atlantik zu verschwinden. Die Würfel waren gefallen. Sein großer Tag war in der Tat angebrochen. Er ließ den Kurs ändern, um den Feind mit der vollen Breitseite anzugreifen, und gab Befehl, das Feuer zu eröffnen.

3. *Die Gefangenen der Graf Spee*

Nachdem sich die *Graf Spee* am 29. November von der *Altmark* verabschiedet hatte, schlug sie einen nördlichen Kurs ein. Das Rendezvous hatte ziemlich weit im Süden stattgefunden, weit weg von den normalen Schiffahrtsrouten, und so gab es für ein paar Tage keine besonderen Ereignisse. Dove und seine Mitgefangenen hatten Zeit, sich einzurichten. Alle waren froh über die Wendung zum Besseren, seit sie die *Altmark* verlassen hatten. Kapitän Dahl von der *Altmark* muß nicht nur für die ihm anvertrauten Gefangenen, sondern auch für seine eigenen Offiziere und seine Mannschaft ein wahrer Tyrann gewesen sein. Niemand hat einen guten Faden an ihm gelassen. Um so größer war der Kontrast zu ihrer Behandlung auf der *Graf Spee*. Natürlich waren sie Gefangene und auf recht engem Raum zusammengepfercht, doch wußten sie alle, daß auf einem modernen Kriegsschiff nichts anderes zu erwarten war. Aber sie wurden anständig behandelt; jeden Tag erschien ein Offizier, um sich nach etwaigen Beanstandungen zu erkundigen und womöglich für Abhilfe zu sorgen. Das Essen war gut und reichlich, und, was für alle englischen Seeleute besonders wichtig ist, sie konnten so viel Tee aufgießen, wie sie nur wollten. Der Wasserkessel in der Pantry kochte fast ununterbrochen. Die Schraubenlöcher in der Tür waren nie zugemacht worden, und es war erstaunlich, wie viel diese kleinen Öffnungen mit ihrem Ausblick auf die Sonne, die blaue See, die schwatzenden und sonnenbadenden Geschützmannschaften den Männern in ihrem Stahlgefängnis bedeuteten.

Alarm für Klarschiff zum Gefecht wurde zum erstenmal am 2. Dezember kurz nach dem Mittagessen gegeben. Der Lautsprecher hatte bis dahin eine Reihe von Schallplatten gebracht, meist deutsche Tanzschlager. Die Gefangenen schliefen oder spielten Karten, führten ihr Tagebuch oder lasen. Einige Fanatiker machten Freiübungen, um fit zu bleiben. Das Alarmsignal brachte alle auf die Beine, und es gab einen Wettlauf zu den Schraubenlöchern. Captain Dove und der Erste Offizier der *Huntsman* machten das Rennen, und da sie beide starke Männer waren, war es unmöglich, sie von ihrem Vorzugsposten zu verdrängen.

Sie beobachteten, wie die Mannschaft den 15-cm-Geschützturm gerade vor ihrer Tür besetzte, und hörten bald, wie ein anderes Geschütz einen Schuß abfeuerte, zweifellos den Warnschuß für ein Handelsschiff, das sie verfolgten. Die lauschenden Seeleute, die diese Erfahrung bereits hinter sich hatten, warteten voll Spannung. Das nächste, was sie erwarteten, war das Verlangsamen der Maschinen, gefolgt von Befehlen über den Lautsprecher, die Barkasse mit dem Prisenkommando auszuschwingen. Dieses Mal ging es aber anders, und die Gefangenen begannen für ihre Landsleute Hoffnung zu schöpfen. Der Knall eines fernen Geschützes war zu hören; die *Graf Spee* änderte ihren Kurs und feuerte wieder. Phantastische Theorien über die Vorgänge draußen wurden laut. Einige Optimisten hofften, die *Graf Spee* sei einem Zerstörer begegnet, die erfahreneren Offiziere meinten jedoch, daß der Schuß, den sie gehört hatten, höchstens von einem Drei- oder Vierpfünder herrühren könne. Aufregung, Ungewißheit und Ärger steigerten sich im Lauf des Nachmittags, während die Jagd weiterging, zu fieberhafter Erregung. Der Gedanke, daß einer ihrer Kameraden da draußen so mutigen Widerstand leistete, machte die gefangenen Männer wild. Sie liefen schimpfend auf und ab, und selbst die sanftesten unter ihnen schmetterten die tollsten Drohungen und wildesten Flüche gegen die Wände, als Dove mitteilte, daß die Kanoniere, die er draußen beobachten konnte, allerlei Ulk trieben und sich sehr keck benahmen.

Endlich, fast vor Sonnenuntergang, hörte das Schießen auf. Die Maschinen gingen auf halbe Fahrt, dann auf Stop. »Sie haben sie versenkt«, sagte einer; ein allgemeines Stöhnen und Brüllen von Enttäuschung und Zorn wurde laut. Die langerwarteten Befehle wurden erteilt, und dann verging eine halbe Stunde. Die Nerven aller waren zum Zerreißen gespannt, als der Erste Offizier der *Huntsman* von seinem Ausguck meldete: »Still da hinten! Hier kommt der ›Weichmaster‹.«

Der Wachtmeister war kein übler Bursche, er war ihre Hauptverbindung zur Außenwelt und immer bereit, sich in ein Gespräch einzulassen. Sein Lieblingsthema war natürlich die triumphale Reise der *Graf Spee*: die Schiffe, die sie versenkt hatte und noch versenken würde. Mit einem breiten Grinsen auf dem Gesicht erschien er in der Tür und ignorierte die bösen Blicke, die ihm begegneten; er trat in den Raum und verkündete: »Der Kampf ist zu Ende.«

Irgend jemand grollte streitsüchtig: »Kampf? Was

für ein Kampf?« Aber der W.M. hatte eine dicke Haut.

»Wir haben sie versenkt«, war die Antwort. Der Maat ließ sich seinen Triumph nicht nehmen, beachtete die zornigen Blicke nicht und fügte mit bedeutungsvoller Miene hinzu: »*Doric Star* kaputt.«

Diese Nachricht erregte große Sensation. Die *Doric Star* war ein Schiff der Blue Star Line, ein großes, modernes Kühlschiff von etwa zwölf- bis fünfzehntausend Tonnen — eine lohnende Beute. Alle kannten sie, und fast allen war ihr Kapitän, William Stubbs, bekannt. Auf einmal wurde die Verfolgung, die den ganzen Nachmittag gedauert hatte, ohne daß sie etwas davon sahen, für sie lebendig. Sie konnten sich vorstellen, wie das große schöne Schiff das Raubtier herausgefordert hatte. Sie sahen den alten Stubbs auf der Kommandobrücke, wie er die Aufforderung, beizudrehen, mißachtete und mit voller Kraft davondampfte, während der Funkoffizier ihre Position und die Meldung des Angriffs in den Äther schickte, und wie die einsame kleine Kanone auf dem Achterdeck den riesigen Verfolger dreist anbellte. Ja, das sah Stubbs ähnlich! Wahrscheinlich hatte er die Flucht bis in die Nacht hinein fortsetzen wollen und sich schließlich nur ergeben, um das Leben seiner Leute zu retten ... »Armer alter Stubbs«, sagte einer.

Ein Funker, der nie genug zu essen haben konnte, meinte praktisch: »Wenn sie Fleisch an Bord hatte, können wir eine tüchtige Portion erben.« Ein paar Realisten stimmten ihm zu, doch der Erste Offizier der *Ashlea* drückte wohl die allgemeine Meinung aus, als er den Wachtmeister anbrüllte: »Wartet nur, bis die Navy mit euch abrechnet!«

Das war natürlich genau das, was der Bursche erwartet hatte. Er schmunzelte freundlich und sagte: »Wir warten.« Seine ruhige Überlegenheit konnte einen zur Verzweiflung bringen.

»Jedenfalls hoffe ich, daß ihr euch an die Essig- und Ölfläschchen erinnert«, sagte der Kapitän von der *Trevanion* mürrisch. »Und an die Spielkarten«, fügte der Kapitän der *Newton Beach* hinzu. Wenn man in Gefangenschaft ist, bedeuten kleine Dinge sehr viel, und Leutnant Hertzberg hatte versprochen, ihnen vom nächsten Opfer ein paar kleine Erleichterungen zu verschaffen. »Das werden Sie bald sehen. Sie werden bald noch mehr Freunde bei sich haben«, sagte der gutgelaunte Maat.

»Noch mehr Leute!« rief Dove. »Wo wollt Ihr sie unterbringen?«

»Hier ist noch massenhaft Platz«, war die Antwort.

Draußen wurden englische Stimmen laut, und Captain Stubbs von der *Doric Star* trat über die Schwelle, gefolgt von seinen Offizieren. Sie wurden mit Willkommensgeschrei und Beifall begrüßt. Die anderen Kapitäne stellten sich rasch zusammen und wollten ein Empfangskomitee bilden, aber der Kapitän von der *Newton Beach* verdarb den Effekt und sagte: »Willkommen im Araberviertel!«

Einer oder zwei von der *Doric Star* waren durch Granatsplitter leicht verwundet, und der Funkoffizier hatte einen gebrochenen Arm. Es war ein Volltreffer von einem der 15-cm-Geschütze, der Captain Stubbs bewogen hatte, den Widerstand aufzugeben. Er war im Pyjama und hatte Uniformmantel und Mütze übergeworfen, und seine Füße staken in hohen Schnürstiefeln. Er entschuldigte sich wegen dieses Aufzugs und erklärte, daß es ihm untersagt worden sei, seine Sachen mitzunehmen, als Strafe für die Nichtbefolgung des Funkverbots.

»Prima — das haben Sie gut gemacht!« rief es von allen Seiten, und einige Stimmen fragten eifrig: »Sind Sie durchgekommen, Funker?«

Er nickte und hielt seinen Daumen in die Höhe.

Sein ewig hungriger Kollege hatte sich an Captain Stubbs herangemacht und fragte gierig: »Entschuldigen Sie, Captain. Haben Sie Ihre Vorräte herübergebracht?«

»Wir haben ihnen keine Zeit gelassen, uns auszuplündern«, antwortete Stubbs grimmig. »Wir haben das Schiff selbst versenkt.«

Alles murmelte Bewunderung. Mitfühlende Gesichter umringten ihn. Bloß der hungrige Funker flüsterte zu seinem Nachbarn: »Schon wieder ein fleischloser Tag.«

»Captain, Sie sind hier sehr willkommen«, sagte der Kapitän der *Newton Beach* feierlich, und ein halbes Dutzend Hände streckten sich Stubbs entgegen. Sogar der Wachtmeister war beeindruckt: »Ja. Sie waren sehr tapfer, aber auch sehr dumm!«

Kaum waren diese Worte seinen Lippen entschlüpft, als er sich von einem großen Mann bedrängt sah, der mit tiefer Stimme sagte: »Bursche, sei froh, daß man nicht dich versenkt hat!«

Er begriff die Anspielung, verabschiedete sich mit einem forschen »Auf Wiedersehen« und verschwand unter dem wilden Gelächter seiner Schützlinge.

Dove zeigte auf den einzigen freien Tisch und sagte zu den Neuen: »Die Tische sind für die Kapitäne reserviert.« Und zum Ersten Ingenieur gewandt, wies er unter den Tisch: »Die vom Maschinenraum wohnen unten.«

Der große wuschelköpfige Chefingenieur lachte, zog ein abgegriffenes Kartenspiel aus der Tasche und fragte: »Könnt ihr die gebrauchen?«

Die Kartenspieler brachen in Begeisterungsrufe aus, und Stubbs wandte sich an seine Offiziere: »Und wo sind die Flaschen?«

Der Zweite Offizier brachte sie hervor und gab sie Stubbs, der sie feierlich dem Messeältesten überreichte. Es gab keinen Zweifel: die Neuen hatten sich gut eingeführt.

Zehn Tage später, bis zu jenem Morgen, wo Patrick Dove seine Unterredung mit Kapitän Langsdorff hatte, waren die *Tairora* (Kapitän Starr) und die *Streonshalh* (Kapitän Robinson) zur Jagdbeute hinzugekommen. Die Seekadettenmesse war mit ihren fünfzig Gefangenen unangenehm übervölkert. Die Mahlzeiten mußten in drei Schichten eingenommen werden: eine Schicht holte die Rationen aus der Kombüse, während die zweite aß und die dritte aufwusch. Es war Frühstückszeit; es gab dünnen Kaffee und schwarzes Brot, die schlechteste Mahlzeit des Tages. Die zuletzt Angekommenen aßen mit wenig Appetit und betrachteten verblüfft die Alten, die nicht nur ihre eigenen Portionen verschlangen, sondern sich auch noch erboten, die Reste der anderen aufzuessen. Stubbs, der seinen Teller einem andern zuschob, meinte: »Ich kann nicht verstehen, wie ihr diesen Ersatzdreck essen könnt.«

»Sie hätten den Fraß auf der *Altmark* probieren sollen«, war die einzige Antwort, die er bekam.

»Es kann wohl kaum schlimmer gewesen sein«, sagte er skeptisch.

Aber ein halbes Dutzend Stimmen belehrten ihn, daß er nicht wisse, wovon er rede.

Der Erste Offizier von der *Tairoa,* der gern guten Kaffee trank, setzte die Tasse hart ab und wünschte: »Ich würde ein Jahresgehalt dafür geben, wenn jetzt einer unserer Schlachtkolosse auftauchte.«

Der Funkoffizier höhnte: »Sie würden sich wahrscheinlich totlachen, wenn sie von der Navy versenkt würden, nicht wahr, mein Lieber?«

»Sie haben's erraten«, war die Antwort.

»Das nenn' ich Patriotismus«, meinte ein anderer.

»Was treibt die Navy eigentlich? Diese schlechten Kerle amüsieren sich wohl, wo und wie es ihnen gefällt.«

»Ich kann euch was davon erzählen«, sagte der Kapitän der *Streonshalh,* senkte seine Stimme und flüsterte, als ob er belauscht werden könnte: »Zwei Tage, bevor mein Schiff aufgebracht wurde, passierte ich mitten durch das größte Geschwader aliierter Kriegsschiffe, das ich je gesehen habe.« Er machte eine Pause, um die Wirkung seiner Worte zu beobachten, und fuhr dann fort: »Wissen Sie, daß unsere Navy und die Franzosen Jagdgeschwader formiert haben? Sie haben das angeordnet, sobald bekannt wurde, daß dieses Kaperschiff im Südatlantik operiert. Ich glaube, es gibt mehrere solcher Gruppen, mit Schlachtschiffen, Flugzeugträgern und allem Drum und Dran ... Jede von ihnen könnte mit einem Taschenpanzerkreuzer fertig werden.«

Die Zuhörer waren sehr beeindruckt, nur Stubbs fragte: »Wie können Sie sich aber erklären, daß all diese Schiffe uns noch nicht gefunden haben?«

Die Antwort kam von Dove: »Weil Langsdorff nie an derselben Stelle bleibt. Er versenkt ein Schiff an der Küste von Portugiesisch-Ostafrika und flitzt davon. Das nächste schickt er dann Hunderte von Meilen weiter auf den Meeresboden.« Er sprach wie einer, der weiß, was er sagt, denn er erinnerte sich an die Karte, die er auf Langsdorffs Tisch gesehen hatte; aber der Kapitän der *Newton Beach* ließ nicht locker: »Aber wie macht sich das denn bezahlt? Er versenkt einen winzig kleinen Tanker im Indischen Ozean und rast dann tausend Meilen weiter —«

»Ein winzig kleiner Tanker?« rief sein Zuhörer beleidigt. »Meinen Sie damit mein Schiff?«

»Aber das war doch ein winzig kleiner Tanker, oder nicht?« fragte eine fröhliche Stimme.

»Siebenhundertundsechs Tonnen«, sagte ihr Kapitän und betonte jede Tonne.

»Ich glaube, ich kann erklären, wieso diese Taktik sich lohnt«, erklärte Stubbs. »Es kommt gar nicht so sehr auf die versenkten Tonnen an als auf die Gegenwart des Feindes hier im Atlantik. Wenn ein Verfolger auf den Schiffsrouten gemeldet wird, werden alle Handelsschiffe — Hunderte von ihnen — in den Häfen zurückgehalten. Und das ist es, was der Feind erreichen will. Wenn Hunderte von Schiffen in den Häfen stillliegen, ist es dasselbe, als ob sie auf dem Meeresgrunde wären.«

»Wirklich dasselbe, Captain?« fragte eine Stimme.

Stubbs lächelte etwas gezwungen: »Ja — mehr oder weniger ... Hallo! Was ist denn das?«

Alle horchten auf. Man hörte Gesang. Sie waren gewöhnt, Grammophonplatten aus aller Welt aus den Lautsprechern schmettern zu hören, aber dies hier war anders. »Es ist ein Weihnachtslied«, sagte Dove.

Es war ein Chorgesang. Die Stimmen kamen näher. Alle schauten zur Tür. Als sie aufging, erschien der Wachtmeister mit einer Pappnase und einer phantastischen papierenen Kopfbedeckung, trat lächelnd ein und schlug den Takt. Eine Gruppe junger Seeleute folgte ihm, lachend und singend, mit Körben und Weihnachtsdekorationen beladen. Die Gefangenen starrten sie mit offenem Mund an, als sie ihre Körbe abstellten und der Wachtmeister einen Anlauf zu einer kleinen Rede nahm: »Kapitäne und Offiziere«, sagte er. »Ein Geschenk von Kapitän Langsdorff. Weihnachtsdekorationen für Sie! Wir haben leider nur einen Tannenbaum für unsere eigenen Leute, aber massenhaft Christbaumschmuck! Kapitän Langsdorff bittet mich, Ihnen zu sagen ...«

Die Alarmglocke unterbrach seinen Redeschwall. Die Lautsprecher brüllten Befehle über das Schiff. Selbst der Wachtmeister verlor für einen Augenblick die Fassung, und das Lächeln erstarb auf allen Gesichtern. Der Erste Offizier der *Trevanion* bemerkte bitter: »Wieder ein kleines Schiffchen für Onkel Adolfs Gabentisch.«

Der Zauber war gebrochen. Der Wachtmeister brüllte: »Achtung!«, und die jungen Matrosen rannten hinaus. »Entschuldigen Sie bitte! Sie werden bald wieder Gesellschaft bekommen.« Er hielt die dritte Schicht zurück, die sich eben bereit machte, ihre Rationen aus der Kombüse zu holen: »Alle hierbleiben! Gehen Sie zurück. Die Tür wird abgeschlossen!« Man gehorchte ihm widerwillig; nur die Schicht, die am Aufwaschen war, protestierte zornig. Sie hatten noch kein Frühstück bekommen. Dove folgte dem Wachtmeister zu Tür: »Sie können unmöglich noch mehr Leute zu uns hereinstopfen. Wir schlafen ja bereits auf unseren Koffern! Verstehen Sie mich, Sie krummer Sohn eines Hamburger Knurrhahns?«

Lempke schlug ihm die Tür vor der Nase zu. Dove

blieb auf seinem alten Posten an den Schraubenlöchern stehen und berichtete: »Die Geschützbedienung sieht sehr fröhlich aus, es kann also nicht die *Renown* sein . . .«

Der Ingenieur der *Ashlea* stellte sich vor die anderen Löcher: »Wir verlangsamen die Fahrt«, bemerkte er.

»Immer das alte Lied«, sagte Dove bitter. »Prisenkommando . . . ›Guten Morgen, Kapitän. — Hoffentlich haben Sie nichts dagegen, wenn wir Ihr Schiff versenken . . .? Kapitän und Offiziere gehen mit.‹ Dieser glatte Seeräuber von Hertzberg! Ich möchte ihm einmal sagen, was ich von ihm denke . . .!«

Eine Stunde verstrich, ohne daß ein Schuß fiel. Das Schiff nahm wieder Fahrt auf, das Entwarnungssignal wurde gegeben. »Glauben Sie, daß sie sie versenkt haben?« fragte der Ingenieur.

Dove zuckte mit den Achseln. »Wir sollten ein Schild mit der Aufschrift ›Besetzt‹ 'raushängen«, schlug Kapitän Stubbs vor.

»Ich werde mich bei Kapitän Langsdorff beschweren«, brummte Dove verbissen.

»Achtung«, rief der Ingenieur von der Tür her, »Sankt Nikolaus kommt wieder.«

Alle traten zurück und warteten gespannt. Lempke erschien — wie immer mild lächelnd — und sagte: »Alles in Ordnung. Die Kombüse ist wieder geöffnet.«

Die dritte Schicht beeilte sich, ihr Frühstück zu fassen. Dove stellte sich dem Wachtmeister entgegen: »Nun, wer war es diesmal?«

»Falscher Alarm«, sagte der Maat gutgelaunt, »es war ein Neutraler, aber wir haben Nachricht von einem großen Schiff, der *Highland Monarch*. Wir haben die Verfolgung aufgenommen.«

»Die *Highland Monarch?* Das ist doch ein Passagierschiff!«

Der Wachtmeister schüttelte den Kopf: »Nicht mehr!«

»Sie ist es doch noch«, rief der Erste Ingenieur der *Streonshalh,* »wir haben erst vor drei Wochen mit ihr gesprochen.«

Lempkes Gesicht verfinsterte sich: »Das geht mich nichts an. Und Sie erst recht nicht.«

»Da sind Sie im Irrtum, Bürschchen«, lautete die Antwort. »Ihr Ingenieur schuldet mir noch einen halben Dollar.«

Dove hatte nicht davon Notiz genommen. Er war sonst ein umgänglicher Mann, doch wenn er sich etwas in den Kopf gesetzt hatte, war es schwer, ihn davon abzubringen. »Ich möchte sofort Kapitän Langsdorff sprechen«, sagte er.

»Der Kapitän wird Sie jetzt nicht empfangen«, erwiderte der Wachtmeister.

»Sagen Sie dem Kapitän, daß Captain Dove eine Unterredung wünscht«, beharrte Dove. »Wenn Sie es nicht tun, werde ich dem Kapitän beim nächsten Spaziergang auf Deck melden, daß Sie sich weigerten, meine Bitte vorzubringen.«

Die beiden Männer sahen sich in die Augen. Der Wachtmeister war sichtlich unentschlossen. Schließlich nickte er und versprach: »Ich werde es dem Kapitän sagen.«

Und wie wir bereits wissen, hat er sein Wort gehalten.

Am Morgen des 13. Dezember, als Klarschiff zum Gefecht befohlen wurde, schliefen alle Gefangenen noch tief. Die Alarmsirenen gaben während mehrerer Minuten je fünf kurze Heultöne. Überall setzten sich verschlafene Leute auf und sahen sich erstaunt an. So etwas hatten sie noch nie gehört.

Stubbs saß in eine Decke gewickelt wie ein Buddha auf seinem Tisch und meinte: »Diesmal haben sie sich was eingehandelt.«

Alle lauschten schweigend auf das Getrappel von schweren Stiefeln auf den Treppen und Decks. Sie hörten Befehle, das Knallen von Stahltüren und das Wimmern der elektrisch betriebenen Geschütztürme. Der Ingenieur der *Tairoa* und Dove rannten zu den Schraubenlöchern und traten dabei beinahe auf die am Boden Liegenden. Sie erreichten ihr Ziel gleichzeitig und meldeten aufgeregt, daß Granaten aus den Aufzügen geladen wurden.

»Heute treiben sie keinen Ulk ... Sie sehen nicht mehr so keck aus!« sagte Dove.

Alle lauschten gespannt. Man konnte hören, wie Maate Befehle gaben. Die Lautsprecher schmetterten hysterische laute Kommandos. Der Erste Ingenieur meinte fröhlich: »Diesmal ist es kein Handelsschiff.«

Stubbs, der unter dem blauen Licht noch immer auf seinem Tisch saß, sagte inbrünstig: »Ich hoffe, daß sie einem unserer schweren Brocken vor die Rohre gelaufen sind. Er wird diese Blechbüchse in den Himmel blasen.«

»Und uns mit ihr«, sagte ein anderer Kapitän.

»Sie haben recht! Daran hab' ich nicht gedacht«, antwortete Stubbs.

In diesem Moment eröffnete die *Graf Spee* das Feuer. Der Knall war furchtbar. Das ganze Schiff erbebte. Scherben regneten auf die Männer in der Anrichte herunter, und Staubwolken quollen durch die Ventilatoren in den ganzen Raum. »Wir sind getroffen!« schrie, hustete und rief alles durcheinander.

Nur Dove und Stubbs behielten kaltes Blut; von ihren Beobachtungsposten an der Tür und auf dem Tisch donnerten sie gleichzeitig: »Wir sind nicht getroffen! Legt euch auf den Fußboden. Das war ihre erste 28-cm-Salve!«

KAPITEL VII

DIE SCHLACHT AM RIO DE LA PLATA

1. H. M. S. Ajax

Als Swanston die Rauchfahne am Horizont sichtete, meldete er laut und selbstbewußt: »Rauch! Peilung Rot eins null null.«

Der Signalmeister kam zu ihm herüber und sah sich den Rauch mit seinem eigenen Fernglas an. Swanston sagte: »Sehen Sie's, Chef?«

Die Rauchfahne lag noch in weiter Ferne, und außerdem war dort auch noch eine Luftspiegelung. Der Meister meinte: »Ja. Wohl irgendein Handelsschiff.«

Inzwischen war Drunkie Lewin, der, wie wir uns erinnern, wachhabender Offizier war, zum Sprachrohr hinübergegangen, das die Brücke mit den Kajüten des Kapitäns und des Commodore verband, und meldete erst Woodhouse: »Captain, Sir. Der Ausguck meldet Rauchfahne im Schnittpunkt Rot 100.«

Woodhouse nahm dies als die Routinemeldung zur Kenntnis, als die sie gemeint war. Dann wiederholte Lewin die Meldung an Harwood. Man befand sich zur Zeit im Gebiet der Hauptschiffahrtsstraße. Außer der Notwendigkeit zu erhöhter Alarmbereitschaft gab es an diesem Morgen keinen Anlaß, gerade hier den erwarteten Feind zu vermuten, um so weniger, als der Rauch in nordwestlicher Richtung lag. Harwood sagte: »Lassen Sie an *Exeter* signalisieren. Sie sollen der Sache nachgehen.«

Das Signal kreuzte sich mit einem Signal von der *Exeter:* man hatte also drüben die Rauchfahne ebenfalls gesichtet. In Ausführung von Harwoods Befehl scherte das Schiff aus dem Verband und nahm Kurs auf 320 Grad. Einen Augenblick später kam die Stimme Harwoods wieder aus dem Sprachrohr: »Wachoffizier!«

Als Lewin sich meldete, sagte Harwood: »Signalisieren Sie an *Exeter:* ›Falls es sich um ein britisches Handelsschiff mit Kurs auf La Plata handelt, das bald dort einläuft, dann übergeben Sie Ihre Ersatzteil- und Schadenliste.‹«

Lewin sagte »Aye, aye, Sir!« und grinste zum Signalmeister hinüber. Seit Harwood seinen Commodore-Stander auf der *Ajax* führte, gab es täglich mindestens eine Signaldurchgabe in dieser Angelegenheit. Inzwischen wurde die Rauchfahne immer deutlicher.

Exeter hatte den Verband verlassen und lief nun mit zwanzig Knoten der Rauchfahne entgegen. Sie machte einen prächtigen Eindruck, als sie mit hoher Fahrt querab am Flaggschiff vorbeilief. Die Entfernung zwischen ihnen wurde größer und größer.

Swanston, der die ganze Aufregung hervorgerufen hatte, zog durch sein selbstbewußtes Auftreten mit einem Mal die Aufmerksamkeit auf sich; er war beim Standfernrohr stehengeblieben und sagte: »Mr. Lewin, Sir. Können Sie diese Aufbauten da drüben sehen? Sieht aus wie ein Taschenpanzerkreuzer.«

Die zusätzliche Anspannung während des Frühalarms war inzwischen durch die Sonne und die alltägliche Routine zerstreut worden. Gerade in diesem Augenblick blinkte der Signalmeister die Meldung des Commodore zur *Exeter* hinüber. Nie wieder wird Lewin vergessen können, wie ihm Swanstons gewissenhafter

Pessimismus derart auf die Nerven ging, daß er höhnisch sagte: »Sie sehen aber auch überall Taschenpanzerkreuzer, Swanston. Dies ist schon der dritte seit Sonntag«, und wie er dann mit Dick Kearney fortfuhr über technischen Einzelheiten des Katapultierens zu diskutieren. Der kommandierende Offizier vom Dienst, Leutnant Pennefather, nahm Swanstons Warnung schon ernster. Aber man konnte noch zuwenig sehen. Swanston ging murrend zum großen Teleskop hinüber und schaute hindurch. Dann berichtete er: »Ich kann einen Kommandoturm unterscheiden. Ich bin ganz sicher. Ich habe ja schon auf großen Schiffen gedient ...«

Kearny meinte nachsichtig: »Das sagen Sie immer.«

In diesem Moment kam Captain Woodhouse auf Deck und sagte: »Nun, Pennefather? Können Sie sie erkennen?«

Pennefather antwortete, es sei zu dunstig. Dann stieg er auf Befehl von Woodhouse in den Mast, um nachzusehen, was sich unter dem Rauch befand. Von diesem Augenblick an überstürzten sich die Ereignisse. Der Signalmeister meldete: »*Exeter* signalisiert, Sir.«

Von der Signalbrücke der *Exeter* blinkte eine Signallampe, gerade als Pennefather in den Mastkorb einstieg. Der Signalmeister las: »Ich-glaube-es-ist-ein-Taschenpanzerkreuzer.«

Zu gleicher Zeit bestätigte ein Schrei von Pennefather und ein Gebrüll von Swanston diese Annahme. Der Signalmeister und zwei Ausguckleute schrien fast zu gleicher Zeit, daß *Exeter* Flagge fünf zeige: »Feind voraus!« Woodhouse befahl: »Läuten Sie Klarschiff zum Gefecht!«

Alle Mann bezogen sofort ihre Gefechtsstation. Kearney verließ schleunigst die Kommandobrücke, und

Lewin folgte ihm, sobald er seinen Dienst dem Navigationsoffizier übergeben hatte, der halb angezogen und noch halb im Schlaf angerast kam. Pennefather stürzte mehr vom Mast herunter, als daß er kletterte, und setzte sich sofort durchs Telephon mit seiner Torpedomannschaft in Verbindung. Woodhouse befahl, ohne sein Glas von den Augen zu nehmen: »Alle Kessel verbinden!« Commodore Harwood, noch im orangefarbenen Pyjama, warf sich schnell die Uniformjacke über und kam auf Deck, gefolgt von Medley. Überall eilten die Männer auf ihre Stationen; die meisten von ihnen kamen gerade aus ihren Hängematten, waren noch in ihren Schlafanzügen oder Unterhosen. Harwood bot einen herrlichen Anblick, wie er an seinen Knöpfen fingerte und dabei auf den rasch herankommenden Feind blickte, den er heraufbeschworen hatte.

»Hißt die Gefechtsflagge!« befahl Woodhouse, und während der Befehl zum Flaggendeck weitergeleitet wurde, sagte Harwood: »Rudermaat, direkten Kurs auf Feind voraus! Dreimal äußerste Kraft: achtundzwanzig Knoten.« Und zu Medley, der dicht neben ihm stand, ohne seinen Blick vom Feind abzuwenden: »Meldung an Admiralität von Commodore Atlantik-Süd: ›Stelle feindlichen Panzerkreuzer zum Gefecht.‹ Und geben Sie auch unsere Position durch!«

Der Signalmeister, der mit seinem Glas die *Achilles* beobachtete, meldete: »Ihr Signal ist bestätigt, Sir.«

»Ausführen!« erwiderte Harwood, ohne sein Glas vom Panzerschiff abzuwenden.

»Herrgott!« sagte Woodhouse. »Sehen Sie sich die Gefechtsflaggen der *Exeter* an!«

Harwood schwenkte hinüber und schaute. Die *Exeter* war plangemäß zum Angriff übergegangen und lief schon ihre vollen 25 Knoten. Die Umstände waren Harwoods Schlachtplan günstig. Bald mußte sie in Schußweite des Feindes kommen. Ihre Gefechtsflaggen gingen an Toppen und Rahen hoch — vier oder fünf aufs Mal —, und ihre Geschütztürme schwenkten zu gleicher Zeit herum wie im Chor. Woodhouse zählte mit funkelnden Augen laut vor sich hin: »Drei, vier, fünf! Die reinste Flaggengala!«

In diesem Augenblick — um 06.18 Lokalzeit oder 14.18 Uhr G. M. T. (Mittlere Greenwich-Zeit) — eröffnete die *Graf Spee* das Feuer mit einer vollen Breitseite. Gewaltige schwarze Rauchpilze mit leuchtend orangeroten Feuerzentren schossen aus ihren Drillingstürmen empor. Bereits liefen alle drei Kreuzer über 20 Knoten und dampften dem Feind entgegen, um die Entfernung so rasch wie möglich zu schließen. Die schäumende Bugwelle wuchs mit zunehmender Fahrt höher und höher. Der Wind pfiff in der Takelage, und das immer stärkere Brüllen des forcierten Zugs zum Kesselraum war deutlich durch den Wind zu hören. Ein paar Sekunden später heulte die erste Salve der *Graf Spee* heran. Riesige Wasserfontänen stiegen dicht neben der *Ajax* auf und saßen direkt vor und hinter der *Exeter*. Sie feuerte mit ihren beiden vorderen Geschütztürme auf die *Exeter* und mit ihrem achteren Turm auf das Flaggschiff. Harwood, der sein Glas auf die *Exeter* gerichtet hatte, sagte: »Wir haben ihr Feuer tatsächlich verteilt! Aber sie schießen sehr genau.« Er wandte sein Glas dem Feind zu und bemerkte: »Sie kommt bald in Schußweite. Kann nicht verstehen, was ihr Kapitän vorhat. Man kommt doch nicht so nahe heran, wenn man eine größere Reichweite als die andern Kerle hat?«

Der Artillerieoffizier im Feuerleitstand befahl: »Breitseite!« Er beugte sich vor und beobachtete wie nacheinander die Kontrollampen aufleuchteten und die Feuerbereitschaft der einzelnen Geschütze anzeigten. Wie üblich gewann der von Marinesoldaten bemannte Turm das Rennen. Er sagte: »Gut gemacht, Royals!« Dann meldete er durch das Sprachrohr zur Kommandobrücke: »Wir eröffnen das Feuer, Sir.«

Die Feuerglocke schrillte ihr Ting-ting. Unwillkürlich hielt alles den Atem an oder preßte die Augen zu. Die ganze Brücke wurde geschüttelt, als der Turm mit den Sechszöllern (15,3 cm) losdonnerte. Der orangerote Feuerschein färbte alle Gesichter. Es gab ein Krachen, als wäre eine riesige Stahltür zugeschlagen worden, und der Rauch der Entladung wehte über die Kommandobrücke. Dies wiederholte sich in Abständen von durchschnittlich fünfzehn Sekunden während der nächsten anderthalb Stunden.

Die Entfernung betrug jetzt etwa 16,5 km; und ehe die erste Salve landete, war schon die nächste Breitseite unterwegs. Alle hatten ihre Feldstecher vor den Augen. Der Midshipman meldete Woodhouse: »Flugzeug startbereit, Sir.«

Harwood sagte: »Die *Exeter* schießt deckend — sie hat die Entfernung! Beim Styx! Wir haben sie auch!«

Woodhouse befahl: »Bereitmachen zum Katapultstart!«

Die Plattform mit dem Katapult befand sich auf dem Achterdeck in einer recht ungemütlichen Stellung. Lewin und Kearney saßen bereits in ihren Sitzen, und der Motor donnerte. In regelmäßigen Abständen bimmelte die Feuerglocke — und dann krachten die Geschütze, die das ganze Schiff erschütterten und in rötlichbraune Schwaden von Korditrauch hüllten. Woodhouse steuerte sein Schiff so nahe an den Feind heran, wie es bei der Ausnützung der vollen Breitseite möglich war, und daher feuerte der achtere Geschützturm so nahe am Katapult vorbei, daß die Flieger infolge des Feuerscheins kaum noch aus den Augen sahen und die Hitze der Explosionen zu spüren bekamen. Es sah fast so aus, als müßten sie nach dem Start von den eigenen Geschützen aus dem Himmel geschossen werden. Aber dies war Drunkie Lewins kleinste Sorge. Er winkte dem Katapultoffizier munter zu und schrie über das Getöse des Motors: »Wir müssen versuchen, zwischen zwei Salven durchzuschlüpfen! Fertigmachen!«

Monk schrie zurück: »Sie haben aber nur zwölf Sekunden Spielraum!«

Kearney lehnte sich nach vorn und klopfte Lewin auf die Schulter. »Mit einem Sechszöller am Schwanz sollten wir einiges an Fahrt aus der alten Kiste herausholen!«

Es war ein aufregender Start, eingehüllt in wirbelnde Rauchschwaden, mit dem Wind, der durch Stage und Wanten pfiff und heulte. Der Motor brüllte, die Geschütze krachten, Lewin gab das Startzeichen. Ein Aufblitzen und ein Tosen aus der Katapultmaschine, und sie waren in der Luft! Lewin ging steil in die Kurve. Er hatte keine Zeit, Höhe zu gewinnen, und ein paar Sekunden später krachte wieder der achtere Turm. Fast wäre er seitlich abgerutscht; doch er riß die Maschine wieder hoch und begann zu steigen. Er nahm Kurs auf die *Graf Spee*, und bald lag das ganze Panorama der Schlacht unter ihnen.

Die vier Schiffe feuerten aus maximaler Distanz, doch die *Exeter* lief mit voller Fahrt dem Feind entgegen. Sie befand sich bereits mehrere Meilen vor den beiden 6-Zoll-Kreuzern, die mit steigender Fahrt nach Norden aufdampften. Bis dahin hatten die *Ajax* und die *Achilles* ihr Feuer noch nicht zusammengefaßt. Als der Alarm kam, hatten die Schiffe das Gefecht unabhängig voneinander aufgenommen; mit ihren Geschützen, auf größten Höhenwinkel gestellt, feuerten sie in rascher Folge und genau auf den Feind, der das Feuer mit gleicher Genauigkeit erwiderte. Seine Flak hatte Lewins Maschine ausgemacht und schoß; er war jetzt nahe genug, um mit einigem Unbehagen zu erkennen, daß das Panzerschiff zwei Jagdflugzeuge besaß und daß das eine schon startbereit auf dem Katapult stand. Er hatte nicht einmal einen Revolver, um sich zu verteidigen, und er fühlte sich so nackt wie ein Wurm. Er sah, wie sie das Jagdflugzeug auf dem Katapult zurückzogen, um es in die Luft zu schnellen; und er dachte sich wie jener Mann, der im Gebirge einem Grislybär begegnete, daß ihm selbst eine zusammengerollte Zeitung als Waffe gelegen käme.

In diesem Augenblick konnte einer der 6-Zoll-Kreuzer seinen ersten Treffer verzeichnen, genau auf dem Katapultdeck. Das Flugzeug wurde zertrümmert. Lewin meldete den Erfolg an das Flaggschiff und atmete tief. Mittlerweile hatte sich die Flak auf ihn eingeschossen, und Lewin stieg höher hinauf. Er sah sich nach Dekkung um. Da war eine dünne Wolkendecke auf einem Plafond von 1000 Metern. Nach seinem eigenen Bericht kreuzte er etwa zwei Meter unter den Wolken, jederzeit bereit, hinaufzustoßen und sie beim geringsten Anlaß zwischen sich und den Feind zu schieben; aber er war sich darüber klar, daß ihm der Wolkenschleier kaum Schutz bot.

Aus seiner Höhe beobachtete Lewin, daß das große Panzerschiff durch Harwoods Taktik in ernstliche Sorge und Verlegenheit kam. Langsdorff wurde gezwungen, sein Feuer in drei Richtungen zu verteilen, und seine kleinen Widersacher schossen sehr genau. Offenbar schätzte er seine Lage richtig ein, denn unter den Augen Lewins änderte die *Graf Spee* ihren Kurs, und alle ihre Geschütze schwenkten auf das gleiche Ziel herum. Sie richtete ihre Geschütze auf die *Exeter.* Lewin meldete es sofort an das Flaggschiff.

Auf der Brücke der *Ajax* hat Swanston eben gemeldet: »Feind nimmt Kurs auf uns, Sir.« Als Antwort rief Harwood: »Wie gewünscht!« Aber eine Sekunde später erhielt Woodhouse die Meldung des Beobachters im Feuerleitstand, daß die *Exeter* das Hauptziel geworden sei. Harwood schaute anders drein: »Zum Teufel damit«, sagte er. »Dem werden wir abhelfen! Sofort Kurs ändern und alle Geschütze richten. Das wird einige seiner Geschütze von der *Exeter* abziehen.«

Harwood und Woodhouse setzten ihre Gläser an die Augen und sahen besorgt zur *Exeter* hinüber. Der Signalmeister meldete: »Auch *Achilles* dreht ab, Sir.«

Seit Beginn der Schlacht waren etwa zehn Minuten vergangen. Die *Ajax* und die *Achilles* vereinigten jetzt ihr Feuer, wie es Harwood tags zuvor angeordnet hatte. Das Zusammenfassen des Feuers bedeutet, daß zwei oder mehr Schiffe im Gefecht wie ein einziges schießen. Die Befehle, die Angabe von Entfernung und Peilung sowie das Feuersignal gehen von einem einzigen Artilleriestand aus. Die Rotte führt die Befehle des Führerschiffs aus, indem die einzelnen Schiffe Entfernung und Vorhalt nach ihrer Standlinie im Verhältnis zum Führerschiff korrigieren. Natürlich liebt es jeder gute

Artillerieoffizier, das Feuer seines Schiffes selbst zu leiten, er haßt die Feuervereinigung. Aber sie erhöht die Feuergeschwindigkeit und verhindert Verwechslungen beim Beobachten der Aufschläge, und alle Granaten von allen Schiffen sollten — wenigstens in der Theorie — gleichzeitig und ziemlich genau im Zielgebiet auftreffen. Später werden wir von Washbourn, dem Artillerieoffizier auf der *Achilles*, mehr über die Feuervereinigungen hören.

Der Schlachtlärm war jetzt gewaltig. Beide kleinen Kreuzer schlugen mit allen Kräften drauflos, um die *Graf Spee* von der *Exeter* abzulenken. Ein Ausguck meldete: »Treffer im Vorschiff der *Exeter*, Sir. Große Rauchentwicklung.« Und bald darauf meldete er eine starke Explosion und eine scharfe Wendung des verwundeten Schiffes nach Backbord. Harwood ächzte: »Wenn es der *Graf Spee* einfallen sollte, sich nur auf einen von ihnen zu konzentrieren, könnte sie ihn allein durch das Gewicht ihrer Panzerung schachmatt setzen.« Swanston schrie entsetzt durch das Getöse: »*Exeter* völlig in Rauch und Flammen verschwunden, Sir.«

Woodhouse zischte zwischen den Zähnen: »Der letzte Treffer schien ganz nahe bei der Brücke und dem vorderen Turm.«

Die Stimme das Artillerieoffiziers kam aus dem Sprachrohr: »Flugzeug meldet, Feind schwenkt wieder einen Turm gegen uns, Sir.« Harwood fühlte sich erleichtert. Und schon eine halbe Minute später traf die Salve ein und schlug in unbehaglicher Nähe auf. Woodhouse, der sein Glas noch immer auf die *Exeter* gerichtet hatte, schrie plötzlich: »Mein Gott! Sie feuert wieder mit ihren beiden andern Türmen! Guter alter Hookie!«

Da kam so etwas wie Freudengeheul von den Leuten auf Backbordausguck. Einer meldete: »Feind dreht ab, Sir.«

Harwood sagte: »Er legt außerdem Nebel. Ein gutes Zeichen.«

Eine neue Salve schlug auf, und Woodhouse meldete: »Sie feuert jetzt mit ihren Fünfzehnern auf *Achilles*, Sir.«

Harwood grunzte: »Und deckt uns hier mit ihren Achtundzwanzigern. Drehen Sie für ein paar Minuten nach Steuerbord ab, und kommen Sie dann wieder zurück nach Backbord. Das sollte genügen, um ihre Artillerie aus dem Konzept zu bringen.«

Aber trotz allem blieb die *Exeter* das Hauptziel, und der Feind schlug unablässig auf sie ein. Der Ausguck meldete: »Volltreffer auf *Exeter* ... *Exeter* dreht nach Steuerbord ... *Exeter* wieder getroffen ... und noch einmal ... Jetzt feuert nur noch ein Turm!«

Das war um etwa 06.40 Uhr. Die *Exeter* hatte die Kursänderung vorgenommen, um Torpedos abzufeuern, und war während dieser Kehrtwendung getroffen worden. Dies brachte sie quer zum Flaggschiff, und so konnte man von der *Ajax*, obwohl sie neun Meilen weit weg war, sehen, daß sie Schlagseite gegen Steuerbord hatte. Dies war der verzweifeltste Augenblick der Schlacht. Eine ganze Salve von hochbrisanten 28-cm-Granaten schlug nur wenige Meter vor der Backbordseite der *Achilles* auf und detonierte auf der Wasseroberfläche. Splitter pfefferten über das Schiff, verwundeten mehrere Matrosen und beschädigten die Verbindungsanlagen; das Radio im Feuerleitstand fiel aus, und dies bedeutete das Ende der Feuervereinigung. Dazu kam, daß die *Graf Spee* jetzt ein sehr schwieriges

Ziel war, da sie den beiden 6-Zoll-Kreuzern ihr schmales Heck zukehrte und dabei einen leichten Zick-Zack-Kurs lief. All dies machte das britische Feuer für eine Weile unwirksam. Daß die *Graf Spee* den Eindruck machte, bis dahin ohne Schaden davongekommen zu sein, war nicht gut für die Moral. Es schien, als sei die *Exeter* gefechts- und manövrierunfähig. Sie hatte Schlagseite, und schon der nächste Volltreffer konnte sie vernichten. Harwood wußte: jetzt oder nie! Er durfte jetzt mit seinen Kräften nicht haushalten. Die Schlacht konnte in den nächsten Minuten verloren oder gewonnen sein. Die Ungleichheit zwischen seinen eigenen kleinen Schiffen und dem Feind durfte nicht mehr ins Gewicht fallen. Es gibt ein Ding, das keine Nation oder Flotte lernen kann und nur durch eine jahrhundertealte Traditon und Disziplin zu erreichen ist: der Angriffsgeist. Man kann in zwanzig Jahren eine moderne Flotte bauen, ausrüsten und ausbilden, aber kämpferisches Ehrgefühl läßt sich in kein Schiff einbauen und dieser Geist nicht schaffen. Es waren dreihundertfünfzig Jahre Seekriegserfahrung, die hinter Harwood standen, als er rief: »Wie ist die Entfernung?«

Woodhouse erkannte den Ton, warf einen Blick auf den Entfernungsanzeiger und antwortete: »Sechstausendfünfhundert.«

»Dann 'ran mit uns, Woodie!« war die Antwort. »Zum Teufel mit unseren taktischen Instruktionen! Wir müssen sein Feuer abziehen. Auf diese Distanz können wir ebensogut Schneebälle nach dem Biest schmeißen.«

Er hätte Woodhouse keine größere Freude machen können. Dieser meinte: »Aye, aye, Sir. Mehmen Sie geraden Kurs auf den Feind, Steuermaat.«

Die *Ajax* drehte sich wie ein Zerstörer um etwa 40 Grad gegen die *Graf Spee.* Woodhouse schritt hinüber zur Backbordseite und sah zu, wie die *Achilles* in schäumender Schwenkung ihrem Gefährten folgte. Er befahl: »Kursänderung auf 60 Grad Backbord« (dies, um den Kurs der Achilles zu decken). Als beide Schiffe dem Feind entgegenliefen, befahl Harwood: »Sagen Sie *Achilles:* 30 Knoten!« Wie Zerstörer jagte er seine beiden Kreuzer dem schweren Panzerschiff nach. Die achtern Geschütze ließen sich nicht mehr auf den Feind richten und stellten das Feuer ein. Aber auf allen vorderen Rohren wurde geladen und gefeuert, was das Zeug hielt, während die beiden Schiffe gegen den Feind stürmten.

So vergingen einige Minuten. Die Entfernung verringerte sich auf 12 000 Meter, aber ihr Feuer war noch immer nicht wirksam genug, um die *Graf Spee* von der *Exeter* abzulenken. Sie war daran, die *Exeter* zu erledigen. Salve um Salve brach über den 8-Zoll-Kreuzer herein. Jetzt waren alle ihre Geschütze zum Schweigen gebracht, und sie brannte an mehreren Stellen. Es war klar: sie war manövrierunfähig. Aber ihre Maschinen waren offenbar noch intakt, denn sie lief trotz ihren 20 Grad Steuerbordschlagseite noch mit voller Fahrt. Sie stieß schwarzen Rauch aus ihrem Schornstein, während der Qualm und die Flammen der Brände an Bord das Deck und die Aufbauten fast unsichtbar machten. Um 07.06 Uhr befahl Harwood eine Schwenkung nach Steuerbord, um dem Feind wieder die volle Breitseite zuzukehren, aber die Entfernung war noch immer zu groß. Also nochmals herum, wobei die vorderen Geschütze die ganze Zeit weiterfeuerten, und weiter an das Panzerschiff heran. Nun verkürzte sich die Entfernung rasch. Harwood sah dem Feind entgegen. Woodhouse stand neben ihm, blickte ab und zu auf den Entfernungsanzeiger und meldete? »Eins drei zwo — eins null sieben — neun zwo fünf — acht zwo sechs . . .«

Es war wunderbar! Sie waren praktisch in Direktschuß-Entfernung. Jetzt begann ihr Feuer beim Feind zu wirken. Mehrere Treffer waren an den Aufbauten zu beobachten. Drüben fingen sie an auszuweichen, und schon wandten sie sich von der *Exeter* weg. Die *Graf Spee* begann aus ihren 15- und 28-cm-Rohren auf die beiden kleinen Kreuzer zu feuern. Sofort gab Woodhouse Befehl, »die Linie zu schlängeln«, und die beiden Schiffe liefen in voller Fahrt zickzack, in lauter Drehungen und Wendungen an den Feind heran. Die *Graf Spee* schien auf einmal unsicher. Ihr Feuer wurde unregelmäßig. Noch einmal befahl Harwood eine Wendung nach Steuerbord und brachte alle Geschütze zum Schuß. Auf diese gefährliche Distanz war das Ziel schwer zu verfehlen. Treffer auf Treffer wurde erzielt. Aber mit ihren 15,3-cm-Granaten durften sie kaum hoffen, dem schwergepanzerten Schiff einen vernichtenden Schlag zu versetzen; dennoch wurden an Aufbauten und Decks schwere Schäden angerichtet, und mindestens zwei von den 15-cm-Geschützen wurden zum Schweigen gebracht. Es war wie ein Zerstörergefecht. Harwood brüllte: »Nimm das, du Biest! . . . Und das! . . . Und auch das! . . .« Und dann, als ein großer orangeroter Blitz und schwarze Rauchschwaden auf einen Volltreffer in einem der 15-cm-Geschütztürme folgten, klatschte er mit seiner Mütze gegen die Wand und schrie vor Vergnügen: »Ha, was kosten die Schneebälle?«

Woodhouse sagte: »Wir haben es geschafft! Sie ändert ihren Kurs!«

Die *Graf Spee* hatte sich von der *Exeter* abgewandt und richtete ihre beiden schweren Drillingstürme auf die beiden kleinen Kreuzer, mit Ausnahme ihrer 15-cm-Rohre, die weiter auf die *Exeter* feuerten. *Ajax* und *Achilles* vergrößerten den Abstand ein wenig, feuerten aber unablässig weiter auf ihrem Zick-Zack-Kurs. Die Moral auf den beiden Kreuzern war jetzt derart hoch, daß es jeder für sich allein mit einem Panzerschiff aufgenommen hätte.

»Glauben Sie, daß sie standhalten und weiterkämpfen wird, Sir?« fragte Woodhouse mit funkelnden Augen.

»Sieht so aus«, meinte Harwood.

»Torpedos schußbereit, Sir«, meldete Pennefather ungeduldig.

»Also 'ran!« war die Antwort.

»Zu Befehl, Sir! Kursänderung 40 Grad Steuerbord notwendig, Sir.«

Woodhouse gab den Befehl, und Pennefather lief auf seine Station und sagte über das Telephon: »Achtung an den Backbordrohren! Laufstrecke Maximum-Tiefeinstellung!« Der N. O. meldete: »Fehlen noch 10 Grad, Sir.« Woodhouse befahl: »5 Grad Ost.«

Ohne seine Augen vom Fernglas zu nehmen, rief Pennefather: »Achtung!«

Der Steuermaat sagte: »Mittschiffs . . Recht so! . . .«

Nach einer gespannten Pause sagte Pennefather: »Abschuß Eins . . . Abschuß Zwei . . .«

Der Mann am Telephon meldete: »Rohre los, Sir.«

Sofort befahl Woodhouse: »Backbord 20.«

Im gleichen Moment kam die Stimme des Artillerieoffiziers durch das Sprachrohr: »Captain, Sir.«

Woodhause sagte: »Ja, A. O.?«

»Meldung vom Flugzeug: Torpedo im Anzug! Dürfte voraus vorbeilaufen.«

Die *Graf Spee* hatte offenbar ihre Torpedos zur gleichen Zeit abgefeuert. Harwood war ein Torpedoexperte, und darum fragte Woodhouse ihn zögernd: »Abdrehen nach Backbord, Sir, und der Bahn entgegen?«

Widerstrebend nickte Harwood: »Ja. Kann nicht sehr nahe sein. Ein paar Grad dürften genügen.«

Woodhouse sagte freudig: »Hart Backbord, Steuermaat«, und wich dabei Harwoods Blick aus. Eine oder zwei Minuten später meldete der Ausguck von der Mars durch das Sprachrohr: »Ich sehe eine Torpedobahn, Sir. Nur eine, sie ist ganz deutlich ...«

Harwood sah seinen Kapitän triumphierend an und sagte: »Also wieder zurück mit uns!«

Einen Augenblick später, um 07.25 Uhr, als die Entfernung auf etwa viereinhalb Seemeilen abgenommen hatte, erhielt *Ajax* einen Volltreffer. Eine 28-cm-Granate setzte den Geschützturm X außer Gefecht und verklemmte den Geschützturm Y. Auf diese Entfernungpraktisch ohne Höhenwinkel, durchschlug das Geschoß die Panzerung wie Papier. Es war eine sehr launische Granate, denn sie prallte quer auf, rutschte ab und wirbelte über das ganze Schiff, bevor sie explodierte, und richtete dabei schrecklichen Schaden an. Harwood wurde wütend; er brüllte den Artillerieoffizier durchs Sprachrohr an, als dieser das Ausfallen der zwei Geschütze meldete: »Sie haben immer noch zwei!«

An Woodhouses Seite tauchte sein Midshipman auf: »Captain, Sir. Im Gechützturm Y wird ein Brand im Munitionsaufzug gemeldet.«

Woodhouse sagte ruhig: »Nun, steigen Sie hinunter und sehen Sie nach, ob Sie damit fertig werden.«

Der Geschützturm war durch die Granate, die den Panzer durchschlagen hatte, auf seinem Lager festgeklemmt. Die Schmiede waren bereits an der Arbeit. Im Turm X lagen die Leute schwitzend und verdreckt umher, und jeder hatte sich so entblößt, wie er konnte. Sie waren alle Royal Marines. Sie konnten weder hinaus noch ins Schiff hinein. Rauch und Feuer zogen durch den Munitionsschacht herauf. Der Leutnant hatte befohlen, die Löschvorrichtung einzuschalten, aber sie funktionierte nicht. In diesem Augenblick stürzte eine Wasserflut von oben herab, wie ein Wunder vom Himmel! Ein Marinesoldat hatte auf dem oberen Deck einen Wasserschlauch erwischt.

Atemlos erschien ein Läufer bei Harwood auf der Brücke: »Vom Kommandanten, Sir. Es war ein Volltreffer im Vorraum von Munitionskammer X, Sir.«

Aus den vorderen Türmen wurde weitergeschossen. Woodhouse fragte: »Irgendwelche Verluste?«

»Jawohl, Sir«, war die Antwort, »ich fürchte ja, Sir. Granate durchschlug die Kabine des Kommandanten und des Sekretärs, Sir. Ging dann durch das nächste Deck hindurch und richtete allerhand an im Vorraum von Kammer X, Sir, und dann sprang sie wieder hoch und explodierte in der Kajüte des Commodore, Sir.«

Der Artillerieoffizier bemerkte über das Sprachrohr: »Ein ganz verrückter Brocken!«

Der Schiffsjunge kam zurück und meldete: »Commodore, Sir! Vermelde, Sir, Granate schlug glatt durch Ihre Aufenthaltskajüte, explodierte aber in Ihrer Schlafkajüte, Sir.«

Harwood fragte: »Irgendwelche Verluste?«

Der Junge sagte: »Jawohl, Sir. Sie hat alle Köpfe von Ihren Golfschlägern gerissen, Sir.« Der kleine Rotzjunge hatte sie tatsächlich mit auf die Brücke gebracht.

Harwood schaute sie an und bemerkte: »Sehr unsportlich.«

Woodhouse sagte: »Tut mir leid wegen Ihrer Kajüte, Sir.«

Der Schiffsjunge prustete sich auf: »Sie ging auch durch Ihre Kajüte, Captain, Sir.«

Der Signalmeister rief: »Meldung von *Exeter*, Sir.«

Harwood eilte zu ihm ans Sprachrohr. Er riß ihm die Meldung aus der Hand und las sie Woodhouse vor: »Alle Geschütze außer Gefecht. Wir sind noch seetüchtig.« Er sah Woodhouse an: »Sie muß ja in einem ziemlich bösen Zustand sein. Ob sie es wohl noch bis zu den Falklandinseln schafft?«

Es wurde hinübersignalisiert, und in ein paar Minuten kam die Antwort zurück: »*Exeter* an Flaggschiff: können auch Plymouth erreichen, wenn befohlen. Ersuche um Erlaubnis zur Revision der Ersatzteilliste.«

Harwood zwinkerte mit den Augen. Alle schwiegen. Beide Männer konnten sich die verheerende Lage an Bord des Kreuzers ausmalen. Das Schiff war südlich in einiger Entfernung deutlich zu erkennen; es brannte noch immer. Ein Läufer trat zu Woodhouse, und dieser meldete Harwood: »Munition wird knapp, Sir.«

Harwood erwachte aus seinem Nachdenken und sagte: »Eh! Was? Nun — kratzen Sie den Rest vom Boden zusammen!« Dann kehrten seine Gedanken wieder zu Hookie Bell zurück, und er sagte zum Signalmeister: »An *Exeter:* ›Falklandinseln anlaufen. Mit Gott‹.«

Er wandte sich zu Woodhouse: »Well. Machen wir hier weiter.«

Es war jetzt 07.40 Uhr, und in diesem Tempo ließ sich das Gefecht nicht mehr lange durchhalten. Beide Kreuzer hatten die Entfernung vergrößert. Die *Graf Spee* konnte das Gefecht nicht abbrechen, denn die andern Schiffe waren schneller als sie; dennoch sah es so aus, als ob sie auch drüben genug hätten. Der Feuerwechsel hatte nun schon hundert Minuten gedauert und ging noch immer weiter. Harwood ging ein paar Mal auf und ab und sagte dann zu Woodhouse: »Wir müssen die Entfernung weiter vergrößern, Woodie. Ich will das Gefecht doch abbrechen und es dann im Dunkeln wieder mit ihr aufnehmen. Lassen Sie auf Gegenkurs absetzen und einnebeln.« Dann zum Signalmeister: »An *Achilles:* ›Ich breche Gefecht ab‹.«

Woodhouse gab Befehl: »Backbord 30.«

In diesem Augenblick kam ein mächtiges Krachen vom Achterdeck. Eine Granate hatte die Stenge des Großmastes über Bord gefegt. Es war einer der letzten Schüsse dieser Phase des Kampfes. Woodhouse bemerkte resigniert: »Das heißt, daß wir keine Radioantennen mehr haben. Weitergeben: sie sollen eine neue Stenge aufziehen.«

Harwood hatte sein Glas wieder auf den Feind gerichtet: »Immerhin, er hat keine Lust mehr, uns anzugreifen. Wir werden ihn von beiden Seiten beschatten.«

Woodhouse, der noch immer an seinen neuen Toppmast dachte, fügte hinterlistig hinzu: »Ja. Und ihm ab und zu eine hinten draufballern.«

2. H. M. N. Z. S. Achilles

Als die *Graf Spee* vor rund zwölf Wochen zum erstenmal im Südatlantik aufgetaucht war, hatte die *Achilles* noch in ihren Heimatgewässern aufgearbeitet. Als Schiff der Neuseeländischen Division der Royal Navy hatte sie zur Hauptsache Leute von diesen Inseln an Bord. Andererseits waren die meisten Offiziere und Maate Engländer. Drei von ihren vier 6-Zoll-Türmen waren mit Neuseeländern bemannt, der vierte von Royal Marines. Disziplin und Moral waren sehr gut. Captain Parry war bei seinen Leuten sehr beliebt, und er verdiente es auch. Alle waren mit Begeisterung bei der Sache, und Captain Parry hatte sie während ihrer Ausbildungszeit in der Südsee eisern trainiert. Von der Admiralität hatte er dann Befehl erhalten, sich dem Geschwader von Commodore Harwood anzuschließen, das vor der südamerikanischen Küste operierte. Nach ihrer langen Reise durch den Pazifik berührte die *Achilles* erstmals das Festland bei Santiago de Chile. Anschließend war sie durch die Magellan-Straße zum Geschwader gestoßen und hatte vor der langen Küste des südamerikanischen Kontinents Patrouillendienst getan.

Unmittelbar vor Commodore Harwoods Befehl zum Aufmarsch hatte sich die *Achilles* auf der Höhe von Pernambuco befunden. Parry lief daraufhin das Mündungsgebiet des Rio de la Plata an und traf am 10. Dezember dort ein. Captain Parry war so stolz auf die gute Moral seiner Leute. Er war der Meinung, daß die Schwierigen unter ihnen, wenn man sie nur ordentlich im Zaum hielt, im Ernstfall die Schlagkraft nur erhöhen konnte. Parry war ein weitblickender und phantasievoller Mann, und er war durchaus fähig, die Großartigkeit des über alle Erdteile ausgebreiteten Empires zu erleben, das eins seiner Schiffe von einem Ende der Welt ans andere schickte, und er war stolz darauf, daß es seinem Schiff so leichtfiel, ohne weiteres mit Schiffen der Royal Navy zusammenzuarbeiten und zu kämpfen. Die Schlacht am Rio de la Plata war die erste Gelegenheit, wo ein Schiff der Neuseeländischen Division der Royal Navy ins Gefecht kam. Und das ist der Grund, weshalb man im Gespräch mit irgendeinem der zwei Millionen Bewohner jener Inseln manchmal den Eindruck hat, es habe bei dieser Schlacht nur ein einziges Schiff gegeben.

Leutnant Washbourn, der draufgängerische und tüchtige Artillerieoffizier der *Achilles,* dem wir bereits beim Frühalarm im Feuerleitstand begegnet sind, war während der Morgenwache am 13. Dezember diensttuender Stabsoffizier. Der diensttuende Stabsoffizier ist in Abwesenheit des Kapitäns der für das Schiff verantwortliche Mann. Als dann um 06.10 Uhr Befehl gegeben wurde, die Gefechtswache abzulösen, trat die ganze Mannschaft wie auf der *Ajax* ab, bis auf eine kleine Zahl von Leuten, die während des Tages in ständiger Bereitschaft blieben. Es war noch immer Washbourns Wache, und so kehrte er wieder zur Kommandobrücke zurück und unterhielt sich mit Captain Parry über die Schießübungen, die für diesen Tag angesetzt waren. Angesichts des bevorstehenden Ereignisses lag eine gewisse Ironie über dem Thema ihrer Unterhaltung. Am Abend zuvor hatte Harwood bekanntgegeben, daß die taktischen Übungen fortgesetzt werden sollten, was bedeutete, daß es noch mehr Übungen zur Feuervereinigung und zur gegenseitigen Übermittlung von Meldungen über die Lage der Treffer geben sollte. Wir haben bereits gesehen, daß kein Artillerieoffizier es liebt, wenn ihm die Feuerleitung aus den Händen genommen wird, und Washbourn war keine Ausnahme. So wie es Washbourns Art war, sprach er sich sogar sehr freimütig darüber aus. Und wie immer, hörte Parry nachsichtig zu und sagte wenig.

Die Übungen zur Trefferbeobachtung von der Flanke her waren ein ganz anderes Kapitel. Dies war ein wesentlicher Bestandteil von Harwoods Taktik zur Aufspaltung der Feuerkraft des Feindes durch getrennten Angriff. Wenn es den beiden angreifenden Einheiten gelang, den Feind im rechten Winkel zueinander zu fassen, dann konnte jede der andern melden, um wieviel ihre Aufschläge zu kurz oder zu weit lagen. Vor der Einführung des Radars und der Beobachtung durch Flieger, auf die man sich auch nicht immer verlassen konnte, war dies sehr wichtig. Der Artillerieoffizier hatte sonst nur die Möglichkeit zur Korrektur, wenn seine Salven genau in der Richtung des Feindes lagen; verschwand der Feind hinter den Wasserfontänen, dann lagen die Schüsse »zu kurz«, und man mußte »höher« gehen; im andern Fall ging man »tiefer«. Und wenn einige Aufschläge vor dem Feind lagen und andere hinter ihm, dann hatte man ihn »eingedeckt«, und alles war in Ordnung. Aber es war immer schwierig, mit dem Feind, der genauso beweglich war, auf eine Linie zu kommen. Und daher war die gegenseitige Meldung von Entfernungsverbesserungen bei Salven, die nicht auf der Ziellinie lagen, sehr wertvoll. Washbourn war dies alles natürlich klar. Was ihn ärgerte, war, daß er im Verband nicht selbständig schießen sollte. Einer von zweien schießt immer besser als der andere, und Washbourn war stets überzeugt, daß er der bessere sei. Und so klagte er sein Leid mit gutem Humor jedem, der zuhören mochte, und in diesem Fall war es sein Kapitän, der auf der Brücke hin- und her ging, und der Navigationsoffizier, Leutnant Cowburn, ein langer, magerer und ziemlich wortkarger Mann, der sich durch nichts aus der Fassung bringen ließ, nicht einmal zu dieser frühen Morgenstunde.

Um fünfzehn Minuten nach sechs meldete der Ausguck: »Rauch. Peilung Rot eins null null, Sir.«

Zu gleicher Zeit sahen sie, wie die *Exeter* — wir erinnern uns, daß sie das letzte Schiff in der Linie war — aus dem Verband ausscherte, um zu rekognoszieren. Parry und Washbourn spazierten ohne Hast zur Backbordseite der Brücke. Sie hatten schon zuvor tausend solche Meldungen erhalten, und trotz den Ahnungen des Commodore glaubte niemand ernstlich daran, daß man dem Panzerschiff begegnen würde, das sich rund dreitausend Meilen näher bei seiner Heimat und Weihnachten befunden hatte, als sie zum letztenmal von ihm hörten. Parry setzte sein Fernglas an die Augen und hielt Ausschau. Washbourn benützte das Standfernrohr.

Beiden war sofort klar, daß es ein Taschenpanzerkreuzer war. Die Sicht war sehr gut und alles, was sie sehen konnten, war ein Feuerleitstand, ein Entfernungsmesser und eine dünne rötlich-braune Rauchfahne, doch für beide konnte es gar nichts anderes sein. Sie sahen sich an, und Parry sagte: »Großer Gott! Es ist ein Taschenpanzerkreuzer. N. O., geben Sie Alarm! Melden Sie in den Maschinenraum, daß wir bald auf volle Fahrt gehen und das Gefecht aufnehmen werden.«

Washbourn kletterte auf dem kürzesten Weg in

seinen Gefechtsstand: über die Außenleiter und durch den Notausgang. Vom höchsten Punkt schaute er nochmals hin. Es gab keinen Zweifel: das war ein Panzerschiff. Er schwang sich in seinen Sitz und gab Befehl, nach links zu schwenken; er setzte die Kopfhörer auf und wartete auf die ersten Meldungen. Inzwischen läuteten die Alarmglocken, und dann kam das Horn. Die Mannschaft begriff sofort, daß es sich diesmal um einen Ernstfall handelte, denn das Hornsignal ließ das »G« aus. Washbourn konnte durch die Sprachrohre alles mitanhören, was auf der Brücke vorging. Der Signalmeister meldete: »*Exeter* hißt Flagge fünf, Sir. Feind in Sicht.«

Cowburn hatte den Wachoffizier abgelöst. Mit beiläufiger Stimme sagte Parry zu ihm: »Halten Sie sich drei, vier Kabellängen hinter der *Ajax*, N. O., und lose Formation. Hin und her, wenn sie nach uns schießen.«

Inzwischen war Washbourns eigene Mannschaft angekommen, außer Atem, manche gerade aus der Koje, und schlüpften auf ihre Sitze oder Posten. Man staunt, wie viele Leute im kleinen Raum eines Feuerleitstandes Platz haben. Alle drei Leitstände der Kreuzer waren sich mehr oder weniger ähnlich; wenn wir also einen davon eingehender beschreiben, kann man sich die andern vorstellen.

Der Artillerieoffizier, Washbourn, thronte hoch oben und dirigierte das Orchester.

Mr. Watts, ein runder, behäbiger und sehr tüchtiger Offizier, beobachtete den Feind und schätzte ständig seine Geschwindigkeit und seinen Kurs.

Der Lagezimmeroffizier Trimble war ein eher breiter Mann mit rotem Geischt und sprach ziemlich langsam. Er war ein Wachtmeister der Marines aus Ulster. Seine

Aufgabe war es, die Lage der Aufschläge rings um den Feind zu beobachten und an die Gefechtszentrale zur Auswertung weiterzugeben.

Dicht hinter diesen drei Offizieren saßen zwei Telegraphisten und der junge Dorset, der direkte Verbindung mit allen vier Geschütztürmen hatte. Am andern Ende der Leitungen saßen ebenfalls Schiffsjungen in den Geschütztürmen, und sie ärgerten gewöhnlich alle übrigen, indem sie miteinander schwatzten. Aber an diesem Morgen hatten sie genügend anderen Gesprächsstoff.

Noch höher als diese drei Offiziere war der Standlinien-Entfernungsmesser, Shirley. Um besser zu sehen, stand er auf einem Schemel und streckte seinen Kopf durch eine Öffnung des Artilleriestandes; so konnte er die Bewegungen der *Ajax* genau verfolgen, um ihre Positionsangaben auf den Standort seines Schiffes zu korrigieren, wenn mit Feuervereinigung geschossen wurde.

Weiter unten im Turm befanden sich die beiden Richtkanoniere; der »Lagerichter« war verantwortlich für die vertikale Einstellung der Geschütze, der »Schwenkrichter« für die horizontale Bewegung der Türme. Der »Lagerichter« war es auch, der den Feuerbefehl an alle Geschütze gab. Dicht bei ihnen waren zwei Leute, die Handräder bedienten, welche die Entfernungs-, Elevations- und Schwenkkorrekturen an alle Geschütze weiterleiteten. Sie hießen Shaw und Rogers und waren Neuseeländer, wie Shirley, der junge Dorset und der »Lagerichter«, Maat Stacey. Selbstverständlich hatte der Artillerieoffizier ein direktes Sprachrohr zum Kapitän auf die Kommandobrücke.

Als Washbourn auf seinem Stand angekommen war,

hatte er sofort befohlen, alle Stationen zu bemannen, was ein paar Minuten brauchte. Dann gab er an alle Türme Befehl, die Geschütze mit panzerbrechenden Granaten zu laden.

Dieser Befehl, der es allen Kanonieren klarmachte, daß es diesmal ernst galt, wurde in allen Geschütztürmen ausgerufen. Die Leute sahen sich mit vielsagenden Blicken an. Eben eröffnete die *Ajax* das Feuer. Auf der Kommandobrücke sah Kapitän Parry auf den Entfernungsanzeiger, der die Gefechtsentfernung mit zwovier-drei-null-null (rund 23 km) anzeigte, und bemerkte: »Maximale Reichweite.«

»Nicht mehr für lange, Sir«, antwortete Cowburn. Wie als Antwort kam das Wuuh-wuuh-wuuh einer 28-cm-Salve heran und orgelte und flatterte über ihre Köpfe weg wie riesige unsichtbare Vögel, gefolgt von einem Krachen und drei hohen Wasserfontänen. Die erste Salve der *Graf Spee* war gekommen. Sie lag vor Steuerbordbug, und Parry sagte scharf: »Kursänderung nach Steuerbord, N. O.«

Mit einem erstaunten Blick antwortete Cowburn: »Aye, aye, Sir. Steuerbord 20!«

Parry rief ins Sprachrohr: »A. O.!«

Washbourns Stimme meldete sich. Langsam und deutlich sagte Parry: »Ich werde immer auf den letzten Aufschlag zusteuern. Sie können Ihre Korrekturen darauf einrichten.«

Washbourn auf seinem Turmsitz machte eine Grimasse und antwortete gehorsam: »Jawohl, Sir.«

Parry schritt zur Mitte der Brücke zurück und drehte sich plötzlich zu Cowburn, der noch immer mit offenem Mund dastand: »Verstanden, Navigator?«

Cowburn riß sich zusammen und antwortete: »Jawohl, Sir. Hoffe nur, daß es der Feind nicht versteht.«

Parry lächelte trocken. Es war richtig: dieses Manöver ist immer etwas riskant. Andererseits hat es aber auch viel Einleuchtendes, gegen den Feind zu laufen, wenn er zu kurz schießt, und von ihm weg, wenn sein Feuer liegt. Aber was geschieht, wenn der Feind dieses Manöver herausbekommt? Dann braucht er nur ein paar Salven nicht zu korrigieren, und man läuft mitten hinein. Bei späteren Unterhaltungen über die Schlacht hat Parry die Unverwundbarkeit seiner *Achilles* immer dem Geschick zugeschrieben, mit dem Cowburn diesen Plan ausgeführt hatte.

Im Leitstand befahl Washbourn: »Breitseite!«

Wieder wurde dieser Befehl in den Geschütztürmen durch das Schußbereitmachen der geladenen Geschütze beantwortet. Neben Washbourn begannen die Bereitschaftslampen auf der Kontrolltafel flackernd aufzuleuchten.

Die Stimme Parrys meldete sich durch das Sprachrohr: »Eröffnen Sie das Feuer so bald wie möglich, A. O.«

Fünf Lampen leuchteten bereits, und ohne seine Augen von der Kontrolltafel zu nehmen, sagte Washbourn ins Sprachrohr: »Wir sind schon feuerbereit, Sir.«

»Feuer eröffnen!« war die Antwort. Jetzt waren acht Lampen da, und Washbourn sagte in sein Mikrophon: »Feuer!«

Fast gleichzeitig kam das Ting-ting der Feuerglocke, und eine Sekunde später donnnerte das Kr-r-r-omp einer vollen Breitseite. Sofort gingen alle acht Kontrolllampen aus. Dann, so wie die Leute nachluden, flackerten sie wieder auf. In weniger als zwanzig Sekunden war eine zweite Breitseite unterwegs, und dann noch eine . . .

Bei der Eröffnung des Feuers betrug die Flugzeit der Geschosse rund fünfzig Sekunden. Die Bedeutung der Flugdauer in der Schiffsartillerie ist dem Laien wahrscheinlich nicht ohne weiteres klar. Washbourn sah auf die Uhr. Die lange Wartezeit, in der seine Brocken in rasender Geschwindigkeit dem Ziel entgegenflogen — mit drei Breitseiten zu gleicher Zeit in der Luft — zehrte an seiner Geduld. Einer der vielen Apparate im Gefechtsstand war eine Vorrichtung, die am Ende der Flugzeit jeder Breitseite eine Reihe von ungezogenen Geräuschen von sich gab. Jetzt produzierte sie abgehackte Grunzlaute, um anzuzeigen, daß die erste Salve in Zielnähe eintraf. Washbourn und Trimble preßten ihre Ferngläser an die Augen. Ein kurzes Aufrülpsen aus dem Gerät meldete den Moment des Aufschlags. Schießkorrekturen wurden durch das Mikrophon gegeben, und das Schnellfeuer ging weiter — sehr zum Vergnügen von Washbourn, bis der Telegraphist sich über seine rechte Schulter beugte und ihm ins Ohr sagte: »Meldung von Ajax: Führerschiff übernimmt Feuerleitung.« Dann beugte er sich weiter vor und kritzelte auf den Meldeblock, der zu Washbourns Rechten lag, deutlich die vom Flaggschiff befohlene Entfernungs- und Seiteneinstellung. Das ging während einer Viertelstunde so weiter. *Ajax* und *Achilles* vereinigten jetzt ihr Feuer. Wir wissen, wie Washbourn darüber dachte, daß man ihm die Führung über seine eigenen Geschütze wegschnappte; seine jetzigen Gefühle eignen sich wohl nicht gerade, um aufgezeichnet zu werden, aber sie bezogen sich nicht auf die Tüchtigkeit von Desmond Dreyer, dem Artillerieoffizier auf der *Ajax.*

Um 06.40 Uhr schlug, wie bereits erwähnt, die erste Salve von der *Graf Spee* wenige Meter vor *Achilles* auf und übersäte ihre Backbordseite mit Granatsplittern; die Kommandobrücke und der Feuerleitstand bekamen das meiste davon ab. »Splitter« ist freilich nur ein allgemeiner Ausdruck, und wir tun vielleicht gut daran, zu erklären, daß es sich dabei um richtige kleine Scherben, aber auch um böse Klumpen zackigen Hartstahls handelt. Einige von diesen durchschlugen den leichten kugelsicheren Panzer, der um die Brücke lief, und brachten Captain Parry mit einem Riß durch beide Waden und Signalmeister Martison mit einem zerschmetterten Knie zu Fall. Parry war für einen Augenblick bewußtlos, und als er wieder zu sich kam, fand er sich auf dem Deck liegend und wunderte sich, wieso er dorthin gekommen war. Er fühlte merkwürdigerweise keine Schmerzen in den Beinen. Das erste, was er vernahm, war das Stöhnen des Signalmeisters, als die Sanitäter ihn wegtrugen: Parry zog sich hoch und setzte sich auf die Kante des fußhoch um die beiden Kompasse laufenden Peildecks. Da stimmte etwas nicht, aber er wußte nicht, was. Plötzlich wurde ihm klar, daß seine Geschütze nicht mehr feuerten.

Im Feuerleitstand hatte ein halbes Dutzend Splitter verschiedener Größe die 25 mm dicken Panzerplatten durchschlagen und einiges von ihrem Material mitgerissen. Washbourn konnte nur soviel sagen: es hatte gekracht, und dann war es ihm einen Moment schwarz vor den Augen geworden; und als er wieder um sich sehen konnte, war da eine Menge frische Luft, die vorher nicht gewesen war, und ringsherum lagen Leiber ausgestreckt.

Parry stellte sich wieder auf die Beine und ging vorn

an die Brücke. Noch immer wußte er nicht, was los war, bis ein Sanitäter ihn darauf aufmerksam machte. Ein Blick auf die vorderen Geschütztürme verriet ihm, daß seine Rohre nicht mehr gegen den Feind gerichtet waren. Ein Blick über seine Schulter, und er sah den durchlöcherten Feuerleitstand. Er merkte, daß da etwas ganz und gar nicht in Ordnung war. Er schleppte sich zum Sprachrohr und rief: »Brücke an Feuerleitstand. Hier spricht der Captain. Sind Sie in Ordnung, A. O.?«

Im Kontrollraum war Shirley hintenüber gefallen, und er lag nun quer über dem Schemel, auf dem er vorher gestanden war, und blutete schwer aus Wunden im Oberschenkel. Beide Telegraphisten lagen tot auf dem Boden mit mehrfachen Verletzungen. Einer von ihnen war zum Teil durch das Mannloch auf die Entfernungsmesser in ihrem kleinen unteren Raum gestürzt. Washbourn selbst hatte zwei oder drei Wunden in der Kopfhaut und fühlte sich noch ein wenig benommen. Mr. Watts meldete ruhig in sein Mikrophon: »Feuerleitstand getroffen. Der achtere Leitstand soll übernehmen.« Dann stand er auf und sagte zu Washbourn: »Kommen Sie, Sir. Wir müssen mit den Reparaturen anfangen.«

Washbourn stammelte: »Was ist eigentlich los? Es fehlt mir nichts ...« Er fuhr sich mit der Hand an den Kopf und fühlte etwas Warmes, Klebriges. Da kletterte er von seinem Sitz herunter und ließ sich verbinden.

Das war etwa, als die Anfrage des Kapitäns durch das Sprachrohr kam, und er gab zur Antwort, daß der achtere Leitstand die Feuerleitung übernommen habe, und bat um Sanitäter. Nach ein oder zwei Minuten Pflege durch Mr. Watts war Washbourn wieder er selbst. Er kletterte auf seinen Sitz zurück und nahm den Bestand auf. Er schaute hinab in die vordere Hälfte des Turms und stellte fest, daß die beiden Richtkanoniere wohlauf waren. Shaw saß noch an seinem Instrument, aber vornübergebeugt. Das Feuer war jedoch sehr langsam und unregelmäßig. Der achtere Leitstand war gar nicht wirksam; die beiden Leute, die ihn bemannten, waren nicht mehr fähig, ihre Arbeit zu tun, denn sie waren ständig dem Gedonner aus den Rohren von Turm X ausgesetzt gewesen, die ganz nah an ihnen vorbei nach vorn schossen. Beide waren stocktaub, ganz dumm vom Luftdruck und litten an ständigem Erbrechen. In der Tat waren die schlimmsten Schäden, die sich nach der Schlacht auf der *Achilles* feststellen ließen, an den achteren Aufbauten zu verzeichnen und auf den Luftdruck der eigenen Geschütze zurückzuführen.

Washbourn beschloß, die Führung wieder zu übernehmen, und fragte: »Was ist alles ausgefallen?«

Headen, der Maat, drehte sich von seinem Teleskop herum und antwortete: »Zielgerät scheint in Ordnung, Sir.«

Washbourn sagte: »Okey. Wollen einmal sehen, was passiert. Übergehen auf zentrale Feuerleitung. Achtung, Shaw!«

Headen wiederholte den Befehl: »Verbindung Zentralrichtanlage hergestellt, Sir.«

Washbourn wiederholte scharf: »Shaw!«

Stacey, der neben Shaw saß, antwortete ruhig durch das Sprachrohr: »Archie Shaw hat es erwischt, Sir.«

Washbourn sah schnell hinunter. Shaw saß noch immer an sein Instrument gelehnt, aber tot. Washbourn befahl: »Rogers! Übernehmen Sie Shaws Posten.«

Wortlos ging Rogers hinüber, räumte Shaws Körper

weg und nahm seinen Platz ein. In diesem Augenblick kamen Sanitätergruppen an und pochten an die Tür, konnten aber nicht hinein, denn sie war durch Splitterschaden verklemmt. Washbourn übernahm also, von drei Toten umgeben, die Feuerleitung und kämpfte mit seinen Leuten die Schlacht bis zum Ende . . .

Mit heruntergeschossenen Antennen und zwei toten Telegraphisten wurde es Washbourn bald klar, daß er wieder sein eigener Herr war und sein Feuer selbst leiten konnte. Allmählich kam wieder System und Genauigkeit in die Schießerei. Und es ergab sich keine Gelegenheit, der *Ajax* mitzuteilen, daß die *Achilles* bei der Feuervereinigung nicht mehr mitmachen konnte. Washbourn war wieder ganz er selbst.

Parrys Beine wurden langsam steif, und er setzte sich mit einem blauen Kissen auf einen hohen Stuhl auf die Brücke und leitete den Rest des Gefechts von dort aus weiter. Ein Lazarettgehilfe behandelte inzwischen seine Beine, aber Parry kümmerte sich kaum darum. Dies war die Zeit, wo die *Exeter* so furchtbare Schläge erhielt, und seine ganze Aufmerksamkeit galt ihr. Eben bemerkte er zu Cowburn: »*Exeter* dreht südlich ab; sie wird bald draußen sein . . .«, als der Sanitäter sein rechtes Bein fertig bandagiert hatte und sagte: »Jetzt bitte noch das andere Bein, Sir.«

Gereizt erwiderte Parry: »Was ist denn mit dem los?« Er sah hinunter und merkte erst jetzt, daß beide Waden durchschossen waren.

Es gibt in jedem Beruf Menschen, die nur an ihre eigene Arbeit denken, und dies gilt besonders für Leute auf Schiffen. Während dieser Ereignisse auf Deck soll unten ein Heizer zum diensttuenden Ingenieur gekommen sein. Er sagte zu Leutnant Jasper Abbott, einem kleinen, tüchtigen und sehr exakten Offizier mit einem hübsch gestutzten schwarzen Bart: »Ich möchte eine Beschwerde anbringen, Sir.«

Jedesmal wenn das Schiff eine Salve abfeuerte, schossen meterlange Flammen aus den Feuerungsrohren. Manchmal gingen die Ölbrenner überhaupt aus. Nach jeder solchen »Salve« eilten die diensthabenden Heizer hinauf und schauten in die Kessel, um nachzusehen, ob sie auch alle brannten. Gewöhnlich waren es die oberen Brenner, die ausgingen. Dann mußten sie sie wieder anzünden, indem sie auf beiden Seiten einen Hahn herauszogen und sofort wieder hineinstießen. Das Getöse der Feuerungen war ohrenbetäubend.

Abbott wandte seinen Blick nicht von den Manometern und sagte: »Well, was ist los?«

Der Heizer schien Wut im Leibe zu haben. »Sir. Seit fünf Minuten versuche ich, der Brücke die Umdrehhungszahlen der letzten Stunde für die Eintragung im Logbuch zu melden, und sie haben mir nur gesagt, das interessierte sie nicht. Und als ich darauf bestand, Sir, kam der Navigationsoffizier an den Apparat und sagte, ich solle mir das Maul ...« Seine letzten Worte wurden von der Breitseite verschluckt. Abbott nickte und sagte: »Machen Sie sich keine Sorgen. Vielleicht haben sie jetzt auf der Brücke an andere Dinge zu denken.«

Die *Achilles* kämpfte noch vierzig Minuten weiter im Verband mit der *Ajax*, anfangs aus einer Entfernung von 14 000 Metern, später, nachdem sie mit äußerster Fahrt an den Feind herangekommen waren, aus rund 7000 Metern. Wie auf der *Ajax* waren auch auf der *Achilles* alle bitter enttäuscht, da es anscheinend nicht gelang, dem Feind irgendwelchen ernsthaften

Schaden beizubringen, weder an seiner Hauptartillerie noch an seinen Maschinen. Über eine Stunde lang hatten sie alles, was sie hatten, gegen ihn verschossen ohne ersichtlichen Erfolg. Was alle wahrscheinlich übersahen, war dies: sie hatten den Feind gerade durch die Wildheit ihres Angriffes aus dem Konzept gebracht und ihn von Anfang an in die Defensive gedrängt. Schon nach den ersten Minuten der Schlacht hatte die *Graf Spee* keine Neigung mehr gezeigt, mit den beiden kleinen Kreuzern handgemein zu werden. Und nach ihrem wütenden Angriff auf die *Exeter* hatte sie sich während der ganzen Schlacht ständig in westlicher Richtung abgesetzt. Es waren die kleineren Schiffe, die sie fortwährend bedrängt hatten. Mit Ausnahme der kurzen Zeit, wo sein Leitstand außer Gefecht gewesen war, hatte Washbourn das Feuer durchgehend selbst geleitet und hatte den Eindruck, daß die *Achilles* rund fünfzig Breitseiten abgegeben hatte. Aber in Wirklichkeit waren es zweihundertzehn gewesen.

Auf der *Achilles* hatten die Türme A und B wesentlich mehr Schuß verfeuert als die Türme X und Y, die nicht weiter als im Winkel von 35 Grad nach vorn feuern konnten. Die Geschütze von A und B waren so heiß geworden, daß die Farbe abblätterte, und sie dehnten sich dermaßen aus, daß sie nach dem Rücklauf nicht mehr richtig »ausrannten«. Mit anderen Worten: die Rohre liefen zurück und blieben hinten stecken. Mit der Zeit lernten die Kanoniere aber, daß ein starker Fußtritt mit vereinten Kräften, den sie dem heißen Verschluß versetzten, genügte, um die Rohre wieder vorlaufen zu lassen.

Einmal gab es im Geschützturm B eine vorübergehende Verzögerung im Munitionsnachschub. Die Geschützmannschaften nahmen die Bereitschaftsgranaten aus dem Rechen und luden weiter. Als ihnen die panzerbrechende Munition ausging, stießen sie auf die beiden blinden Übungsgranaten, die ständig im Rechen bereitlagen. Turm B war von Neuseeländern bemannt, und das waren entschlossene Leute. Unterleutnant »Slim« Somerville, der Batterieoffizier, sagte: »Worauf wartet ihr denn? Stopft sie doch hinein!«

So flogen also auch diese hinüber, und Washbourn erfuhr später bei einer zufälligen Begegnung mit dem Artillerieoffizier der *Graf Spee* in Hamburg nach dem Krieg, daß eine dieser blinden Granaten durch die Offiziersmesse der *Graf Spee* gegangen und schließlich unter der Koje eines Deckoffiziers zur Ruhe gekommen war, wo sie dem Empfänger allerhand Rätsel aufgegeben hatte.

Wie wir wissen, brach Harwood um 07.40 Uhr das Gefecht ab und zog *Achilles* und *Ajax* im Schutz einer Nebelwand zurück, sehr zu Washbourns Leidwesen. Während der letzten zehn Minuten hatte er nämlich den Eindruck gewonnen, daß sie dem Feind hart zusetzten. Er hatte jedoch übersehen, daß sehr bald nichts mehr übriggeblieben wäre, um dem Feind weiter zuzusetzen. Er fluchte noch immer, als ihn der Kapitän anrief und fragte: »Was haben Sie noch an Munition, A. O.?«

»Keine Ahnung, Sir«, war die Antwort. »Ich werde sobald wie möglich Meldung erstatten.«

Er telephonierte an alle Stellungen, und als die Antworten kamen, notierte er die Zahlen auf eine Streichholzschachtel und addierte sie zusammen. Mit mehr als kleinlauter Stimme meldete er schließlich: »Captain, Sir.«

Parrys geduldige Stimme sagte: »Ja, A. O.?«

»Wir haben fast zwölfhundert Schuß abgegeben. Es bleibt uns noch rund ein Drittel des Bestandes. Der Erste hat gerade Heizer abkommandiert, um Munition von den achteren Batterien nach den vorderen Türmen zu schaffen. Alle haben sich freiwillig gemeldet.«

Parry sagte: »Danke, A. O. Und ist sonst alles in Ordnung?«

Washbourn antwortete: »Mehrere Verluste, Sir, und es ist hier ein bißchen zugig. Sonst ist alles in Ordnung.«

Der Schmied hatte schon eine Weile an der verklemmten Tür des Leitstandes gearbeitet, und nun ging sie auf einmal mit lautem Krach auf. Die Sanitäter kamen herein und begannen die Toten und Verwundeten wegzubringen. Jetzt erst merkte Washbourn, wie bleich Wachtmeister Trimble aussah, der die ganze Zeit unmittelbar zu seiner Rechten gesessen hatte. Während des Gefechts hatte er nichts gesagt. Washbourn fragte: »Was fehlt Ihnen, Trimble?«

Der Riese antwortete: »Nicht viel, Sir. Ich werde jetzt gehen und mich behandeln lassen. Ich habe am Sitzfleisch einen kleinen Kratzer abbekommen.« Er stand auf, nickte zum Abschied und ging, ohne sich helfen zu lassen. Sein Sitz war voll Blut, und dort wo der Granatsplitter durchgegangen war, war ein Loch mit scharf angerissenen Kanten.

Alles an Bord war guten Mutes. Dutzende von Kundschaftern kamen zur Kommandobrücke und zum Feuerleitstand herauf, um zu erfahren, wie sie geschossen und welchen Schaden sie dem Feind zugefügt hatten. Das obere Deck war ziemlich übel zugerichtet, aber weniger von feindlichen Granatsplittern als vom Feuer der eigenen Geschütze. Ein Läufer kam zu Cowburn heraufgerast, und seine Taschen quollen über von Rahmbonbons und Schokolade; mit vollem Mund meldete er: »Vom Zahlmeister, Sir. Das Frühstück ist für alle bereit zum Fassen.«

Cowburn antwortete: »Sehr gut. Wo hast du nur all diese Schokolade her? Den Schlüssel zur Kantine geklaut!«

»Nein, Sir«, war die kecke Antwort. »Rechtmäßig, Sir. Die Tür war weggesprengt.«

Nach einer kleinen Weile kam das Signal vom Flaggschiff: »Sonderzuteilung von Rum!« Das war ein willkommener Befehl, und Washbourn war in den nächsten drei Stunden sehr beeindruckt von der ungewöhnlich milden Laune seines Chefkanoniers, der alle Viertelstunden zu ihnen heraufkam, um zu fragen, ob er irgend etwas für ihn tun könne. Später fand er den Grund heraus: der Chefkanonier Joe Mosford, ein untersetzter, eher rauher und langsamer Mann aus Westengland, hatte dienstlich in den Gängen zu tun, als ihm ein unschuldiger kleiner Leichtmatrose begegnete, der in einem großen Eimer eine hübsche Menge Rum in die falsche Richtung trug. »Hierher, mein Sohn. Wo trägst du das Zeug hin?« fragte er.

»Zurück, Chef«, war die Antwort. »Wir haben unseren Teil gehabt.«

Der Chef war entsetzt. »Euren Teil gehabt? Das gibt's doch nicht! Her damit«, und soff es aus.

Solche Kerle waren die Leute auf der *Achilles*.

3. *Hookie Bell*

Wir erinnern uns, daß Captain Bell die Brücke gleich nach dem Frühalarm verlassen und das Kommando an Kapitänleutnant Smith übergeben hatte. Man hatte ihn natürlich über die Rauchfahne im Nordwesten und die zwei Meldungen des Commodore orientiert, aber es lag kein Grund vor, auf Deck zu kommen. Er lag auf seiner Koje und las. Er hatte die Jacke und die Schuhe abgelegt, war aber noch so angezogen wie vorher auf der Brücke: mit weißen Flanellhosen, die er über seine Pyjamahosen gezogen hatte, dem Oberteil seines Pyjamas und einem Schal.

Der Alarmsummer neben seinem Kopfkissen ging los wie eine aufgeregte Biene. Er setzte sich sofort auf, zog die Schuhe an und hörte dabei auf die Meldung, die durch das Sprachrohr kam. Es war Smith, der mit seiner klaren, festen und gar nicht aufgeregten Stimme sagte: »Captain, Sir. Ich glaube, die *Scheer* ist backbord querab aufgetaucht.«

Bell antwortete: »Sehr gut! Lassen Sie Klarschiff anschlagen.«

Er schnürte sich sorgfältig die Schuhe, langte nach seiner Jacke und ging auf Deck. Er brauchte nur ein paar Sekunden zur Brücke. Seine Kajüte lag direkt darunter.

Auf dem Weg über die Außenleiter hörte er das Schrillen der Bootsmannspfeifen, die Kommandos der Bootsmannsmaate und die Stimmen der Schiffsjungen, die im Vorwärtstrippeln »Alle Mann Gefechtsstation!« ausriefen. Der junge Hornist auf der Brücke blies das Gefechtssignal samt Wiederholung. Bell hörte auf dem ganzen Schiff Füße über die Decks und die Leitern auf und ab rennen, die aufgeregten munteren Stimmen der Mannschaft, die Offiziere und Maate, die Befehle zum Klarmachen der Geschütze und Instrumente erteilten.

Auf der Kommandobrücke herrschte eine stille und geordnete Geschäftigkeit. Alle Ferngläser waren auf den Feind gerichtet. Klare und knappe Befehle wurden über Telephon und Sprachrohr gegeben, als ginge es nur wieder um eine Übung. Bell bahnte sich seinen Weg durch den Betrieb und ging an seine Station vorn an der Brücke; er warf durch sein Glas einen raschen Blick auf den Feind, der jetzt deutlich sichtbar war. Er befahl: »Hißt Gefechtsflaggen. Fahrt 28 Knoten.«

Der Signalmeister sagte: »Aye, aye, Sir«, und lief zum Sprachrohr. Der Navigationsoffizier gab Befehl: »Zwei-vier-null Umdrehungen.«

Bell warf nochmals einen Blick auf den Feind und sagte: »Backbord 20.« Zu den Artillerieoffizieren sagte er: »A. O.! Eröffnen Sie das Feuer, sobald Sie soweit sind«, und zu Smith: »Lassen Sie an alle Abteilungen weitergeben, daß wir einen Taschenpanzerkreuzer zum Kampf stellen.«

In diesem Augenblick kam Commander Graham auf die Brücke gerannt und knöpfte sich die Jacke fertig zu. Auch er sah schnell zum Feind hinüber und wechselte einen Blick mit Bell, der mit funkelnden Augen sagte: »Well, Commander, da ist sie!«

Graham nickte und erwiderte: »Ich will mal bei allen Stationen nachsehen, Sir, und sie aufpfeffern!«

Das Schiff lief jetzt seine 25 Knoten und nahm zusehends mehr Fahrt auf. Das steigende Heulen des forcierten Zugs zum Kesselraum übertönte selbst den Wind, und das Schiff schwenkte nach Backbord zum Gefecht. Bell trat zum Navigationsoffizier, warf einen

Blick auf den Kompaß und befahl: »Steuern Sie so nah an den Feind wie möglich, aber halten Sie den Schußwinkel unserer A-Geschütze offen.«

Dann wandte er sich zum wachhabenden Midshipman und fragte: »Zeit?«

»06.18, Sir.«

In diesem Augenblick traf ihr Anteil an der ersten Salve der *Graf Spee* ein. Zuerst ein durchdringendes Pfeifen und dann das Kr-r-r-achen! Riesige Wasserfontänen schossen zu beiden Seiten des Schiffes in die Luft. Bell bemerkte: »Sie decken uns schon mit der ersten Salve ein. Ihr macht am besten eure Regenschirme auf.«

Jennings meldete aus dem Feuerleitstand: »Wir eröffnen das Feuer, Sir.«

Bell antwortete: »Gut«, und einen Moment später schellten die Feuerglocken und die erste Salve krachte hinaus.

Plötzlich besann sich Smith auf die Wasserbomben, die auf dem Achterdeck in ihren Bereitschaftsrechen lagen. Wie Torpedos sind Wasserbomben unbequeme Passagiere, wenn man vom Feind beschossen wird. Ein einziger Volltreffer könnte genügen, um das ganze Achterschiff in die Luft zu sprengen. Er bat um Erlaubnis, sie über Bord zu werfen, und erhielt zur Antwort: »Bitte schön!«

Jetzt wurde ein regelmäßiges Feuer unterhalten. Die *Exeter* hatte nur drei Türme, doch waren es Achtzöller, und bei jeder Breitseite erbebte das ganze Schiff. Die *Graf Spee* lag in guter Reichweite, und die *Exeter* hatte bereits zwei Treffer erzielt. Sie lief mit 30 Knoten gegen den Feind, und der Wind pfiff und kreischte durch die Stagen und die Leinen. Infolge ihrer Nähe zur *Graf Spee* und ihrer Größe war vorauszusehen, daß sie bald das Hauptziel werden mußte. Bell und seine Leute bewegten sich ruhig und geschäftig inmitten des abziehenden Pulverrauchs. Etwa alle zwanzig Sekunden ertönte die Feuerglocke, gefolgt vom Loskrachen einer Salve. Plötzlich wurde es allen klar, daß der Feind es jetzt vor allem auf sie abgesehen hatte. Rings um sie her schossen Wasserfontänen hoch. Bell ordnete Ausweichmanöver an. Die *Graf Spee* änderte ihren Kurs und richtete ihre ganze schwere Artillerie auf den Kreuzer. Salve über Salve deckte sie ein. Die See war eine einzige wogende Schaummasse. Es war unmöglich, daß sie noch lange ungeschoren bleiben sollten. Dann kam ein plötzliches Kreischen und eine Feuerwand vom Bug her.

Smith überschrie das Getöse: »Volltreffer im Malershellegat!« Dann rief er ins Sprachrohr: »Sanitäter nach vorn!«

Man hörte unten im Vorschiff schreien. Unterleutnant Morse erschien an der Spitze einer Feuerlöschmannschaft. Aus einem großen Loch am Bug quollen schwarzer Rauch und Flammen. Während seine Leute einen Schlauch herschleppten, rannte Morse voraus mit einem Feuerlöschapparat. Er war noch kaum halbwegs beim Brand, als eine zweite, noch stärkere Explosion das Schiff erschütterte. Morse verschwand hinter einer Feuerwand. Als der Rauch die Sicht von der Brücke wieder freigab, war Morse verschwunden, und an seiner Stelle war ein gähnendes Loch im Deck, groß genug, um einen Autobus zu verladen. Der vordere Turm schoß geradezu herausfordernd weiter. Bell sagte grimmig: »Lassen Sie an alle Abteilungen weitersagen, daß wir dem Feind ebenso hart zusetzen wie er uns.«

Eine neue Salve kam heran, aber diesmal zu kurz. Die Feuerlöschmannschaft kämpfte mit den beiden Bränden. Bell wollte eben dem Navigationsoffizier sagen, er solle den Kurs ändern, als direkt vor ihm mit einer ohrenzerreißenden Detonation eine neue Feuerwand hochging. Eine Welle heißer Luft sprang ihm ins Gesicht, so daß er meinte, der Kopf werde ihm weggerissen. Er warf die Hände vors Gesicht, um die Augen zu schützen, und taumelte zurück. Rings um ihn stürzten Männer um und fielen auf das Deck. Schreie und Ächzen erfüllten die Luft. Über die ganze Brücke fegte ein Hagelwetter von Stahlklumpen und Granatsplittern. Wo eben noch Ruhe und geordnete Tätigkeit geherrscht hatte, war jetzt alles ein Trümmerhaufen von geborstenen Röhren, verbogenem Metall und gähnenden Löchern. Bell war rückwärts gegen den Kompaß geworfen worden, seine Hände noch immer vor den Augen. Seine Mütze war verschwunden. Eine Sekunde lang herrschte absolute Stille.

Er zog seine blutüberströmten Hände vom Gesicht und sagte: »N.O., sind Sie noch da?«

Keine Antwort.

Er fragte: »Signalmeister, hören Sie mich?«

Schweigen.

Alle waren tot oder verwundet. Die Leute lagen über die lange schmale Kommandobrücke verstreut. Bell hörte die Sterbenden und Schwerverletzten röcheln. Es war ein Wunder, daß er selbst am Leben war. Wahrscheinlich hatte ihm nur seine vorgeschobene Stellung das Leben gerettet. Als die Granate barst, waren die Splitter senkrecht vor seinem Gesicht in die Höhe geflogen und am Dach der Brücke über ihm zurückgeprallt und hatten alle getötet, die hinter ihm standen. Er hatte seine Mütze verloren, sein Gesicht war schwarz, und ein Splitter hatte ihm eine Schnittwunde am Kopf beigebracht. Winzig kleine Splitter staken ihm in beiden Augen, doch fand er das erst später heraus.

Bill Roper, des Kapitäns Meldegänger, hatte etwa zwei Meter hinter ihm gestanden und war in der Leistengegend verletzt worden. Jetzt stellte er sich wieder auf die Füße. Bell versuchte, den Rudergänger oder den unteren Ruderstand ans Sprachrohr zu bekommen. Aber alle Verbindungen schienen unterbrochen. Er sagte: »Fein, Roper! Sind Sie in Ordnung?«

Roper preßte seine Hand in die Tasche und nickte.

Bell machte noch einen Versuch, aber ohne Erfolg; niemand meldete sich. Der Navigationsoffizier war tot, der Signalmeister schwer verwundet. Das Schiff lief mit dreißig Knoten ruderlos in Achterfiguren, aber es feuerte weiter. In regelmäßigen Abständen krachten die Achtzöller hinaus und ließen das ganze Schiff erzittern. Braune Schwaden von Korditrauch trieben über die Brücke weg. Bell sagte: »Los, Roper«, lief nach hinten und rief :»Sanitäter zur Brücke!«

Commander Graham traf oben an der Leiter mit ihm zusammen: »Gott sei Dank, daß Sie noch leben, Sir! Ein großer Brand wütet im Zwischendeck. Aber wir werden damit fertig.«

Sprühwasser von Naheinschlägen ergoß sich über die Brücke. Bell fragte: »Und Turm B?«

»Außer Gefecht. Fast alle tot. Volltreffer hat Panzerung weggerissen. Sie scheinen das meiste davon abbekommen zu haben.«

Bell nickte und sagte: »Wenn das Feuer sich ausbreitet, fluten Sie die Munitionskammern.«

Es war ein Inferno von Lärm und Betrieb. Sanitäter rannten umher. Der Geistliche kniete neben den Sterbenden. Das Schiff lief mit äußerster Fahrt wie ein durchbrennendes Pferd, und der Wind schrie und peitschte den Rauch darüber hin. Bell rief: »Wir werden auf der achteren Brücke weitermachen. Gott! Was ist denn das?«

Graham drehte sich um und wollte sehen, was Bell meinte, und in diesem Augenblick riß dieser ihm die Mütze vom Kopf und setzte sie selbst auf. Im Moment glaubte der Commander, der Kapitän sei verrückt geworden. Aber Bell grinste und sagte: »Verzeihung, Bobby. Ein Kapitän muß eine Mütze tragen. Sie werden Ihre Ausgehmütze tragen müssen! Los, Roper!«

Es war nicht leicht, nach achtern zu kommen. Das Deck war ein Trümmerhaufen. Der vordere Geschützturm war zerstört; Feuer und Rauch trieben vom vorderen Deck nach hinten und machten jeden blind. Brände wüteten. Bell mußte über Massen von Trümmern klettern, an Feuerlöschgruppen vorbei, die mit den Flammen kämpften. Trotz der verzweifelten Lage oder vielleicht gerade deswegen herrschte überall Zuversicht und Tatkraft.

Schnell schritt Bell auf den achteren Befehlsstand zu, und Billy schleppte sich hinter ihm her. Er fühlte, wie seine Kräfte ihn verließen, aber nichts hätte ihn dazu bringen können, den Kapitän im Stich zu lassen. Bei den Steuerbord-Torpedorohren traf Bell Kapitänleutnant Smith. Beide waren verrußt und mit Blut verschmiert, aber merkwürdig heiter. Bell sagte: »Hallo, Smith. Die Brücke ist futsch! Ich gehe zum hinteren Befehlsstand. Wie steht's?«

Bell nahm die senkrechte Leiter unter die Füße.

Smith meldete: »Fast die ganze Torpedomannschaft tot oder verwundet, Sir.«

Roper folgte Bell, der über die Schulter zurückrief: »Haben Sie Ersatzleute?«

Smith schrie ihm nach: »Schon alle an der Arbeit, Sir«, und lief davon.

Eine Weile hing Bill Roper an der Leiter und glaubte, er würde nie oben ankommen. Eine Gruppe Sanitäter kam unten vorbei und einer fragte: »Alles in Ordnung, Bill?«

Billy biß die Zähne zusammen, nickte und folgte seinem Kapitän.

Der achtere Befehlsstand war eine offene Plattform über dem Oberdeck, zwischen dem Flugzeugkatapult und dem Großmast. Unter Leitung eines Maats waren bereits Leute fieberhaft an der Arbeit, um die Funkverbindung wiederherzustellen. Der Wind heulte und pfiff um die Plattform, der schwarze Rauch rollte aus dem Schornstein und verfinsterte die Sonne, und von Granatfeuer zerhackte Antennendrähte schlugen den Männern ins Gesicht. Einmal flog ein riesiger, sieben Pfund schwerer Isolationskörper mit Getöse direkt vor Captain Bells Füße. Bell schwang sich auf die Plattform hinauf und gab bekannt: »Ich werde das Schiff von hier aus führen.«

»Alle Verbindungen sind unterbrochen, Sir.«

»Und der Kreiselkompaß?«

»Funktioniert nicht mehr, Sir.«

»Dann holen Sie einen Bootskompaß!«

Der Maat sagte zu einem Matrosen: »Bringen Sie einen vom Backbord-Walboot.« Bell fügte hinzu: »Einen hier herauf! Und einen hinunter zum Notrudergänger! Die Befehle werden durch eine Meldekette übermittelt. Los, los!«

Der Maat lief, und ein paar Sekunden später hörte man ihn brüllen: »Ihr dort! Bildet eine Meldekette hinunter zum unteren Ruderhaus. Ruft Leute von den 4-Zoll-Geschützen herüber.«

Graham erschien, kletterte über die Reling auf die Plattform und sagte: »Sie haben mich gerufen, Sir?«

Ein feiner Sprühnebel zog über sie weg. Bell sagte: »Jawohl. Was, zum Teufel, ist das nun wieder?«

»Benzin aus dem durchlöcherten Flugzeug. Wir sind daran, das verdammte Ding über Bord zu werfen.«

In diesem Augenblick krachte der achtere Geschützturm mit einer großen orangefarbenen Flamme los. Bell sagte: »Es wird langsam Zeit! Noch ein solcher Blitz und wir gehen in Flammen auf wie die Jungfrau von Orleans.«

Es krachte gewaltig in unmittelbarer Nähe. Die *Exeter* wurde in kurzer Folge zweimal getroffen. Sie zeigte bereits Schlagseite nach Steuerbord. Trotzdem feuerte sie aus den Geschützen, die ihr noch blieben. Wie durch ein Wunder begannen sich Leute um ihren Kapitän an seinem neuen Befehlsstand zu versammeln. Ein Signalmaat meldete, daß er den Dienst des Signalmeisters übernommen habe. Leutnant McBarnett kam mit einem Kompaß in der Hand, um die Navigation zu übernehmen. Eine Mannschaft hatte bereits die Kette gebildet. Bell sagte: »Geben Sie Ihre Befehle über meinen Meldegänger. Achtung, Roper!«

Die kleine Gruppe bezog ihre Stellungen und richtete sich gegen den Feind. Das Schiff gehorchte dem Ruder wieder. McBarnett meldete: »Feind nimmt Kurs direkt auf uns zu, Sir.«

Bell befahl: »Steuerbord 20.«

Der Befehl wurde von McBarnett an Bill Roper weitergegeben und von diesem hinunter zum Deck, und dann über die Kette von Mann zu Mann über dreißig Meter Deck, quer über das Quarterdeck und durch eine Luke hinab durch drei weitere Decks bis ganz nach hinten, wo ein halbes Dutzend Männer mit nacktem Oberkörper von Hand das Rad direkt über dem Ruder bedienten. Es war eine verzweifelte Arbeit; so schnell die Befehle auch weitergegeben wurden, so war es doch unvermeidlich, daß bereits ein anderer unterwegs war, bis der erste die schwer arbeitenden Steuerleute erreichte. Und doch war dies das einzige Mittel, das Schiff zu steuern.

Während die *Ajax* und die *Achilles* rasch die Distanz zum Panzerkreuzer verminderten, war die Lage auf der *Exeter* verzweifelt geworden. Der Feind war entschlossen, den Kreuzer zu erledigen und verzeichnete Treffer auf Treffer. Aber sie kämpfte weiter. Ein weiterer Turm wurde niedergekämpft. Aber der achtere Turm feuerte noch immer. Der Artillerieoffizier, Leutnant Jennings, stand auf der Kuppel des Geschützturms und leitete das Feuer von dort! Smith meldete: »Nur noch vier Torpedos in den Backbordrohren!«, und Bell befahl, sie bei der nächsten Gelegenheit abzufeuern. Die Männer auf der kleinen Plattform stemmten sich gegen den Wind und wurden von der Gewalt ihres eigenen Geschützfeuers ständig durcheinandergerüttelt und angesengt oder von den Wasserfluten der Naheinschläge fast ertränkt. Und dennoch: sie kämpften weiter.

Mit einem Mal gab es eine sonderbare Pause im Getöse. Der achtere Turm — der letzte von allen — hatte das Feuer eingestellt, gerade als der Leitende Ingenieur auf die Plattform kam, um Meldung zu erstatten. Bell fragte: »Hallo, Chef. Wie geht's unten?«

Der L. I., noch erschreckt von allem, was er unterwegs gesehen hatte, antwortete aber: »Maschinen und Kessel noch intakt, Sir!«

»Feind kommt rasch heran, Sir!« meldete McBarnett. Zum erstenmal verlor Bell seine Ruhe; er schrie: »Und wir haben kein Geschütz und kein Torpedo mehr übrig! Backbord 10!«

Der Befehl wurde weitergegeben. Bell wandte sich um und sah auf den herankommenden Feind. Noch hatte er eine Waffe: seine sechstausend Tonnen in 30 Knoten Fahrt! Er ging zu Graham hinüber und sprach so leise, daß nur sie beide es hören konnten: »Well, Bobby. Es scheint, daß uns nur noch eines zu tun bleibt. Die sind entschlossen, uns zu erledigen, und so will ich — wenn sie uns dazu die geringste Chance lassen — versuchen, den Satan zu rammen.«

Er hörte, wie Graham leise schluckte, und es ging ihm durch den Kopf, daß Graham ein verheirateter Mann mit Familie war. Aber Graham antwortete mit völlig ruhiger Stimme: »Jawohl, Sir!«

Bell sagte gutgelaunt: »Das bedeutet unser Ende, aber es bedeutet auch ihr Ende, und darauf kommt es an!«

McBarnett rief überrascht: »Feind ändert Kurs, Sir!«

Graham schrie auf: »Dort sind die *Ajax* und die *Achilles*! Sie haben die Distanz geschlossen! Sie lenken ihn ab!«

Alle drei wandten sich um und sahen zur *Graf Spee*. Auf einmal war das mächtige Schiff von einem Wald von Wasserfontänen umgeben, während die Salven rings um sie einschlugen. Schon während der ganzen Schlacht hatten die drei Kreuzer sich gewundert, mit welcher Schnelligkeit die *Graf Spee* wenden und manövrieren konnte. Jetzt sahen sie, wie sie unter dem pausenlosen Angriff der beiden kleineren Kreuzer anfing, Nebel zu machen, und sich drehte und wendete, um ihnen auszuweichen. Bill hielt sich an der Reling fest und sagte: »*By George!* Die hämmern aber drauflos! Sie haben ihr Feuer von uns abgezogen ... Wir werden uns absetzen. Backbord 20!«

Jetzt kamen keine feindlichen Granaten mehr. Mit Schlagseite, brennend und wehrlos hinkte die *Exeter* nach Süden, während die *Graf Spee* nach Westen abdrehte. Man war nur ganz knapp davongekommen.

Die Leute kamen sich vor, als erwachten sie aus einem Alptraum. Der Erste Offizier, Smith, saß auf einem der beschädigten Torpedorohre und knabberte an etwas Grünem. Graham sah ihn vom hinteren Befehlsstand und fragte ungläubig hinunter: »Essen Sie?«

Smith sagte fröhlich: »Kohl. Mögen Sie ein Stück? Hier ist ein schönes Herzstück!« Er warf es ihm hinauf. Und auf einmal spürten sie alle, daß sie ausgehungert waren. Der Kohl war knusprig, frisch und grün. Graham fing es auf und fragte Bell: »Auch ein Stück, Sir?«

Bell nahm es, und bald kauten alle. Und Bell kam es vor, als hätte ihm noch selten etwas so gut geschmeckt. Er murmelte mit vollem Mund: »Gut — ist doch wohl bald Zeit zum Mittagessen?«

Bill Roper antwortete: »07.30, Sir.«

Seine Stimme klang sehr schwach, und er schwankte auf seinen Beinen. Bell war erstaunt. »Großer Gott! Nur 75 Minuten, seit wir sie gesichtet haben!«

Erst jetzt kam er dazu, Bills Gesichtsfarbe zu bemerken. Er fragte ihn sanft: »Roper, sind Sie verwundet?«

Billy antwortete: »Ja, Sir.«

Und Bell befahl ihm: »Gehen Sie sofort zum Arzt! Und einer von euch geht mit!«

Bill riß sich zusammen und sagte ziemlich laut: »Ich kann allein gehen, Sir.«

»Dann fort mit Ihnen«, sagte Bell. Als er fort war, meinte Bell zu Graham: »Ein guter Bursche, der da!«

Billy tastete sich die Leiter zum Deck hinunter. Er mußte an Julie denken. An Julie, und er murmelte ständig vor sich hin: »Muß zu ihr zurück . . .«

Mit einem Male fühlte er sich so müde, daß er keine Stufe mehr weiter kam. Seine Beine gaben nach, seine Ohren dröhnten, und er sank aufs Deck.

Auf dem achteren Befehlsstand überbrachte der Signalmaat Bell eine Meldung: »Vom Flaggschiff, Sir: ›Erbitte Bericht über Zustand‹.«

Bell hielt den Zettel in der Hand und sagte: »Ja, wie ist unser Zustand, Bobby?«

»Alle Geschütze ausgefallen, Sir«, erwiderte Graham. »Über die Brände werden wir bald Herr sein. Eine Menge Wasser dringt herein. Wir haben 15 Grad Schlagseite nach Steuerbord und senken uns gegen den Vordersteven. Rund hundert Tote und Verwundete. Maschinen und Kessel noch intakt.«

Bell nickte und sagte: »*Exeter* an Flaggschiff: ›Alle Geschütze außer Gefecht. Schiff noch seetüchtig!‹«

Dies war die Nachricht, die Harwood erhielt. Es war über tausend Seemeilen zu den Falklandinseln, aber Harwood wußte: wenn einer es schaffen konnte, dann Hookie Bell. Und als dann der Befehl zurückkam, nickte Bell. Alles um ihn herum war hart an der Arbeit. Der Erste Ingenieur meldete: »Leck jetzt unter Kontrolle, Sir. Das Schiff wird wieder ausgetrimmt.«

Zugleich meldete ein Maat, daß die Verbindungen wieder in Ordnung seien und daß auch der Kreiselkompaß wieder richtig funktionierte. McBarnett zeigte auf den Bootskompaß und sagte undankbar: »Dann können Sie dieses verdammte Ding wieder fortnehmen.«

Bell sagte nur: »Also, Navigator. Kurs genau Süd, achtzehn Knoten.« Er wandte sich an Graham und sagte: »Well, Bobby. Es ist Zeit, mit dem Aufräumen anzufangen.«

4. »*Auch sie dienen ...*«

Die Gefangenen an Bord der *Graf Spee*, alles aktive Männer, befanden sich während der Schlacht in einer sehr ungemütlichen Lage. Sie waren blind, und sie waren wehrlos. Sie waren in Lebensgefahr und konnten doch nichts dagegen tun. Sie wußten, daß die *Graf Spee* von einem oder mehreren Schiffen angegriffen wurde, aber sie hatten keine Ahnung, wer die Angreifer waren. Doch ließ ihr Patriotismus sie annehmen, daß es sich um Engländer handelte. Aber alle waren sich darüber einig, daß das Schrecklichste, was sie während der Schlacht durchzumachen hatten, während der Kampf über ihren Köpfen wütete und während der langen Verfolgung, die sich daran anschloß, während ihnen die Minuten wie Stunden erschienen und die Stunden wie Tage, während die Zeit stillzustehen schien und zwischen Tag und Nacht kein Unterschied mehr war — daß das Schrecklichste ihre völlige Ungewißheit über den Ausgang der Schlacht war, verbunden mit der Sorge um das Schicksal ihrer eigenen Schiffe und ihrer völligen Hilflosigkeit in dem Katz- und Mausspiel, das da über ein riesiges Gebiet gespielt wurde, jenseits der Stahlwände, die sie von der Außenwelt abschlossen.

Wir haben sie ihrem Schicksal überlassen, als sie in Deckung gingen, nachdem die *Graf Spee* ihre erste 28-cm-Salve abgefeuert hatte, wobei ihre einzige Verbindung mit der Außenwelt die winzigen Schraubenlöcher an der Tür waren, an der Dove noch immer klebte und über das Gesehene berichtete, während erstickender Staub durch die Lüftung herabkam. Eine Minute später trafen die ersten Salven der *Exeter* ein, und bald darauf deckten alle drei britischen Kreuzer das Panzerschiff mit ihrem Feuer ein. Sie begann ihre Ausweichmanöver noch während sie das Feuer aus all ihren Rohren erwiderte. Der Lärm in dem engen Gefängnis war gewaltig, und das große Schiff schien sich ständig zu drehen, zu rollen und zu bocken. Dove berichtete, wie Wasserfontänen ringsum in die Höhe schossen und mit jedem Mal näher kamen. Plötzlich explodierte eine ganze Salve auf dem Wasser und übersäte die Seite des Schiffes mit Granatsplittern. Dove duckte sich unwillkürlich aufs Deck und fand sich unversehens unter einem Tisch mit Stubbs und zwei anderen Kapitänen. Über ihren Köpfen fegten große Stahlbrocken durch die Aufbauten und hagelten auf die Decks. Sie hörten ein reißendes Krachen, als ein Teil des Radarmastes herabstürzte: ein Glückstreffer gleich zu Anfang der Schlacht, der viel dazu beitrug, die Zielsicherheit der Artillerie der *Graf Spee* zu zerstören.

Stubbs schob Doves Knie von seinem Ohr weg und brummte: »Verdammt nahe, eh?«

Dove stimmte zu: »Sie haben die Distanz heraus. Wenn wir einen Volltreffer hereinbekommen, dann wissen wir's genau.«

Er hatte noch nicht ausgeredet, als über ihnen eine Explosion losging, die sich gewaschen hatte. Trümmer regneten auf das Dach des Gefängnisses. Sie hörten Schreie und das Rennen von Füßen, Befehle schnarrten aus den Lautsprechern; das Hauptnetz war demnach noch nicht unterbrochen. Es mußte etwas Ernsthaftes passiert sein, aber man hatte keine Zeit, daran herumzurätseln, denn die *Graf Spee* wurde in rascher Folge ein halbes Dutzend Mal in den Aufbauten direkt über und neben den Gefangenen getroffen. Jedesmal, wenn eine hundertpfündige Granate aus den 6-Zoll-Rohren der Kreuzer oder eine zweihundertsechsundfünfzigpfündige von der *Exeter* auf dem Panzerschiff einschlug, gab es eine plötzliche Erschütterung, gefolgt vom Reißen und Bersten von Metallplatten, dem Schreien der Verwundeten und dem Bellen der Befehle aus dem Lautsprecher, vermischt mit dem Donner der 28-cm-Salven und Krachen der 15-cm-Geschütze, von denen eines gerade vor ihrer Tür stand. Über diesen betäubenden Lärm hinaus konnten sie das Geknatter der Flakgeschütze und das hohe Heulen der auf höchsten Touren laufenden Dieselmotoren hören, und sie mußten sich ständig an Tischen, Stühlen, Deckstützen oder aneinander festhalten, während das Schiff schlingerte, stampfte und seinen Zick-Zack-Kurs lief.

Zu alledem kam noch der Lärm hinzu, den die Gefangenen selbst machten. Es war ein Babel von Schreien, Vermutungen, Voraussagen, Flüchen und Gebeten, Drohungen und Witzen. Es gab bereits zwei deutlich verschiedene Parteien: die Patrioten schrien: »Hurrah!

Gib ihm noch eins!« und die Realisten, die es ebenso ungern sahen, von ihren Freunden versenkt zu werden wie von ihren Feinden. Diese waren sehr böse auf den Ersten Ingenieur der *Doric Star* und den Ersten Offizier der *Newton Beach*, die mit ihren Köpfen in der Anrichte lagen und sangen: »Nirgends ist es schöner als zu Hause!«

Diejenigen, die sich nicht der begehrten Deckung unter Tischen, Stühlen oder Spinden erfreuten, quetschten sich in die Ecken und bedeckten ihre Köpfe mit Wolldecken oder setzten ihre Mützen auf, um sich besser zu schützen. Es ist eine allgemeine Erfahrung, daß man sich viel sicherer fühlt, wenn man irgend etwas zwischen sich und die Geschütze des Feindes schieben kann. Auf den britischen Schiffen legten sich die Mannschaften der 4-Zoll-Geschütze hinter Segeltuchschirmen auf den Boden, um Schutz vor den 11-Zoll-Salven zu suchen; und ein Zahlmeister, der einmal eine Weile durch sein Bullauge dem feindlichen Feuer zugesehen hatte, soll den Vorhang zugezogen haben, weil er sich dahinter sicherer fühlte.

Plötzlich legte sich ein »zarter Tau des Himmels« über alles, und alle begannen zu schnuppern. Dove sagte: »Was ist das für ein Gestank?«

Bald war kein Zweifel mehr möglich. Ein Chor schrie durcheinander: »Benzin! . . . Es ist Flugbenzin . . . Zigarette ausmachen, du Dummkopf!« Dove bellte: »Das Beobachtungsflugzeug ist getroffen. Direkt über uns.«

Sie hörten Einschlag über Einschlag und das Bersten von Metall. Der Kapitän der *Newton Beach* sagte finster: »Jetzt haben sie die Distanz. Wenn dieses Benzin Feuer fängt, werden wir knusprig geröstet.«

»Wie der Yorkshire-Pudding, den du letzten Sonntag gemacht hast«, warf sein Freund ein.

Der Funkoffizier von der *Tairoa,* der beim Aufbringen seines Schiffes verwundet worden war, und sein Bein noch immer im Gips hatte, sagte: »Mr. Murphy. Wenn ich dann auf einer Seite gar bin, drehen Sie mich bitte um!«

Jeder, der als Zivilist einen Luftangriff mitgemacht hat, kann sich die Szene vorstellen. Es war ein ununterbrochenes Bombardement von beiden Seiten, über hundert Minuten lang. Oder mit Doves Worten: »Es war kein Picknick.«

Als Harwood dann schließlich das Gefecht abbrach, lief die *Graf Spee* mit voller Fahrt in westlicher Richtung davon. Wie wir wissen, war Harwood damit zufrieden, sie außer Reichweite, aber nicht außer Sicht kommen zu lassen. Er hatte an die *Ajax* und die *Achilles* Befehl erteilt, sich aus der Reichweite des Feindes herauszuhalten, die weit größer war als ihre eigene. Wenn sich die Entfernung verringerte, waren beide Seiten bereit, ihre Brocken fliegen zu lassen. Das passierte denn auch, und ein gelegentlicher Feuerwechsel dauerte den ganzen Tag während der langen Verfolgung an; die *Graf Spee* warnte ihre Verfolger, nicht näher zu kommen, während auf der britischen Seite impulsive Typen wie Washbourn nur allzu bereit waren, dem Feind einen Ziegel nachzuschicken, wenn sich Gelegenheit dazu bot. Die Gefangenen auf der *Graf Spee* saßen noch immer in Deckung. Staub, zerbrochenes Geschirr und persönliche Effekten lagen auf dem Boden umher und dazwischen die hingestreckten Leiber der Männer. Keiner sprach ein Wort. Das Schiff lief mit voller Fahrt, und sie lauschten auf den wilden

Gesang der Dieselmotoren. Seit fast einer halben Stunde war kein Schuß mehr gefallen. Die relative Ruhe wirkte sonderbar nach dem infernalischen Lärm der Schlacht. Natürlich war Dove der erste, der anfing zu sprechen; er reckte sich und brummte: »Ich glaube fast, das Theater ist vorbei.«

Stubbs sagte höflich: »Möchten Sie sich gütigst von meinen Schenkeln erheben? Seit einer Viertelstunde wird nicht mehr geschossen.«

»Mehr als eine halbe Stunde«, warf ein anderer ein. »Ich sehe es an meiner Uhr. Hallo! Es ist vorbei ...«

Nun setzten sich alle auf; sie streckten ihre verkrampften Glieder aus und krochen aus ihren verschiedenen Unterständen hervor. Der Kapitän der *Newton Beach* sagte: »Ich würde viel dafür geben, wenn ich wüßte, was nun eigentlich passiert ist. Ob sie wohl unsere Schiffe versenkt haben?«

»Kaum anzunehmen!« protestierte ein halbes Dutzend Stimmen.

Der Erste Ingenieur der *Trevanion* sagte: »Hört mal! Wir laufen mit voller Kraft. Wenn sie unsere Leute versenkt hätten, würden sie es jetzt nicht so eilig haben.«

»Jedenfalls hätte Langsdorff beigedreht, um die Überlebenden aufzufischen«, meinte Dove loyal.

Allmählich kehrte das normale Leben zurück. Die Leute begannen zu spüren, daß ihre Mägen knurrten. Es war Zeit zum Frühstück. Im Chor ging es durcheinander. »Ich bin ganz steif! ... Ich habe einen Mordshunger! ... Ich gehe noch zugrund ...«

»Ich bin noch am Leben!« verkündete Dove, »und das ist für mich die Hauptsache.«

Stubbs betastete seine breiten Backen und sagte: »Ich

werde mich jetzt rasieren. Ich fühle mich nie wohl, wenn ich nicht rasiert bin.«

»Chef! Auch ich verhungere«, sagte der Funker von der *Tairoa* mit pathetischer Stimme. »Möchten Sie nicht in die Anrichte gehen und nachsehen, ob dort etwas Eßbares aufzutreiben ist?«

»Warum gehen Sie nicht selbst, Ralph?« brummte Murphy.

»Wie? In meinem Zustand?«

Murphy grinste und ging zur Anrichte. In diesem Augenblick krachte eine gewaltige Explosion. Die Lichter gingen aus, und alles blieb dunkel. Trümmer flogen in den Raum herab, und sie erstickten fast vor Staub und Rauch. Sie duckten sich wieder unter die Tische oder in ihre Schlupfwinkel, einige hielten ihre Schwimmwesten vors Gesicht. Allmählich verzogen sich Staub und Rauch, und das Tageslicht flutete zwischen zerrissenem und verbogenem Stahl zu ihnen herein. Ein gähnendes Loch klaffte über ihnen im Deck. Dove und Stubbs dröhnten: »Jemand verletzt?« Keiner meldete sich.

Sie hockten alle da und sahen sich den zerfetzten Stahl zweieinhalb Meter über ihren Köpfen an. Dove sagte nachdenklich: »Das Ding muß den Deckträger getroffen haben. Well! Wir können von Glück reden. Ohne diesen Träger hätten wir dran glauben müssen.«

Der Chef der *Trevanion* sagte voll von patriotischem Stolz: »Wer hat behauptet, daß die *Graf Spee* unsere Schiffe versenkt habe? Im Gegenteil. Wir sind ihr hart auf den Fersen.«

»Sie sind *uns* hart auf den Fersen, wenn Sie das meinen«, bemerkte einer sauer.

Der Ingenieur aus Wales sagte mit Eifer und Betonung. »Ich bin jedenfalls mit unseren Jungens dort drüben!«

»Ich möchte, ich wäre es«, sagte der Funker von der *Tairoa,* einer der Realisten.

Dove hatte sich auf einen Tisch gestellt und konnte den Träger mit der Hand erreichen. Er verkündete: »Ich werde mal einen Blick ins Freie werfen! Kommt und helft mir!«

Sie schoben ihn in die Höhe. Er steckte den Kopf hinaus und berichtete: »Meine Güte! Was für eine Bescherung! Sie haben noch einen der Fünfzehnzentimeter zusammengehauen. Jetzt kommen die Sanitäter herauf. Überall Zerstörungen von Granattreffern und Splittern. Die Backbordseite der Brücke ist die reinste Ruine. Stahltüren sind weggesprengt, und über das Deck spritzen sie mit Wasserschläuchen. Mein Gott! Die haben schon ordentliche Verheerung angerichtet. Überall verdrehte Schienen und verbogene Stahlplatten. Nanu! Wir ändern den Kurs. Alle Geschütze werden nach achtern geschwenkt. Das sieht ja aus, wie wenn Langsdorff abhauen würde. Von unseren Schiffen kann ich keines sehen. Die See ist glatt wie ein Ententeich. Wir laufen . . .«

Ein blendender orangefarbener Blitz erschreckte ihn, und eine gewaltige Detonation erstickte seine Worte. Er verlor seinen Halt am Träger und fiel zurück in den Raum, wo seine Freunde ihn auffingen. Atemlos berichtete er: »Sie feuert mit ihrem vorderen Turm achteraus! Sie ist also nicht erledigt. Aber es sieht so aus, als sei ihr achterer Turm außer Gefecht.«

Dove konnte dies natürlich nicht wissen; aber scharfe Augen auf den verfolgenden Schiffen hatten aus dem Verhalten der *Graf Spee* schon die gleichen Schlüsse gezogen. Die Warnschüsse fielen zu kurz. Es sah nicht so aus, als habe die *Graf Spee* auf ihre Verfolger richtig gezielt. Es war wie das knurren eines verwundeten Tigers. Harwood gab Befehl, die Entfernung auf 20 000 Meter zu vergrößern. Es hatte keinen Sinn, die beiden kleinen Schiffe beschädigen zu lassen, solange es nicht sein mußte. Der Feind hielt noch immer seinen Westkurs, und dies paßte Harwood. Er war ganz zufrieden damit, Distanz zu halten. Alles auf der *Ajax* trank Tee und aß riesige Speckbrote. Auf beiden Schiffen war die Moral sehr gut. Die Jagd hatte begonnen. Harwood faßte zusammen: »Wenn es dunkel wird, werden wir uns an sie heranschleichen und sie erledigen. Wir werden sie zwischen uns und dem roten Abendhimmel halten. Dann wird sie sich vom westlichen Himmel abheben, während wir schon im Schutz der Dunkelheit sind.«

So verging der lange Tag. Der Tiger der Meere schlich näher und näher ans Festland. Die Jäger folgten in vorsichtiger Entfernung. Wenn sie sich allzu vorwitzig näherten, dann brüllte das gejagte Tier, und große Wassersäulen sprangen zwischen ihm und seinen Verfolgern hoch. Dann schossen sie zurück. Und auf dem fernen Festland behaupteten aufgeregte Zuschauer, daß irgendwo draußen auf der See eine große Seeschlacht tobe. Ein paar Radioamateure hatten bereits während der Schlacht einige Funksignale aufgefangen, und es verbreitete sich das Gerücht, daß irgendwo auf der Höhe des Rio de la Plata britische und deutsche Streitkräfte im Kampf stünden. Von Rio bis nach Bahia Blanca hinunter eilten friedliche Handelsschiffe in den Schutz des nächsten Hafens. Und die Übersee-kabel summten von langen verschlüsselten Telegrammen der Admiralität an die Marineattachés in Argentinien, Brasilien und Uruguay.

Als die Sonne an diesem denkwürdigen 13. Dezember hinter den niedrigen purpurnen Hügeln verschwand, machte der Leuchtturmwärter von Punta del Este die dunklen Umrisse von Kriegsschiffen aus, beobachtete Blitze, ähnlich dem sommerlichen Wetterleuchten, und hörte den Donner der Geschütze.

Im Gefangenenraum verging der Tag wie ein böser Traum. Die wenigen Deutschen, mit denen sie in Berührung kamen, gaben auf ihre Fragen keine Antwort. Das Essen war kalt und bestand hauptsächlich aus Konserven, da anscheinend auch die Kombüse zerstört war. Noch immer gab es kein elektrisches Licht. Nur das ferne Rollen der Geschütze der Verfolger und der Rückschlag der antwortenden Geschütze der *Graf Spee* verrieten den Gefangenen, daß die Jagd weiterging. Langsam verdämmerte der Tag. Durch das Loch an der Decke sahen sie den Himmel blasser werden, dann rosa und immer dunkler. Die *Graf Spee* lief noch immer westwärts. Lange Zeit hatte niemand mehr gesprochen oder sich bewegt. Sie hatten wenigstens Streichhölzer. Ein paar Pfeifen und Zigaretten glühten in der Dunkelheit. Wie in einem Angsttraum hörten sie das Aufschlagen der Granaten neben dem verfolgten Schiff, das Erzittern des Schiffsrumpfs und das Geknatter der fliegenden Splitter auf dem Deck. Dove horchte auf und sagte: »Hört sich fast so an, als ob sie jetzt zum entscheidenden Schlag ausholen wollten.«

Stubbs grunzte, sog an seiner Pfeife und sagte gereizt: »Chef? Kann man nicht das Licht anmachen?«

Dabei hatte man ihm schon zehnmal erklärt, daß

nichts zu machen sei, weil die Leitung durchgerissen sein müsse. Murphy schlug düster vor: »Und was ist mit den Weihnachtsdekorationen?«

»Ja, richtig«, sagte einer, »da sind Papierlaternen darunter mit Kerzen. Hier, geben Sie ein Streichholz her!«

Schon kramte Dove in den Pappkartons. Sie zündeten sich ein paar Streichhölzer an, und schon brannten die Kerzen. Eine Flamme nach der anderen erleuchtete die seltsamen japanischen Laternen. Da wanden sich Drachen, Geisterfratzen und Jasminblüten entfalteten sich in der Dunkelheit und erhellten die erschöpften und gespannten Gesichter der Gefangenen. Murphy nahm ein kleines Laternchen, hängte es in seine Ecke und sagte: »Diese zünde ich für meinen Schutzengel an.«

Wieder verging eine Stunde. Es war kein Schuß mehr gefallen. Auch hörte es sich so an, als verlangsame die *Graf Spee* ihre Fahrt. Eine um die andere verblaßten die Formen der Laternen, die Kerzen flakkerten und gingen aus. Die lange nervöse Spannung fing an, sich bei den müden Männern auszuwirken. Keiner sprach ein Wort. Alle lauschten, als hinge ihr Leben davon ab. Plötzlich sagte der Erste Ingenieur aus Wales beinahe flüsternd: »Sie vermindert ihre Fahrt, boys!«

Alle lauschten gespannt. Einige preßten ihre Ohren an die Tür. Andere waren aufgestanden und starrten durch das Loch in den sternübersäten Himmel. Wieder andere lagen mit den Ohren am stählernen Deck, um sich nicht das geringste Geräusch entgehen zu lassen. Es war so dunkel, daß man ihre Gestalten nur ahnen konnte; es war so still, daß man sie atmen hörte; nur das Aufglühen einer Pfeife oder Zigarette erhellte dann und wann ein Gesicht. Wieder sprach der Erste Ingenieur aus Wales, aber lauter als vorhin: »Wir liegen ja still!«

Tatsächlich hatte das regelmäßige Dröhnen der Motoren aufgehört. Das Schiff glitt lautlos dahin, getrieben von der eigenen Trägheit. Dove schrie plötzlich auf und fluchte: »Langsdorff will unsere Kameraden in der Dunkelheit an sich vorbeilaufen lassen, dann kehrtmachen und in die offene See davonlaufen!«

Es begann ein lautes Brummen und Schimpfen. Stubbs schrie auf: »Dove hat recht! Morgen wird er meilenweit weg sein!«

Alles wütete und fluchte durcheinander; sie hämmerten gegen die stählernen Schottwände und Türen und brüllten sich die Lungen aus dem Halse, um sich ihren aufgestauten Haß, die Verzweiflung und Ohnmacht aus dem Leib zu schreien. Plötzlich rief der Aufpasser an der Türe: »Ruhe! Ruhe dahinten! Haltet doch eure Schnauzen! Es kommt jemand!«

Der Lärm erstarb, und sie hörten schwere Stiefel über das Deck trampeln, dann einen Befehl in deutscher Sprache, und durch die kleinen Löcher in der Tür fielen winzige Lichtpunkte von einer Taschenlampe. Jetzt waren sie alle ganz still, und sie zogen sich im Halbkreis von der Tür zurück wie eine Herde wilder Bullen, die sich einem Fremdling entgegenstellen. Im allgemeinen Schweigen hörten sie wie die Riegel zurückgeschoben wurden und ein Schmied die Tür mit einem Brecheisen bearbeitete, da sie durch Splitterwirkung beschädigt war. Mit einem Ruck flog die Tür auf, und der gespenstische Strahl einer bläulich verdunkelten Lampe fiel herein. Leutnant Hertzberg trat ein, gefolgt vom Wachtmeister und zwei bewaffneten Posten. Dove trat vor und stammelte: »Hertzberg! Sie müssen . . .«

Er hielt inne, da Hertzberg ihm freundlich die Hand auf die Schulter legte und sich an alle im Raum wandte. Zuerst sagte er: »Schon gut, Dove.« Dann hob er seine Taschenlampe so, daß alle sein Gesicht sehen konnten, und sagte: »Darf ich um Ihre Aufmerksamkeit bitten, Gentlemen?«

Sie hörten ihm zu.

Dann sprach er weiter, jedes Wort abwägend: »Gentlemen! Für Sie ist der Kampf vorbei. Wir befinden uns jetzt im Außenhafen von Montevideo . . .«

Er kam nicht weiter. Als den Leuten die volle Bedeutung seiner Erklärung aufdämmerte, schrien sie wie aus dem Häuschen. Hertzberg sprach lauter und übertönte die anderen: »Kapitän Langsdorff hat mich beauftragt, Ihnen mitzuteilen, daß Sie — da wir jetzt im neutralen Uruguay sind — dem Völkerrecht entsprechend, hier alle auf freien Fuß gesetzt werden. Morgen!«

Er konnte seine Ansprache kaum zu Ende führen. Bei dieser Nachricht schienen sie alle verrückt geworden zu sein. Hertzberg schien selbst mit dem Gang der Ereignisse ganz zufrieden. Ein halbes Dutzend Leute, darunter Dove, schüttelten ihm die Hand. Einige schrien Hochrufe, andere sangen, zwei weinten. Dove bahnte sich einen Weg durch die jubelnden und vor Freude tanzenden Kameraden und trat durch die Tür in die Nachtluft hinaus. Er wollte sich selbst vergewissern. Und doch traute er seinen Augen kaum, als er drüben, nicht weit weg, die Silhouette von Montevideo mit ihren Lichtern und Hochhäusern sah. Noch immer trieb das Schiff langsam dahin. Dove konnte in der Ferne Automobile hupen hören. Da war kein Zweifel mehr: sie befanden sich wirklich im Außenhafen von Montevideo.

KAPITEL VIII

DAS PURPURNE LAND

Als der lange Arm, mit dem die Fleischkonservenfabrik *The Red Meat Packing Co.* in Chicago (USA) nach dem Fleischland Uruguay reichte, Mike Flower nach Montevideo geschickt hatte, wußte er so viel über Südamerika und den Rio de la Plata wie jeder Durchschnittsamerikaner oder -europäer: so gut wie nichts. Die wenigen Augenblicke, wo er in der Oberschule aufgepaßt hatte, hatten ihm verschwommene Eindrücke von einem großen rübenförmigen Kontinent irgendwo südlich vom »Land der Freiheit« vermittelt, zusammengesetzt aus einer Anzahl von Staaten, die leicht miteinander zu verwechseln waren, ohne die Segnungen der Demokratie, Länder, die Gauchos, Indianer und hitzige Diktatoren in rauhen Mengen hervorbrachten und brasilianischen Kaffee exportierten. Sie exportierten auch manchmal die Diktatoren. Gewiß hatte jemand in der Direktion, für die er arbeitete, die Bücher von William Henry Hudson gelesen. Sicher aber hatte Mike sie nicht gelesen. Vielleicht besaß einer der Herren mit den grauen Schläfen ein abgegriffenes Exemplar der *»Vögel des Rio de la Plata«* oder hatte sich nach der Lektüre der *»Green Mansions«* und des *»Purple Land«* in romantischen Träumen ergangen und dabei Mike um seine Jugend und seine Chance zum Abenteuer beneidet. Aber Mike selbst hatte keine Träume, als er bereit war zu fahren; er hatte nur Träume, wenn er heißen Hummer gegessen hatte. Für ihn war es ein Auftrag wie jeder andere.

Als er in Montevideo ankam, wo er (wie man ihm so schön gesagt hatte) seine Zelte aufschlagen sollte, wußte er nicht einmal, wo es sich auf der Landkarte befand. Wozu auch? Man hatte ihm die Fahrkarte in die Hand gedrückt. Und so war es für ihn eine angenehme Überraschung, in Montevideo eine große moderne Stadt am Nordufer des Rio de la Plata zu finden, der an dieser Stelle fast hundert Kilometer breit ist, mit einem der schönsten und größten Naturhäfen der Welt, mit kilometerlangen Badestränden, die nur einen Steinwurf weit von den belebten Straßen entfernt waren, mit luxuriösen Hotels und Wolkenkratzern, ja sogar mit den großartigsten Produkten der modernen Zivilisation: Bars und Nachtklubs. Es gab eine ganz besondere Bar unten am Strand, Manolos, die spät öffnete und es nie eilig hatte, Schluß zu machen. Hier fühlte sich Mike wirklich zu Hause. Er aß dort, machte dort seine Verabredungen, man konnte dort Nachrichten hinterlassen, und Manolo kassierte seine Schecks. Die Kapelle war gut, und die Sängerin, die ihr vorstand, Dolores, mit einer Figur wie eine Sanduhr und Paprika in der Stimme, war sogar noch besser. Ja, da war kein Zweifel: Mike war sozusagen einheimisch geworden, und wenn das, was er bei seiner Ankunft über Uruguay nicht gewußt hatte, einen großen Lexikonband gefüllt hätte, so war es jetzt auf einen Oktavband zusammengeschrumpft. Die meisten dieser Kenntnisse hatte er Pop zu verdanken.

Pop hieß in Wirklichkeit Manoel Herrera McTavish, und er hatte Mike auf seinem ersten Ausflug nach einer Estanzia adoptiert, wo er Tonbandaufnahmen machen wollte. Mike hatte jedoch den Eindruck, er habe Pop adoptiert. Wie die meisten Amerikaner hatte er herausgefunden, daß man viel Zeit sparen kann, wenn man seine Persönlichkeit nach einem bereits fertig vorhandenen Vorbild richtet, anstatt seine eigene zu entwikkeln. Im Dezember 1939 war sein Vorbild Spencer Tracy. Es ist zweifelhaft, ob Tracy sich selbst in dieser Imitation wiedererkannt hätte, aber für den jungen Mike bedeutete sie einen schützenden Schild zwischen sich und der Welt; und nur darauf kam es ihm an. Pop hatte nur fünfzehn Sekunden gebraucht, um zu durchschauen, daß Mike eine Rolle spielte, und in den nächsten fünfzehn Sekunden begriffen, daß der Amerikaner drei Monate Arbeit vor sich hatte, über ein großzügiges Spesenkonto verfügte und regelmäßig jeden Freitag sein Honorar bekam. Das schottische Erbteil in Pop erwachte, und er ließ sich häuslich nieder. Er war in Wirklichkeit gar kein Gaucho, auch wenn er ein ausgezeichneter Reiter war: als Mike ihn zum ersten Male traf, führte er die *remuda**) für seinen Freund, der Verwalter auf einer Ranch war. Uruguay ist ein zivilisiertes Land und zugleich ein Land der Hirten, wo jeder Mann glaubt, daß Beine dazu da sind, um ein Pferd dazwischenzuklemmen — und die Pferde denken ebenso. Mit anderen Worten: außer Millionen von Rindern gibt es hier auf jeden Einwohner mindestens zwei Pferde, und jedermann, ob Mann, Frau oder Kind, verbringt seine Freizeit auf dem Campo.

Pop bezeichnete sich selbst als »pensioniert« (man kann in Uruguay mit sehr wenig auskommen, wenn

*) Reserve-Reitpferde, gewöhnlich eine Koppel von 90 bis 100 Wallachen für eine Gruppe von 8 bis 10 Gauchos oder Cowboys.

man Freunde hat — Pop hatte Tausende —, und es gibt da ein ausgezeichnetes System von staatlichen Pensionen, an dem jeder teilhat, welches zwar in Europa sowohl den Konservativen als auch den Sozialisten ein Greuel wäre, das aber merkwürdigerweise in Uruguay funktioniert), aber er hatte auch eine kleine Beschäftigung, die auf irgendwelche undefinierbare Weise mit der Hafenverwaltung im Zusammenhang stand. Jedenfalls konnte es keine sehr anspruchsvolle Arbeit sein, denn, wie gesagt, er hatte sich Mike angeschlossen und hing fester an ihm als der Engel an Tobias. Es war ihm klar, daß er sich als Gaucho bewähren müsse, da er nun einmal als Gaucho Mikes kindliche Bewunderung gewonnen hatte. Und als er mit Mike zusammen nach Montevideo zurückkam, zog er darum nicht erst seinen normalen Straßenanzug an, sondern ging überall hin in seiner vollen Gauchoausrüstung und genoß es außerordentlich, von den wenigen angestarrt zu werden, denen er fremd war, und von den Hunderten mit ungehobelten Fragen angerempelt zu werden, die seine Freunde und in den meisten Fällen seine Verwandten waren. Das einzige, was er bedauerte (und Mike hörte sein Lamentieren mit Verständnis an), waren die Polizeiverordnungen, die ihm das Tragen des großen Gauchomessers hinten im Gürtel verboten. »Da hinten mein Messer nicht zu fühlen«, sagte er und beklopfte dabei die leere Stelle, »gibt mir Ischias.« Er war ein so guter Schauspieler, daß er wahrscheinlich auch Ischias kriegte.

Mike hatte sich einen starken, aber ziemlich ramponierten Stationswagen gekauft, um seine Aufnahmeapparaturen mitzuführen, und einen begeisterungsfähigen jungen Mann von einer der einheimischen Radiostationen engagiert, um sie zu bedienen. Sein transportables Radio war das neueste Modell, mit allen Schikanen und Ersatzteilen ausgerüstet, und der junge Mann verbrachte alle seine wachen Stunden damit, es hingerissen zu betrachten. Gewöhnlich hatte er es gerade auseinandergenommen, wenn Mike eine Aufnahme machen wollte. Er sprach nie, aß selten und trank täglich seine zwei Liter Rotwein, nie mehr, nie weniger. Er hieß Tony und stammte in zweiter Generation von italienischen Einwanderern ab. Pop berichtete, wenn immer Tony den Mund auftue, komme Spanisch heraus. »So ist er also ein Italiener, und du bist ein Schotte, und der Hotelbesitzer ist ein Deutscher«, sagte Mike, »und der Nachtportier ist ein Ungar, und der Bursche, der drüben über dem Platz das Restaurant führt, ist ein Tscheche; Mr. Svensson, der Radiomechaniker, ist ein Schwede, und der Besitzer dieser Estanzia ist ein Engländer. Ich dachte, ihr seid hier alle Spanier oder Indianer. Dann ist hier ja alles wie in Amerika!«

»Nein, Mike. Du hast falsch begriffen«, erwiderte Pop und drehte dabei eine seiner ewigen Zigaretten. »Jetzt kein Indianer mehr in Uruguay. Die Indianer hier sehr wild, kämpften wie verrückt, als erster weißer Mann kam. Viele, viele Kämpfe. Unnütz über Frieden sprechen, Indianer nicht wollen Frieden. Indianer wollen töten. Entweder ihn töten oder er dich töten. So« — und er machte eine eindrucksvolle Geste — »keine Indianer mehr.«

»Aha«, sagte Mike, »und wie steht es mit den Spaniern? Was ist mit denen geschehen? Ich vermute, der Clan McTravish zog ein, und die Spanier zogen aus.«

»Sicher, hier Spanier, viele Spanier«, erwiderte der

Schottensprößling ruhig. »Uruguay war spanische Kolonie genau wie alle lateinamerikanischen Länder.«

»Ausgenommen Brasilien«, erinnerte ihn sein Schüler. »Du hast gesagt, Brasilien sei portugiesisch.«

»Das ist richtig«, stimmte Pop zu. »Aber in alter Zeit, Mike, Uruguay nicht so wichtiges Land wie heute. Mehr wie eine große Farm. Montevideo schon eine Stadt, aber ganz kleine Stadt. Damals viele Estanzias, ein paar Forts, viele Missionen, viel Vieh, genau wie heute, Männer meistens Soldaten oder Gauchos oder Priester, aber die meisten Spanier leben am Fluß oben, bei Buenos Aires.«

»Ich vermute, daß Buenos Aires schon damals eine große Stadt gewesen ist?« fragte Mike und schaute durch seinen Feldstecher. Sie saßen in einem »Geviert«, in einer Gruppe von Eukalyptusbäumen bei der Estanzia, und warteten auf den Beginn des Abendgesangs.

»Sicher, Buenos Aires große Stadt, immer gewesen große Stadt. Dann, als wir kämpften Befreiungskriege, alle diese Kolonien — verstehst du, Mike — werden Staaten. Uruguay auch kämpfen — so auch Staat werden. Am Anfang sehr wenig Menschen, aber dann gutes Land, gutes Wasser, schönes Wetter und so viele Leute kommen. Mein Urgroßvater, Hector McTavish, war Stabsoffizier bei General Gregor McGregor. Du sicher gehört von General Gregor McGregor?«

»Nein«, sagte Mike einfach.

»Er ist einer der großen Befreier«, sagte Pop begeistert. »Er Stabsoffizier bei Simon Bolivar.«

»Von dem habe ich schon gehört«, sagte Mike. »Das ist eine Zigarre.«

Pop sah ihn scharf an, entdeckte aber dann Mikes Schmunzeln und schmunzelte zurück.

»Hat denn dein Urgroßvater dieses Land befreit, Pop?« erkundigte sich Mike, »oder hat er nur gerade so viel Land befreit, wie die McTavishes brauchen konnten?«

Aber Pop ließ sich nicht auf den Arm nehmen; dazu war das Thema viel zu ernst.

»Dieses hier ein gutes Land, Mike«, sagte er. »Zwei große Männer nötig, um es zu befreien. Mein Urgroßpapa auch sehr guter Mann. Aber San Martin großer Mann. José Artigas großer Mann. Diese beiden Männer befreien dieses Land. Ich nicht lachen über Jeff Davis, Mike. Du auch nicht lachen über sie.«

Aber Mike blieb völlig ungerührt.

»Du kannst über Jeff Davis lachen, wenn es dir gut tut«, bot er an. »Wir nehmen unsere Demokratie nicht so ernst wie ihr. Sie ist einfach etwas Natürliches.«

Pop hatte jedoch seine kämpferische Laune.

»Manche Dinge du müssen ernst nehmen. In Südamerika Freiheit eine sehr ernste Sache, etwas, wofür man kämpfen und jeden Tag aufpassen muß. In Amerika nicht so. Eure großen Männer haben Demokratie erfunden ...«

»Da irrst du dich«, unterbrach ihn Mike. »Die Griechen haben sie erfunden. Wir haben nur das Patent darauf genommen.«

Pop nickte. »Okay. Wir auch Patent genommen. Wir nehmen Patent jeden Tag.«

»Soviel ist mir klar«, sagte Mike trocken. »Aber bitte, Pop, verstehe mich nicht falsch. Dies ist ein freies Land und eine wirkliche Demokratie. Möglich, daß ihr da etwas habt mit eurer Idee, sie jeden Morgen neu zu prägen. Dieser José Artigas, das ist doch der

Bursche auf dem Pferd mitten auf der Plaza Independencia?«

Pop nickte heftig. »Sicher, das ist er. Das ist José Artigas.«

»Gut«, sagte Mike, »wenn wir das nächste Mal in der Stadt sind, werde ich dem alten Knaben im Namen von Jeff Davis einen Gruß bringen.«

Das nächste Mal, als Mike und Pop in Montevideo waren, war am Morgen des 13. Dezember. Sie waren hinter Colón bei Concordia gewesen und hatten die Ranch schon beim Morgengrauen verlassen. Es war ein phantastischer orangeroter Sonnenaufgang gewesen, gefolgt von einem leichten Regen und Dunst, sehr verschieden von der klaren Morgendämmerung, welche die britischen Schiffe an diesem Morgen gesehen hatten. Mike war über den Regen froh gewesen, denn er bannte den Staub. Der Weg führte durch weites, leicht welliges Land, mit hin und wieder ein paar Bergketten, die zwar nicht höher als zweihundert Meter, aber manchmal sehr felsig waren. Große Herden von Hereford-Rindern grasten in der Ebene, und gelegentlich trabte ein Berggaucho auf seinem Pferd vorbei, der ihnen im flatternden Poncho würdevoll zuwinkte. Als sie nach Minas kamen, einer sehr rührigen kleinen Marktstadt mit breiten Straßenzügen und quadratischen weißen Häusern, stand die Sonne schon hoch, der Dunst hatte sich verzogen. Sie nahmen im Espresso an der Straßenecke einen Kaffee. Fröhliche italienische Frauen gingen lachend und schwatzend an Mike vorbei. Das Ganze wirkte wie eine italienische Spielzeugstadt, nagelneu mitten in die Pampa hineingestellt. Sie lag nur etwas über hundert Kilometer außerhalb der Hauptstadt, und Mike ratterte dahin und sang mit

Genuß ein Gaucholied, das die Leute ihm beigebracht hatten, während Pop strahlte und unablässig rauchte und Tony im hinteren Sitz saß und die empfindlichsten Teile der Apparatur in seinem Schoß hütete. Der Tag war herrlich. Die braunweißen Hereforder strotzten vor Gesundheit, und sie grasten ständig vor sich hin. »Denkt euch, wie zufrieden wir aussehen würden, wenn wir jeden Tag meilenweit Spiegeleier mit Speck zu fressen bekämen«, sagte Mike. Wolken von grünen Wellensittichen flogen vor ihnen auf.

»Dies ist ein freies Land«, wiederholte Mike. »Hier hat man Raum zum Atmen.«

Er sah auf seine Uhr. Es war 7.30 Uhr; die *Exeter* war bereits aus der Schlacht heraus und hatte ihre Tausendmeilenreise voll Tragik und Heroismus nach den Falklandinseln begonnen.

Es war 9 Uhr, als die drei in ihrem Hotel anlangten. Nach dem Frühstück machte Mike einen Rundgang zur Plaza Independencia, um sein Versprechen einzulösen. Es war ein sehr großer Platz im Stadtzentrum, umsäumt von Palmen, erfüllt vom Lärm ständig hupender Automobile. Es gab in Montevideo kein Hupverbot, und jeder stieß in sein Horn von morgens früh bis abends spät. Der Platz war von breiten, niedrigen Gebäuden und gewölbten Arkaden umgeben, mit Ausnahme der einen Seite, wo sich der Palacio Salvo, Montevideos einziger Wolkenkratzer, mit seinen siebenundzwanzig Stockwerken in die Höhe reckte, dessen groteske Masse mit Türmen, Kuppeln, Balkonen und anderen unwahrscheinlichen Verzierungen geschmückt war. Eines der häßlichsten Gebäude der Welt, aber von seinen oberen Stockwerken hatte man einen herrlichen Ausblick über den Rio de la Plata, und an klaren

Tagen, wenn der Pampero wehte, sollte man von hier die argentinische Küste sehen können. Die Einwohner behaupteten sogar, sie könnten den Rauchschleier über der großen Stadt Buenos Aires sehen, über zweihundert Kilometer flußaufwärts.

Mike kaufte sich an seinem gewohnten Kiosk eine Zeitung, spazierte am Gebäude vorbei, in dem der Staatspräsident wohnte und arbeitete, und ging auf das riesige Reiterstandbild Artigas' in der Mitte des Platzes zu. Mike trug niemals einen Hut, aber er hatte immer einen in der Hand. Als er vor dem Befreier stand, setzte er den Hut auf, um ihn dann zum Gruß feierlich abzunehmen, mit einer leichten Verbeugung, wie es sich unter Demokraten gehört. Interessiert beobachteten ihn vier Postkartenverkäufer und zwei deprimierte Photographen, die vor ihren schwarzen handharmonikaähnlichen Photoapparaten standen. Bevor sie sich herangepirscht hatten, kehrte ihnen Mike den Rücken und ging rasch in Richtung auf den Palacio Salvo davon. Unterwegs traf er einen Landsmann, der für die United Press als Korrespondent in Buenos Aires und Montevideo saß, in höchst aufgeregtem Zustand.

»Das Neueste schon gehört?« keuchte er. »Heute früh war eine große Seeschlacht da draußen. Sie ist noch im Gange. Die Engländer und die Deutschen. Sie können von der Punta del Este das Geschützfeuer hören. Niemand weiß bis jetzt Genaueres, aber die *Exeter* ist mit dabei. Um halb sieben haben sie die Funkstille gebrochen, und seitdem schwirrt es nur so im Äther.«

Während er sprach, lief er quer über den Platz, und Mike rannte neben ihm her.

»Wo gehen Sie denn hin?« schrie Mike.

»Punta del Este! Es ist ein Verfolgungsgefecht. Vielleicht kommen sie hier herüber. Sie sollten Ihre Firma bitten, darüber berichten zu dürfen!«

Er sprang in seinen Wagen und raste davon.

Jetzt erst merkte Mike, daß kleine Menschengruppen herumstanden und sich aufgeregt unterhielten. Plötzlich fuhr an der Ecke der gewohnte Zeitungswagen heran, blieb mit einem höchst ungewohnten Quietschen der Bremsen stehen und wurde sogleich von einer Gruppe von aufgeregten Zeitungsjungen umstellt, die ihre Zeitungsbündel packten und davonrasten. Da mußte etwas los sein. Mike wurde von derselben Aufregung erfaßt wie alle um ihn herum. Vielleicht wollte eines der Schiffe im Hafen Schutz suchen, und dann würde die Schlacht im Rio de la Plata weitergehen. Er wäre dann der einzige amerikanische Radioreporter an Ort und Stelle ... Das wäre die Chance seines Lebens ... Er hätte eine Weltsensation zu bieten ... Seine Firma würde verrückt werden ... Wenn ihm dies hier gelänge, dann würden sie ihn gewiß nach Europa schikken ... Er konnte ein zweiter Quentin Reynolds werden! Mike kannte einen Mann, der im fünfundzwanzigsten Stock des Palacio ein Appartement besaß. Er fuhr mit dem Lift hinauf und rief ihn aus dem Bett. Sie gingen zusammen auf die breite Terrasse. Da war nichts Besonderes zu sehen, außer daß alle Schiffe, die in Sicht waren, so schnell wie möglich in den Hafen einliefen. Kein einziges lief aus. Und dann, als sie zum östlichen Horizont hinübersahen, hörten sie zum erstenmal ein dumpfes Grollen, ein Rollen wie ferner Donner, der Lärm der Geschütze.

Das Telephon klingelte, und Mikes Freund nahm den Hörer ab.

Er sagte: »Es ist der Bericht der deutschen Nachrichtenagentur.«

Er hörte eine Weile zu, dann sagte er: »Rufen Sie mich wieder an, wenn Sie mehr erfahren haben«, hängte auf und kam zu Mike. »Eine große Sache«, sagte er, »die Deutschen behaupten, daß sie einen großen Seesieg errungen haben. Und die Engländer leugnen alles ab. Die Deutschen behaupten, eines ihrer Panzerschiffe sei heute früh mit der *Exeter* und zwei kleineren Kreuzern in Berührung gekommen, die sie als die *Ajax* und die *Achilles* identifiziert hätten. Es habe ein laufendes Gefecht gegeben, wobei die *Exeter* niedergekämpft und versenkt worden sei. Die beiden kleinen Kreuzer seien arg zerschossen, sie hätten das Gefecht abgebrochen, und nun sei die ganze Bande unterwegs hierher. Die Engländer haben bis jetzt noch nichts verlauten lassen. Die übliche Taktik der Admiralität: ›Leise treten und nichts sagen‹. Aber etwas muß daran wahr sein. Machen Sie, daß Sie Ihre Firma an den Draht kriegen und sich die Aufgabe sichern, bevor sie auf den Gedanken kommen, einen ihrer Starreporter mit goldener Kehle herunterzuschicken!«

Aber Mike raste schon die Stufen der fünfundzwanzig Stockwerke hinunter. Der Lift war ein einheimisches Produkt, und es lohnte sich nicht, darauf zu warten. Es war halb zwölf geworden.

Um Mittag hatte schon die ganze Welt die deutsche Version über die Ereignisse gehört, und die britische Admiralität sah keinen Grund mehr, mit dem Geheimnis hinter dem Berg zu halten. Die Wahrheit mußte gesagt werden, obwohl das laufende Gefecht noch im Gange war. So wurde eine offizielle Erklärung herausgegeben: eine kurze Bestätigung, daß ein Gefecht mit einem Taschenpanzerkreuzer stattgefunden habe, das noch im Gange sei, und ein Dementi, daß die *Exeter* gesunken sei. Die ganze westliche Hemisphäre brannte vor Aufregung. Der Krieg war jetzt bis vor ihre Türen gekommen. Nachrichten und Gerüchte strömten aus allen Städten entlang der atlantischen Küste Südamerikas. Gegen Nachmittag wurde es klar, daß sich die Schlacht auf das Gebiet des Rio de la Plata zu bewegte. Buenos Aires und Montevideo fieberten vor Erregung. Die Tatsachen waren jedermann zu Ohren gekommen, und die neutralen Staaten waren voll Bewunderung für den tapferen Kampf der kleinen Kreuzer gegen ihren gewaltigen Widersacher. Die *Exeter*, noch immer mit Steuerbordschlagseite, ein rauchendes, zerschundenes Wrack, war von der argentinischen Küste aus gesichtet worden. Sie lief mit langsamer Fahrt in der Nähe der Küste, damit Captain Bell, dem an der Sicherheit seines Schiffes lag, sie nötigenfalls auf Strand setzen konnte. Die ganze Küste bis hinunter zum Mar del Plata und weit darüber hinaus war mit Zuschauern besetzt; und berittene Gruppen aus den umliegenden englandfreundlichen Estanzias hatten eine Art Küstenwache organisiert, die Tag und Nacht aufrechterhalten wurde, um dem verwundeten Schiff allenfalls beistehen zu können. Ganz Argentinien, das wahrhaftig nicht proenglisch war, war voller Bewunderung für die stolze, schweigsame Fahrt der *Exeter* nach Süden. Argentinien war so tief beeindruckt, daß die Regierung eine höfliche und ritterliche Einladung an Captain Bell richtete und ihm ihre Einrichtungen in Bahia Blanca einschließlich der Marinewerft und Hospitäler zur Benutzung anbot. Diese Depesche wurde von der britischen Admiralität aufgefangen, die darauf eine freundliche, aber völlig unnötige Erinnerung an die völkerrechtlichen Bestimmungen über die Internierung absandte. Hookie Bell war für das Angebot sehr dankbar, hatte aber bereits abgelehnt.

Er befand sich noch immer auf dem achteren Kommandostand, wo er schon den ganzen Tag gestanden hatte. Er hatte seinen letzten Schuß abgegeben und war aus dem Gefecht ausgefallen, aber er befand sich noch immer im Kampfgebiet. Genau wie Harwood hatte er keine Ahnung von den Absichten des Feindes, und er konnte sie nur erraten, indem er sich überlegte, was er selbst tun würde. Als die *Graf Spee* sich nach Westen absetzte, kam es keinem der Briten auch nur einen Augenblick in den Sinn, Langsdorff könnte sich in neutrale Gewässer begeben, geschweige denn einen neutralen Hafen anlaufen. Ihre Verfolger hatten nicht den Eindruck, daß die *Graf Spee* schwer beschädigt sei. Sie waren soviel wie sicher, daß Langsdorff seewärts ausbrechen wolle, entweder in nordöstlicher oder südwestlicher Richtung. Wenn es ihm gelingen sollte, im weiten Atlantik zu verschwinden, dann könnte er seine Schäden reparieren und schließlich nach Deutschland zurückkehren, und das war, was Bell, dieser im Grunde einfache und derbe Mann, nach seiner eigenen Meinung getan haben würde. Natürlich konnte die *Graf Spee* auch wieder auf die *Exeter* stoßen, und da Bell außer bösen Worten nichts mehr hatte, was er gegen den Feind hätte werfen können, war er ein wenig besorgt und hatte einen Grund mehr, in der Nähe der Küste zu bleiben. Sein Schiff ächzte und stöhnte und leckte vorn noch immer, und überall waren die Leute fieberhaft dabei, Notreparaturen auszuführen. Die Schotten wurden abgestützt, die Lecks und Löcher mit allem möglichen Material abgedichtet; noch immer wurden Brände gelöscht und andere Schäden soweit wie möglich eingedämmt. Der Vormars war eine beständige Sorge. Die Masten der *Exeter* waren noch altmodische Pfahlmasten mit sehr hohen hölzernen Stengen, und da die Stage und Wanten durchgeschossen waren, wippten sie bei jeder Bewegung des Schiffs hin und her wie junge Bäumchen. Es sah so aus, als müßten sie jeden Augenblick über dem Mastkragen abbrechen und auf das Deck krachen, um noch mehr Schaden anzurichten. Bell hatte den Artillerieoffizier geschickt, um nachzusehen, was sich tun ließe. Unter normalen Umständen hätte man Matrosen hinaufgeschickt, an der Stenge ein geeignetes Ende festgemacht und sie geborgen und heruntergeholt. Da dies unmöglich war, mußten sie wenden, wie es eben ging. Ihr Schwanzen war noch immer beängstigend; aber sie blieb zu Bells Beruhigung wenigstens oben.

Kurz vor dem Eintreffen des argentinischen Angebots hatte der Erste Ingenieur Meldung über den Zustand des Schiffes erstattet. Obwohl das Schiff schwer angeschlagen, die Verluste erschreckend groß waren und kaum Aussicht bestand, das Schiff innerhalb vierundzwanzig Stunden wieder in aufrechte Lage zu bringen, war der Bericht ermutigend. Natürlich behielt Bell seine Zweifel, ob er jemals die Falklandinseln erreichen könne, aber er fühlte sich doch sehr erleichtert. Er befahl, die Geschwindigkeit auf zehn Knoten herabzusetzen, und ging dann die Verwundeten besuchen.

Es nahm den ganzen Tag in Anspruch, die Toten zu identifizieren und die Verwundeten zu pflegen. Da in vielen Fällen eine Identifizierung unmöglich war, mußte man einen Namensappell abhalten, um die Zahl der Toten festzustellen. Dort, wo eine 28-cm-Granate eingeschlagen hatte, sah es aus wie in einem Schlachthaus. Aber die traurige und furchtbare Arbeit mußte getan werden, und es ist erstaunlich, wie menschliche Barmherzigkeit und eisernes Pflichtgefühl Männer dazu befähigen, bei dieser gräßlichen Beschäftigung die Nerven nicht zu verlieren. Die Überreste der Toten wurden gesammelt und in Hängematten eingenäht; die Decks und Schottwände wurden abgewaschen und desinfiziert, um den Leichengeruch zu entfernen. Bell hatte nach dem Kaplan geschickt, und es war angeordnet worden, die Toten vor Sonnenuntergang zu begraben. Ein schweigendes Arbeitskommando trug die zusammengenähten Hängematten eine nach der andern auf das Achterdeck, wo schwere Eisenstangen und andere Gewichte daran befestigt wurden.

Bells eigene Aufenthaltskajüte am Heck des Schiffes war groß und luftig, und er hatte seinen Steward angewiesen, alle Möbel auszuräumen, damit sie als Lazarett eingerichtet werden konnte, da die Gefechtskrankenstationen noch immer mit Operationen und Bluttransfusionen beschäftigt waren. Diese Kajüte suchte Bell nun auf, um dèn Verwundeten einen kurzen Besuch zu machen. Da lagen sie in Reihen, einige so schwer verwundet, daß sie später starben, andere mit leichteren Verletzungen, aber alle versuchten sich gegenseitig zu trösten. Der erste, den Bell ansprach, war Bill Roper. Der Junge lag in der Ecke neben der Tür flach auf dem Rücken. Er war sehr schwach und sah gespenstisch blaß aus, war aber bei vollem Bewußtsein. Bell kniete neben ihm nieder und sagte: »Wie geht's denn, Roper?«

Billy flüsterte: »Gut, Sir. Es tut mir leid, Sie im Stich zu lassen.«

Bell brummte: »Reden Sie keinen Unsinn. Sie haben sich großartig gehalten. Ich werde Sie in meinem Rapport erwähnen.«

Der Junge zwinkerte mit den Augen und lächelte matt.

Bell fragte: »Haben Sie einen Wunsch?«

Billy schüttelte den Kopf, versuchte zu grinsen und sagte etwas, was in einer Art Keuchen unterging.

»Was?« fragte Bell und beugte sich näher zu ihm.

Schweiß stand dem Jungen im Gesicht; aber das Lächeln war noch da, als ihm ein Flüstern gelang: »Nur weiterleben, Sir.«

Bell traute sich kaum, noch etwas zu sagen; aber er antwortete dennoch zuversichtlich: »Keine Sorgen. Sie kommen schon wieder in Ordnung«, und stand auf.

Für jeden seiner Leute hatte er ein paar Minuten übrig. Manche waren kaum bei Bewußtsein, und andere litten große Schmerzen; aber wie tapfer und guten Mutes sie alle waren! Nirgends eine Klage, nur Fragen über die Schlacht, und ob man irgendwelche Nachrichten vom Feind habe. Voll Stolz ging Bell wieder nach oben.

Bei Sonnenuntergang fand die Begräbnisfeier statt. Im Westen dehnte sich der schmale Streifen des »Purpurnen Landes« nach Norden und Süden, so weit das Auge reichte. Die lange Reihe der Segeltuchsäcke, über sechzig, lag auf dem Achterdeck, mit den Füßen gegen das Meer, alle mit dem Union Jack bedeckt. Der Kaplan in seinem weißen Chorhemd, die Offiziere und alle, die dabei sein konnten, standen da. Es war vereinbart worden, daß jeder, der es wünschte, an der Leiche seines Freundes stehen konnte; und bei den Worten »Und so übergeben wir seinen Leib der Tiefe« sollten die Säcke über Bord gestoßen werden. Als dieser Augenblick gekommen war, versagte Hochwürden George Groves' Stimme eine Zeitlang, als aber alles vorbei war und die letzte Hängematte in den blauen Fluten des Südatlantiks verschwunden war, klang seine Stimme wieder fest, als er fortfuhr: »Ihre Leiber ruhen in Frieden, ihr Name aber wird leben allezeit!«

Während der Trauerfeier sah Commander Graham ein- oder zweimal zu seinem Kapitän hinüber. Bell stand neben dem Kaplan, die Mütze unter dem Arm; die Brise fuhr ihm durchs Haar, und seine Augen blickten zum fernen Horizont. Eine eherne, wehmütige, eindrucksvolle Gestalt — und völlig ungebrochen. Nach der Feier kehrte er auf seinen achteren Befehlsstand zurück.

Von dieser kleinen, hohen, einsamen Plattform sah er der sinkenden Sonne über dem Land zu. Seine Augen taten wahnsinnig weh. Aber er verriet nichts davon. Er hatte das Gefühl, daß der Schiffschirurg, der während der ganzen Reise nach den Falklandinseln nicht ein Auge zumachte, dringendere Fälle zu behandeln hatte. Wie wir wissen, hatte Bell einen winzig kleinen Stahlsplitter in der Iris beider Augen. Anfangs fand er Linderung, wenn er seine Lider schloß; aber dann schmerzte ihn das Öffnen dermaßen, daß er es vorzog, sie so gut es ging offenzuhalten. Als die Nacht hereinbrach, ließ er sich eine Matratze heraufbringen und legte sich zuweilen hin. Langsam glitt das Schiff südwärts. Er konnte weder schlafen noch die Augen schließen, aber die Sterne gaben ihm Trost.

Als Harwood die unglaubliche Tatsache aufging,

daß die *Graf Spee* in den Rio de la Plata einlief, befahl er der *Achilles*, die Insel Lobos im Norden zu umfahren, während die *Ajax* direkt hinter dem Panzerschiff herlaufen sollte, das anscheinend geradewegs Kurs auf Montevideo nahm. Er konnte einfach nicht glauben, daß die *Graf Spee* in einen neutralen Hafen fliehen würde.

Der Rio de la Plata ist an seiner Mündung fast zweihundert Kilometer breit und wird durch eine große Sandbank in zwei Fahrrinnen zerteilt. Die Sandbank ist als »Die Englische Bank« bekannt — in der eigenartigen Weise, wie Sandbänke, Landzungen und Meeresströmungen über den ganzen Globus hin von Seeleuten für alle Zeiten mit angelsächsischen Namen belegt worden sind. Der Himmel und die britische Admiralität mögen wissen, wer der Englischen Bank ihren Namen gegeben hat. Sebastian Cabot kam hier durch, und Sir Francis Drake hat bei Maldonado den Bart des Königs von Spanien versengt. Zweihundert Jahre später führte Admiral George Anson hier seine Flagge gegen die Spanier, und Kapitän Cook zeichnete die Küste in seine Karte ein. Hier hatte Charles Darwin auf der *Beagle* Zuflucht vor einem Pampero gesucht. Die Sandbank war den englischen Seeleuten schon seit Generationen so vertraut wie die Goodwin Sands, lange bevor Commodore Harwood hier seinen Stander zeigte. Und jetzt hörte man vor Maldonado wieder Geschütze donnern.

Punta del Este ist der südöstlichste Punkt von Uruguay. Es ist eine lange, niedrige Landspitze. Auf der einen Seite treibt der Fluß am goldenen Sandstrand und an Wanderdünen vorbei gegen das Meer. Auf der anderen Seite rollt die Brandung des Atlantik bis fast vor die Türen der Strandhotels. Ein hoher Wasserturm beherrscht die mit kleinen weißen Häusern übersäte Halbinsel, und an ihrer Spitze, wo zackige Riffe eine halbe Meile weit in die See hinausragen, steht ein kleiner Leuchtturm neben dem Hafen und schaut zu seinem größeren Bruder auf der Insel Lobos jenseits der Wasserstraße hinüber. Hier gibt es zahlreiche freistehende Riffe und zwei Inselchen, das eine niedrig und bewaldet, das andere hoch und felsig, und auf diesem steht der Leuchtturm. Eine Robbenkolonie bedeckt die Felsen unter dem Leuchtturm, und beim ersten Donnern der Geschütze warfen sich Dutzende von diesen großen Tieren von den niedrigen Klippen und zerschmetterten auf den tiefer liegenden Felsen, und so fügten sie ihre Verluste zu den Torheiten und Heldentaten der Menschen hinzu. Denn als die Dunkelheit hereinbrach und die Konturen des fliehenden Schiffes sich vom westlichen Himmel immer undeutlicher abhoben, hatten die Verfolger sich näher an das gejagte Tier herangepirscht, so nahe, daß es zurückfletschte. Mit nur zwei Schiffen, um den ganzen weiten Fluß zu blockieren, war Harwood entschlossen, die Fühlung mit seinem Wild nicht zu verlieren und ihm keine Gelegenheit zu geben, die »Englische Bank« zu umfahren und auf der anderen Seite wieder ins offene Meer zu entkommen. So ging also das Gefecht mit scharfen Angriffen und unwilligen Gegenschlägen bis vor die Tore Montevideos weiter.

Jetzt war das ganze Nordufer des Rio de la Plata in wilder Aufregung. Die Straße von Punta del Este nach Montevideo war vollgestopft mit Automobilen, die, geführt vom Aufblitzen der Geschütze, von einem guten Beobachtungspunkt zum anderen rasten. Jeder

Hügel, jedes Dach und jeder Kirchturm war voll von Menschen, die angestrengt auf die breite Mündung des Flusses starrten. Dann kam die Nacht. Alle Schiffe fuhren abgeblendet, und die Geschütze schwiegen. Ein erwartungsvolles Schweigen breitete sich über die Küste und die Welt aus. In Montevideo schien das Leben wie gewöhnlich weiterzugehen. Die Straßenbahnen fuhren, klingelten und kreischten durch die Straßen, die unermüdlichen Automobilhupen vollführten ihre übliche Kakophonie, und zahllose Neonlichter flackerten auf und leuchteten, aber überall herrschte ein Gefühl aufgeregter Erwartung. Es ist schwierig, nach so vielen Jahren begreiflich zu machen, was es damals für die westliche Hemisphäre, besonders die neutralen Länder Südamerikas bedeutete, den Krieg so dramatisch vor ihren Türen zu haben. Der Englische Klub war überfüllt, und ein halbes Dutzend Radioapparate tönte zu gleicher Zeit. Überall drängten sich die Leute zusammen und überhäuften sich mit Fragen, die keiner beantworten konnte. Viele Büros blieben offen, und die Geschäftshäuser waren taghell erleuchtet. Lichter brannten im Palais des Präsidenten, im Gebäude der Hafenbehörde und im Außenministerium. Die Gesandtschaften Englands und Frankreichs und die deutsche Botschaft summten vor Geschäftigkeit. Und doch trotz allem — oder vielleicht gerade deswegen — waren die Kinos und Restaurants, die Nachtklubs und Bars überfüllt. Man war zu unruhig, um zu Hause am Radio zu sitzen. Manolos Bar am Hafen war zum Bersten voll. Die Leute wollten tanzen und trinken, essen und flirten, hinauslaufen und über das dunkle Wasser sehen und dann wieder hereinkommen und neue Gerüchte verbreiten. Mike, den ein Telegramm in seiner Tasche juckte, das ihm Vollmacht gab, seine Reportage in einer weltumspannenden Gemeinschaftssendung auszustrahlen, schlich hin und her wie ein Panther. Wo war die *Graf Spee?* Nicht einmal Commodore Harwood konnte begieriger sein, dies zu wissen. Und wo war Pop? Er hatte ihn zum Hafen geschickt, um ein paar neue Geräte vom Zoll zu holen, die per Flugboot von Buenos Aires gekommen waren, mit der strikten Anweisung, sofort zurückzukommen. Er war schon mehr als eine halbe Stunde überfällig. Mike lief durch die Bar und schnippte ungeduldig mit den Fingern. Dolores, die neben der Kapelle stand und ins Mikrophon sang, folgte ihm mit den Blicken, während sie die Kapelle im raschen Takt der Guaracha anfeuerte:

»Como lejana tormenta
Que avanza con su tronar,
El horizonte refleja
Caballos al galopar.
Son los gauchos
En su frenesi
Que por la Pampa
Van sin reprimir . . .«

(Wie ein ferner Sturm
Donnernd heranbraust
Hallt der Horizont wider
Von galoppierenden Pferden.
Da kommen die Gauchos!
In rasendem Ritt
Über die Pampa
Mit wilder Gewalt . . .)

Die Worte konnten nicht passender sein. Da kamen sie tatsächlich! Pop und zwei Freunde, aufgeregt schreiend, und jagten mit wilder Gewalt alles vor sich her... »Mike, Señor Mike! Schnell! Kommen Sie schnell! Der deutsche Taschenpanzerkreuzer geht im Außenhafen vor Anker!«

KAPITEL IX

MITTWOCH NACHT

Nach all den Aufregungen und Spannungen des Tages war es zu erwarten, daß das Auftauchen eines großen Schlachtschiffes, das weder Flagge noch Lichter führte und im Finstern seinen Weg in den Außenhafen von Montevideo suchte, sofort der Hafenbehörde gemeldet wurde, die den Regierungschef und das Oberkommando der Marine telephonisch verständigte. Fregattenkapitän José Rodrigues Varela erhielt den Auftrag, in Begleitung von Korvettenkapitän Fernando Fontana an Bord der Korvette *Lavalleja* die Untersuchung einzuleiten. Sein Auftrag lautete dahin, festzustellen, um was für ein Schiff es sich handelte, warum es in den Hafen kam, welche Hilfe es benötigte und wieviel Tote und Verwundete sich an Bord befanden. Die *Lavalleja* lag bereits in Alarmbereitschaft; denn seit die ersten Nachrichten über die in westlicher Richtung herankommende Verfolgungsschlacht von Punta del Este nach Montevideo gelangt waren und es feststand, daß bereits neutrales Gebiet verletzt worden war und die Gefahr bestand, daß noch ganz andere Dinge geschehen könnten, hatte die Marineleitung im Einverständnis mit der uruguayischen Regierung Vorbereitungen getroffen, weiteren Neutralitätsverletzungen Widerstand zu leisten, notfalls mit Gewalt. Daß die ganze Seemacht, samt den Küstenbatterien, die Uruguay aufstellen konnte, Commodore Harwoods oder Kapitän

Langsdorffs Einheiten kaum bis an die Knie reichte, tat, wie jeder Seemann weiß, nichts zur Sache. Auf die Prinzipien kommt es an. Schiffe und die Menschen auf ihnen sind große Verehrer des Gesetzes und dessen, was gut und recht ist. Kein Mensch kann ein Schiff kommandieren, wenn er nicht Sitten und Gebräuche respektiert und von den anderen das gleiche erwarten kann. Darum stand Captain Varela klopfenden Herzens, stolz und mit der ganzen Autorität eines souveränen Staates auf der Brücke seiner winzigen Korvette, als er sich dem riesigen dunklen Schatten des Panzerschiffs näherte, das noch keinen Anker geworfen hatte, sondern langsam durch den Außenhafen glitt, wie ein blinder Riese, der einen Ruheplatz sucht.

Als die Korvette auf etwa hundert Meter an das größere Schiff herangekommen war, befahl Varela, den Scheinwerfer anzustellen, und rief es an: »Hier ist die Korvette *Lavalleja* von der uruguayischen Marine. Wo sind Ihre Positionslampen? Welches Schiff sind Sie?«

Nach einer kleinen Pause antwortete eine Stimme von der Kommandobrücke. Es war Kapitän Key.

»Wir sind ein deutsches Kriegsschiff. Ist hier guter Ankergrund? Können wir vor Anker gehen?«

Obwohl er vermutet hatte, daß er hier das deutsche Schiff vor sich hatte, verschlug es Varela den Atem. Capitan Fontana war ebenso beeindruckt und bestürzt wie er. Deshalb war Varelas Stimme unsicher, als er zurückrief? »Ja, der Grund ist gut. Sie können hier ankern.«

Man dankte, und Varela hörte, wie den Leuten auf dem Vorschiff, die schon bei der Ankerkette standen, Kommandos zugerufen wurden. Er sah Taschenlampen aufblitzen, die von hoch oben herabwinkten. Plötzlich ging das Licht im Vorschiff an. Das Heck lag noch im Dunkeln. Während die Korvette langsam mit dem Schlachtschiff Schritt hielt, berieten sich die beiden uruguayischen Offiziere aufgeregt. Dann hörte man wieder die Stimme von Kay: »Der Kommandant läßt Sie bitten, an Bord zu kommen! Wir lassen backbord eine Leiter herunter.«

Varela bestätigte und gab Order, unter dem Heck des Schlachtschiffs vorbei an die Schanze heranzulaufen. Auf einmal erklang von hoch oben auf der Kommandobrücke des Panzerschiffs eine neue Stimme. Mühelos übertönte sie alle anderen Geräusche, so wie ein einzelnes Instrument ein ganzes Orchester übertönen kann. Es war die Stimme Langsdorffs, und Varela begriff sofort, daß dies nur die Stimme des Kommandanten sein konnte. Es war nicht anders möglich. Er schien sich gar nicht besonders anzustrengen, und dennoch waren seine müde und ungezwungen wirkenden Befehle über das ganze Schiff hin zu hören. Das Schiff selbst schien zu lauschen und unversehens von seiner Blindheit und Unsicherheit geheilt zu sein. Varela hatte den Eindruck, daß diese Stimme ebenso leicht einen Sturm übertönen könnte, wie sie jetzt die Abendruhe im Hafen beherrschte. Plötzlich war jenes gewaltige und erregende Geräusch, das Poltern und Rattern der Ankerkette eines großen Schiffes zu hören, gefolgt vom dumpfen Klatschen des Ankers. Rote und weiße Lichter gingen am Bug und auf der Kommandobrücke an. Langsdorff ließ fünfzehn Faden Kette stecken und befahl zu stoppen. Dann wurde es still. Zum erstenmal seit fast vier Monaten lag die *Graf Spee* vor Anker. Unmerklich begann sie sich zu drehen. Ihre große Fahrt war zu Ende.

Noch immer befand sich das Achterschiff des Schlachtschiffs in völligem Dunkel, denn, wie wir wissen, die Hauptleitung war durchbrochen. Als die Korvette sich dem Heck näherte, sahen sie die Lichter von Taschenlampen, wo Leute sich hin und her bewegten. Als sie längsseits an die Schanze kamen, ließ ein deutscher Offizier an einem langen Kabel eine nackte Glühbirne herunter und beleuchtete eine Strickleiter. Varela befahl seinen Leuten zu warten und kletterte hinauf, gefolgt von Fontana. Oben wartete Hertzberg mit einem Quartiermeister und zwei bewaffneten Matrosen. Trotz aller Eile hatte man versucht, die Uruguayer in aller Form zu begrüßen; aber die Deutschen sahen erschöpft und abgerissen aus, und der Quartiermeister hatte einen bandagierten Kopf. Als Varela und Fontana ihre Füße auf Deck setzten, salutierten sie, und der Gruß wurde erwidert. Hertzberg entschuldigte sich für ihr vernachlässigtes Aussehen und den Mangel an elektrischem Licht; dann bat er sie, ihm zur Kapitänskajüte zu folgen. Alle vier hatten starke Stablampen. Varela sah die Gestalten von herumliegenden Leuten auf dem Achterdeck, die von den Strapazen des langen Tages völlig erschöpft waren. Es war inzwischen 11 Uhr nachts geworden. Hertzberg führte die Gäste durch einen langen Gang, der nur hier und da von einer unbeschirmten Birne erleuchtet war. Der Gang und auch die Räume links und rechts schienen als Verbandsplätze zu dienen. Es roch nach Chloroform und Desinfektionsmitteln. Ein Mann mit einem Roten Kreuz am Arm kniete am Boden und operierte mit einer Schere am Beinstumpf eines Matrosen herum. Der Matrose lag auf einem Leintuch, neben ihm stand eine offene Sanitätstasche. Hertzberg ging rasch voran. Es war schwierig, im Gang vorwärtszukommen, denn der Boden war mit Toten und Verwundeten bedeckt. Varela war von den Spuren der überstandenen Schlacht derart beeindruckt, daß er sich kaum Einzelheiten merken konnte. Aber an eines sollte er sich immer erinnern: beim Passieren einer Tür öffnete sich ihm ein Blick in die Offiziersmesse, die in einen Operationssaal verwandelt worden war; am Ende eines langen Tisches, auf dem ein Mann lag, stand ein großer, hell erleuchteter Christbaum, in dessen Licht Chirurgen den Mann operierten. In den Sesseln und auf dem Boden saßen oder lagen andere Matrosen mit Verbänden.

Hertzberg führte seine Gäste eilig weiter. Am andern Ende war der Gang durch eine Stahltür abgeschlossen, die sich nicht öffnen wollte. Der Quartiermeister und die beiden Matrosen kamen nach vorn und pufften mit Schultern und Füßen, aber ohne Erfolg. Der Luftdruck einer einschlagenden Granate hatte die Angeln verbogen und die Tür vollkommen verklemmt. Sie mußten durch den langen Gang umkehren und kamen auf Deck zurück. Sie hatten einige Schwierigkeit, über das Deck nach vorn zu kommen. Überall lagen Trümmer, und das größte Hindernis war das zerstörte Flugzeug, über das sie hinwegklettern mußten. Dann kamen sie in die Nähe des beleuchteten Vorschiffs, das sie wenigstens die Silhouetten der Trümmer erkennen und den Weg finden ließ. Sie betraten die vorderen Aufbauten und kamen durch einen kleinen Vorraum, wo ein Posten stand. Hertzberg öffnete die Tür zur Kapitänskajüte und forderte die Gäste auf, einzutreten.

Es war nur ein Offizier in der Uniform eines Leutnants da, der als Dolmetscher fungieren sollte. Er sprach fließend Spanisch, und Varela und er erkannten sich sofort; er war Erster Offizier auf der *Cap Polonio* gewesen, einem Schiff, das vor dem Krieg regelmäßig die Häfen Südamerikas angelaufen hatte. Er hatte offensichtlich als Navigationsoffizier und Lotse in diesen Gewässern gedient, und Varela beglückwünschte ihn für das Geschick, mit dem er das Schiff in den Hafen gebracht hatte. Er ging über das Kompliment mit einem verlegenen Lächeln hinweg — man hatte ihm offenbar den Wink gegeben, nichts zu sagen, was anderswo zitiert werden könnte — und teilte den Uruguayern mit, daß der Kapitän jeden Augenblick von der Brücke herunterkommen werde. Noch während er sprach, wurde draußen ein scharfer Befehl laut, und Schritte näherten sich auf der Stahltreppe.

Langsdorff trat ein. Er hatte den ganzen Tag die Brücke nicht verlassen, und er trug unter seinem Marinemantel einen Pullover, Pyjamahosen und Seestiefel. Er hatte eine Splitterwunde am Kopf, und sein Gesicht war mit verkrustetem Blut bedeckt. Schmutz und Schweiß waren auf seiner Haut getrocknet. Außerdem war er am rechten Arm verwundet, und für die Erste Hilfe hatte man ihm den Ärmel aufgerissen. Ein Sanitätsunteroffizier begleitete den Kapitän herein und legte ihm während der folgenden Unterredung einen ordentlichen Verband um den verwundeten Arm. Die beiden Uruguayer verbeugten sich schweigend. Langsdorff erwiderte mit einer kleinen Verbeugung und sagte: »Guten Abend. Kapitän Langsdorff, Kommandant der *Graf Spee.*«

Er setzte sich, und der Unteroffizier fing an, seinen Arm zu verbinden.

Varela vergaß seine guten Manieren so weit, daß er den Dolmetscher mit Erstaunen in der Stimme fragte: »Dann ist dies also der Taschenpanzerkreuzer *Admiral Graf Spee*?«

Der Offizier nickte, und Varela fühlte, wie sich in seinem Kopf vor Aufregung alles zu drehen begann. Die Dinge drangen zu schnell auf ihn ein. Er riß sich zusammen und hielt eine formelle Ansprache, in der er sich und seinen Begleiter als Vertreter der uruguayischen Regierung vorstellte und erklärte, sie hätten den Auftrag, den Grund für das Hiersein des ausländischen Kriegsschiffes zu eruieren. Er erkundigte sich auch nach der Zahl der Verluste und bot Hilfe an. Langsdorff antwortete, daß seit dem frühen Morgen ein Gefecht zwischen seinem Schiff und drei englischen Schiffen stattgefunden habe. Es habe sich bis vor einer Stunde hingezogen, als kurz nach Einbruch der Nacht eine Granate die Kommandobrücke getroffen, wobei er seine Verletzung erhalten habe. In diesem Augenblick trat der Schiffsarzt, den Langsdorff hatte rufen lassen, blutbeschmiert herein. Nach einer ganz kurzen Unterredung ging er wieder, und Langsdorff teilte Varela mit, daß die *Graf Spee* über dreißig Tote und sehr viele Verwundete habe. Einer davon habe das Augenlicht verloren, und er brauche dringend ärztliche Hilfe. Sofort anerbot sich Varela, den Mann mit an Land zu nehmen und in ein Spital zu bringen. Inzwischen würden Vorbereitungen getroffen, die andern in Krankenhäusern an Land unterzubringen.

Langsdorff äußerte den Wunsch, sobald wie möglich den deutschen Botschafter zu sehen. Er benötige eine gewisse Frist und technische Hilfe, um sein Schiff wieder seetüchtig zu machen. Seine Frischwasseranlage sei beschädigt, und seine Kombüsen seien zerschossen. Zu Varelas Überraschung war der Kapitän durchaus bereit, von der Schlacht zu sprechen. Ungeduldig schob er den Sanitäter zur Seite und erklärte, wie die englischen Schiffe seine überlegene Feuerkraft zersplittert hatten, indem er drei Finger jeder Hand als die beiden Drillingstürme der *Graf Spee* benützte. Er meinte, die Schlacht habe keine klare Entscheidung gebracht, doch glaube er, die *Exeter* versenkt zu haben. Die Schwierigkeit habe darin bestanden, daß er es mit drei Gegnern zu tun gehabt hatte. »Mit zwei wären wir schon fertig geworden. Aber drei — das war ein bißchen zuviel.«

Varela war von Langsdorff sehr beeindruckt. Es war erstaunlich, welche Anziehungskraft dieser Mann auf jeden ausübte, der ihn kennenlernte. Varela sah fasziniert auf die Bewegungen seiner schmalen Hände; er sah das Feuer und die Leidenschaft in seinem feinen, leicht melancholischen Gesicht und spürte seine weltmännische Art und seinen Humor. Wenn Dove dabei gewesen wäre, hätte er auch die nervöse Anspannung erkannt, das Bedürfnis, sich mitzuteilen, den Versuch, sich selbst das Geschehene klarzumachen, indem er es andern erklärte. Der Mann war erschöpft und dennoch wie eine aufgezogene Feder. Und Dove hätte auch bemerkt, was Varela entging: tief hinter Langsdorffs Augen flackerte ein unstetes Licht, ein Ausdruck von Unsicherheit, der Blick eines Mannes, dem das Unglaubliche geschehen ist und der es noch immer nicht glauben kann.

Nach einer Weile brach Langsdorff ab. So fasziniert er als Mensch wie als Berufsseemann war, begriff Varela doch, daß es Zeit war, sich zurückzuziehen. Der erblindete deutsche Matrose befand sich bereits an Bord der Korvette. Varela hielt eine kleine Ansprache und versicherte Langsdorff im Namen seiner Regierung, daß ihm alle Hilfe, die in ihrer Macht stünde, zuteil werden solle. Die offizielle Begrüßung sei für den Morgen vorgesehen, doch stehe es Kapitän Langsdorff frei, an Land zu gehen, und man könne ihm sofort eine Marineeskorte zur Verfügung stellen sowie einen Wagen zur deutschen Botschaft. Andernfalls habe er den Auftrag, alle zu bitten, bis zum offiziellen Besuch des Hafenkommandanten um 9 Uhr vormittags zu warten.

Die Unterredung war beendet. Langsdorff stand auf und gab den beiden Uruguayern die Hand zum Abschied.

Als sie wieder an Deck kamen, wurde die *Graf Spee* bereits von Dutzenden von kleinen Fahrzeugen, Hafenschleppern, Motorbooten, Ruderbooten umkreist. Die meisten Handelsschiffe, die nur ein paar Kabellängen von der *Graf Spee* vor Anker lagen, hatten alle Lichter angemacht, so daß das ganze Gebiet jetzt geisterhaft erleuchtet war. Auch Wagen drängten sich auf der Mole, ihre Scheinwerfer auf das Kriegsschiff gerichtet, und versuchten vergeblich, sie über tausend Meter dunkles Wasser weg anzuleuchten. Die Nachricht lief durch die ganze Stadt wie ein Lauffeuer. Die Kinos und Nachtklubs, Restaurants und Bars leerten ihre Gäste über die Straßen aus. In einem der Kinos saß Lotte Arm in Arm mit ihrem Begleiter, als ein flüchtig geschriebenes Diapositiv die Vorstellung unterbrach und bekanntgab, daß die *Graf Spee* im Hafen eingelaufen sei. Der Kinodirektor wäre gewiß entsetzt gewesen, wenn er gesehen hätte, wie das Publikum alles

Interesse für den Film verlor und sich in sechs Sprachen durcheinanderschreiend und rufend auf die Beine machte. Lotte hatte patriotische Gründe, um aufgeregt zu sein, und schrie mit. Halb getragen, halb geschleppt von ihrem stämmigen Begleiter, kämpfte sie sich bis zur Straße durch. Alle anderen taten dasselbe, und der Film lief vor leeren Stühlen weiter. Draußen auf der Straße fragte Lottes Begleiter: »Wohin jetzt?«

Sein Gesicht war bekannt. Es war der Chauffeur der englischen Gesandtschaft, mit dem Lotte am Tag, wo die *Exeter* ausgelaufen war, geflirtet hatte.

»Wohin? Zum Hafen natürlich!« schrie Lotte aufgeregt.

Alles schien die gleiche Absicht zu haben. Alles strömte hinunter, um die *Graf Spee* zu sehen.

»Komm!« sagte der junge Chauffeur und zog Lotte an der Hand fort. »Ich habe den Wagen dort in der Seitenstraße geparkt.« Er begann zu laufen. Während er am Türschloß fummelte, bemerkten sie eine makabre kleine Szene: ein Mann kam außer Atem die Straße heraufgelaufen und polterte gegenüber an die Tür eines Ladens. Oben ging krachend ein Fenster auf, und ein Mann im Nachthemd steckte zornig den verschlafenen Kopf heraus. Doch schon nach den ersten Worten des Boten war sein Ärger verflogen, und er steigerte sich selbst in eine Art Ekstase. Lotte erbleichte, als sie hinhörte.

»Schnell! Schnell!« sagte sie. »Wir müssen zum Hafen! ... Ich muß zu meinen Eltern ... Ich muß Julita sehen!«

Als der Wagen davonsauste, gingen die Lichter im Geschäft an, und die Tür wurde aufgemacht. Es war ein Bestattungsunternehmen ...

Julita war Waise und bewohnte mit Lotte zusammen ein Zimmer im Haus von Lottes Eltern. Sie lag im Bett und schlief. Lotte kam in der letzten Zeit oft spät nach Hause, und als sie im Schlaf die Haustür hörte, wußte sie, daß ihre Freundin heimgekommen war. Sie wunderte sich im Halbschlaf, warum Lotte diesmal so lange brauchte, um zu Bett zu kommen. Dann hörte sie die Stimmen von Lottes Eltern. Sie war schon wieder am Einschlafen, als sie Lottes Arm um ihre Schultern spürte und Lottes Stimme nah an ihrem Ohr sagen hörte: »Julita. Wach auf. Julita«, mit einer Stimme, die ihr Herz beinahe stillstehen ließ. Sie war sofort hellwach und setzte sich im Bett auf. Sie machte Licht. Die beiden Mädchen schauten sich gegenseitig an. Lotte wiederholte: »Julita, du mußt tapfer sein.«

Ihre Lippen öffneten sich, und sie hauchte: »Was ist's? Ist es wegen Billy?«

Lotte nickte. »Vor Punta del Este war eine Seeschlacht.«

»Eine Seeschlacht?« Das Wort klang wie ein Aufschrei des Schmerzes.

»Ja — drei englische Schiffe gegen einen deutschen Taschenpanzerkreuzer ... Die *Exeter* war mit dabei — unser — das deutsche Schiff liegt hier im Hafen, mit vielen Toten und Verwundeten. Julita, du mußt tapfer sein. Man sagt, sie haben die *Exeter* versenkt ... Sie sagen, es seien alle umgekommen.«

Der Tränenstrom war schon ausgebrochen.

»Billy, oh, mein Billy ... Billy, mein Billy. Du sagtest doch, du würdest zu mir zurückkommen ...«

Es war 3.30 Uhr früh. Dennoch brannten alle Lichter im Cabildo.

In Dr. Guanis Büro waren drei Leute. Dr. Guani selbst stand an den großen Fenstern und schaute auf die Lichter seiner Stadt. Er war ein sehr kleiner Mann mit einem der größten und klügsten Köpfe, der je auf den Schultern eines kleinen Menschen geruht hat. Ein Weltbürger, der zwanzig Jahre lang Paris zu seiner zweiten Heimat gemacht hatte, der bei der Gründung des Völkerbundes nach dem Krieg von 1914 eine bedeutende Rolle gespielt hatte und einer seiner ersten Präsidenten gewesen war. Auf seinem großen Schreibtisch stand ein Photo von Gustav Stresemann, aber keines von Ribbentrop, und eines von Benedetto Croce, aber keines von Mussolini. Nach einer glänzenden diplomatischen Laufbahn war er jetzt Außenminister seines Landes; und das war ein Glück für sein Land.

Der zweite Mann im Raum war ein deutscher Diplomat, ein großer, schwerer Mann, der stocksteif auf einem unbequemen Sofa saß. Er wirkte wie ein erfolgreicher Geschäftsmann, was er auch war. Er war auch ein äußerst scharfsinniger und geschickter Diplomat der Machtpolitik. Obwohl es nur noch eine oder zwei Stunden bis zum Morgen waren, war er rasiert und tadellos angezogen, mit Gehrock, Zylinderhut, Stock, Handschuhen und allem, was dazu gehört. Es war Dr. Langmann, der deutsche Botschafter.

Der dritte im Zimmer war Kapitän Langsdorff. Er saß neben dem Botschafter. Er war direkt von seinem Schiff gekommen, aber sein Arm lag jetzt in einer sauberen Schlinge unter seinem Uniformmantel, dessen Ärmel mit einer Nadel festgesteckt war. Die Schnitte in seinem Gesicht waren mit Pflastern bedeckt, aber einer hatte wieder zu bluten begonnen, und sein gepflegter kleiner Bart war mit Blut verklebt. Er saß ein wenig zurückgelehnt in einer Sofaecke und bildete einen lebhaften Kontrast zu dem Diplomaten. Er fiel fast um vor Müdigkeit, doch waren seine rotumränderten Augen auf Dr. Guani gerichtet, in dessen Händen das Schicksal seines Schiffes lag.

Guani seufzte und wandte sich vom Fenster ab. Langsam ging er auf seinen Schreibtisch zu. An der Wand hinter seinem Sessel hing ein lebensgroßes Porträt von Artigas, dem Befreier, dem Symbol uruguayischer Unabhängigkeit. Mit auf dem Rücken verschränkten Händen sah er eine Weile auf das Bild. An diesem Abend hatte ein Empfang für alle diplomatischen Vertreter des amerikanischen Kontinents stattgefunden, und der kleine Außenminister war noch im Abendanzug, mit Orden und Auszeichnungen. Stehend wandte er sich seinen Besuchern zu und sprach zuerst ernst und höflich mit Dr. Langmann: »Ich kann Ihnen vorläufig nicht mehr versprechen, Exzellenz, als daß wir dem Ansuchen Ihrer Regierung im Rahmen des Völkerrechts alle Aufmerksamkeit schenken werden.« Dann sagte er zu Langsdorff: »Ich werde heute früh eine Expertenkommission an Bord Ihres Schiffes schikken, um den Umfang der Schäden zu ermitteln. Sie dürfen versichert sein, daß die Kommission ihre Aufgabe im Geist absoluter Neutralität erfüllen wird und daß Sie eine angemessene Frist erhalten, um Ihr Schiff wieder seetüchtig zu machen.«

Er verneigte sich leicht, und die Deutschen erhoben sich. Guani drückte einen Knopf auf seinem Schreibtisch, und im Vorzimmer läutete eine Klingel. Ein übernächtiger Sekretär öffnete die große Flügeltür. Langsdorff salutierte, der Botschafter hob die Hand zum Hitlergruß und sagte ganz unnötigerweise: »Heil Hitler!«

Im Vorzimmer kamen die Deutschen an einem hochgewachsenen eleganten Mann im Smoking vorbei: Mr. Eugen Millington-Drake. Er und Langmann kannten sich natürlich gut. Aber seit ihre Länder sich im Krieg befanden, ignorierten sie sich.

Der Sekretär, der es nicht gewohnt war, im Wirbel der Weltereignisse zu stehen, meldete Guani: »Seine Exzellenz, der britische Gesandte.«

Millington-Drake trat herein wie ein Mann, der wußte, daß er hier willkommen war. Er kannte Dr. Guani seit dem Ersten Weltkrieg, als Guani bereits Gesandter und er noch ein kleiner junger Sekretär war. Ihre Beziehung hatte so etwas an sich wie das Verhältnis eines Diplomatenonkels zu seinem Neffen in der gleichen Karriere. Daher lag ein herzliches Lächeln auf seinem Gesicht, das für die Förmlichkeit seiner Worte Abbitte tat, als er sagte: »*Señor Ministro!* Die Regierung von Uruguay mit ihren wohlbekannten demokratischen Grundsätzen wird doch die *Graf Spee* dem Völkerrecht entsprechend für die Dauer des Krieges internieren, nicht wahr?«

Guani zwinkerte mit den Augen, legte seinen Kopf etwas auf die Seite und sagte mild: »Nehmen Sie Platz, mein Lieber.«

Die Tür hatte sich kaum geschlossen, als sie schon wieder aufging, und ein Sekretär meldete: »Seine Exzellenz, der französische Gesandte!«

Monsieur Gentil trat herein und hielt eine gewichtige, rot versiegelte Note in der Hand. Wie Millington-Drake war auch er Karrierediplomat, aber bei weitem nicht die starke Persönlichkeit. Er machte vor Guani seine Verbeugung und sagte *»Monsieur le Ministre!«* Dann gewahrte er Millington-Drake, grüßte *»Ah! Cher collègue!«* und verneigte sich wieder. Millington-Drake antwortete mit einer feierlichen Verbeugung. Sie waren erst vor zwanzig Minuten auseinander gegangen. Verständnisvoll sah Guani von seinem Tisch zu Millington-Drake und dann zu Monsieur Gentil hinüber, der jetzt vortrat und ihm mit einer leisen Entschuldigung für die ungewohnte Stunde das rotversiegelte Kuvert überreichte.

Guani nahm das Kuvert und drehte es nachdenklich um. Dann sah er den französischen Gesandten fragend an: »Noch eine Note, wie ich vermute?«

Gentil machte eine halb entschuldigende Bewegung: »Im Sinne des Haager Abkommens . . .«

Guani unterbrach ihn und warf mit freundlichem Spott die Hände in die Höhe: »Ja, ja! Das vielzitierte Haager Abkommen! Meine Herren! Bitte nehmen Sie Platz.«

Er wartete, bis sie sich gesetzt hatten, setzte sich in seinen großen Sessel, sah von einem zum andern und fuhr dann fort: »Das Haager Abkommen! Artikel 17 sagt, daß ›Kriegsschiffe kriegführender Mächte keine Reparaturen in den Häfen und Wasserstraßen neutraler Staaten vornehmen dürfen, soweit sie nicht zur Gewährleistung ihrer Seetüchtigkeit notwendig sind; auf keinen Fall darf dadurch die Kampffähigkeit des Fahrzeuges erhöht werden‹. Auch die andere Seite hat sich auf die Haager Konvention berufen und ich habe ihnen versichert, genau wie ich es Ihnen gegenüber tue, daß wir keine Ermahnungen zur Erfüllung unserer Pflicht als Neutrale nötig haben. Das Haager Abkommen wird respektiert werden.«

Millington-Drake hüstelte und sagte: »*Señor Ministro.* Darf ich Ihre Aufmerksamkeit auf die Tatsache lenken, daß die *Graf Spee* seit Beendigung der Schlacht bereits dreihundert Meilen zurückgelegt hat?«

»Und das noch mit großer Fahrt!« warf sein erregbarer Verbündeter ein. »*Mon Dieu!* Wie ein Hase ist sie davongelaufen!«

Guani unterdrückte höflich ein Gähnen und sagte: »Meine Herren. Seit Mitternacht — und jetzt ist es zehn Minuten vor vier — habe ich drei Noten von der deutschen Botschaft erhalten, zwei von der englischen Gesandtschaft und zwei von der französischen. Wir sind ein kleines Land, das sich selbst die schwere Verpflichtung der Neutralität auferlegt hat. Ich bitte Sie, machen Sie es uns nicht noch schwerer.«

Millington-Drake warf einen Blick zur Decke und wagte sich dann bis an die Grenze des guten Tons der Diplomatie vor, indem er höflich, aber doch im vollen Bewußtsein des Ernstes seiner Frage murmelte: »Verzeihen Sie, aber — wird Ihr Land auch in der Lage sein, Ihre Entscheidung durchzusetzen?«

Guani fuhr auf, wandte sich zum Engländer und öffnete seinen Mund zu einer ziemlich scharfen Entgegnung. Aber in diesem Augenblick platzte Monsieur Gentil wie eine Bombe heraus: »Genau das! Auf wen sind denn in diesem Augenblick die Geschütze der *Graf Spee* gerichtet? Nicht auf britische Schiffe! Nein, o nein! Alle auf die Stadt Montevideo. *Force majeure,* mein lieber Guani! *Force majeure!«*

Das war deutlich! Guanis Augen blitzten. Er war jetzt nicht mehr der geduldige, weltmännische, neutrale Diplomat, sondern nur noch ein feuriger uruguayischer Patriot. Nun war auf einmal klar, worum in Wirklichkeit alles ging, und er begrüßte es. Seine Nasenflügel bebten, und seine Lippen verzogen sich zu einem seltsamen Lächeln, als er antwortete.

»Monsieur Gentil! Mr. Millington-Drake! Im Laufe seiner kurzen Geschichte hat unser kleines Land schon viele Drohungen überlebt. Wir sind mit Drohungen geradezu gemästet worden! Jedes Mal, wenn wir bedroht sind, macht unser ganzes Land einen Schritt vorwärts. Wir sind sehr einfache Leute. Nur zwei Millionen Menschen. Wir verstehen nur wenige Dinge. Aber wir verstehen, was Recht, Gesetz und Gerechtigkeit ist. Drohungen werden wir niemals verstehen!«

Er stand auf. Er wirkte auf einmal ungemein mächtig. Der große kleine Mann schien den ganzen Raum zu füllen, als er mit Leidenschaft und Würde schloß: »Sehen Sie mich an! Ich bin nicht groß! Aber ich habe zwei Millionen Köpfe!«

Es gab nichts mehr zu sagen. Die Gesandten verneigten sich und gingen. Draußen dämmerte es schon.

KAPITEL X

DONNERSTAG

Mike Fowler hatte die Sonne schon oft in seinem Leben aufgehen sehen, aber meistens auf dem Weg ins Bett. Jetzt aber war er schon lang vor Tagesanbruch auf den Beinen. In der kühlen Stunde vor Sonnenaufgang, als die schwarzen Wasser des La Plata sich bleiern färbten, während ein kalter Wind durch die Straßen wehte und die hohen, modernen Apartmenthäuser, die den langen Strand von Montevideo umsäumen, unter dem Glühen am östlichen Himmel in feurigem Rot zu erstrahlen begannen, steuerte Mike seinen Wagen durch die Stadt, gefolgt von drei Lastwagen der Telephon-Gesellschaft, holperte die leere Strandpromenade entlang und hielt vor Manolos Bar.

Manolo war ebensowenig ein Frühaufsteher wie Mike, und damit hatte der Amerikaner gerechnet. Die Laden waren geschlossen, und das ganze Haus lag im Dunkeln. Auf der baufälligen Terrasse mit ihrer großartigen Aussicht über Stadt und Hafen und hinaus über den Rio de la Plata standen die Stühle und Tische aufeinandergestapelt. Kein Mensch war zu sehen außer einem kleinen sommersprossigen Jungen mit einer Angel und einem leeren Marmeladeglas, der mit großem Interesse zuschaute, wie die Telephontechniker ihre Lastwagen ausluden, Kabel legten und an das Überland-Telephonnetz anschlossen, damit Mike direkt mit New York sprechen konnte. Denn mit seinem

Auftrag für eine umfassende Gemeinschaftssendung in der Tasche spielten die Kosten keine Rolle mehr. Alles hing davon ab, den besten Aussichtspunkt in Montevideo zu erwischen, und den hatte Manolo. Mike kannte Manolo, und er wußte: »Sei im Besitz, und du bist im Recht.« Er hatte seinen Helfern eingeschärft, absolut lautlos zu arbeiten, und alle Befehle wurden pantomimisch erteilt. Mike und Pop hoben die Stühle von den Tischen und installierten die Mikrophone auf dem besten Ecktisch, von dem aus man den Strand und den Hafen überblickte.

Manolos Haus steht am Hang des Cerro, eines Hügels, der ganz Montevideo beherrscht. Die Bewohner Uruguays nennen ihn einfach »Der Berg«, weil er als einziger das liebliche, wellige Land überragt (denn ein Land liebt es ebensowenig wie eine Frau, als »flach« bezeichnet zu werden). Auf seinem felsigen Gipfel steht eine alte quadratische Festung. Lange spanische Kanonen, auf denen Kinder mit Vergnügen reiten, sind auf die hohen Gebäude der modernen Stadt gerichtet. Der natürliche Hafen ist fast kreisrund und hat zwei Meilen Durchmesser. Im Norden, wo die Stadt liegt, drängen sich die hohen Häuser bis an den Rand des Wassers, und die Tiefwasserkais mit ihrem regen Schiffsverkehr ziehen sich meilenweit hin. Auf der anderen Seite ist der Cerro, mit langen, roten, staubigen Viehpfaden zur Küste, wo die weißen Gebäude der Konservenfabrik stehen: das Ende einer langen, mühevollen Reise für das Vieh und die Gauchos. Mikes Kombiwagen war auf diesen Pfaden schon oft stundenlang aufgehalten worden, und während Pop gelassen geraucht hatte, waren die laut brüllenden Viehherden in langen Reihen an ihnen vorbeigezogen.

Außerhalb des Hafens dehnt sich der Rio de la Plata soweit das Auge reicht, nur von zwei felsigen Brocken unterbrochen, mehr Riffe als eigentliche Inseln. Auf dem einen steht ein Leuchtturm, auf dem andern die alte Quarantänestation. Kurz vor Sonnenaufgang glaubte Mike am Horizont eine Rauchfahne und zwei schwarze Punkte zu erkennen, welche die beiden britischen Kreuzer hätten sein können. Als aber die Sonne wie eine große Orange aufging, durch eine Luftspiegelung seltsamerweise in die Form einer Sanduhr zusammengequetscht, war nichts mehr zu sehen. Vielleicht hatte Mike recht. Harwood war so fest entschlossen, den Kontakt mit der *Graf Spee* auf keinen Fall zu verlieren, daß er seine beiden Kreuzer in jener Nacht bis auf wenige Kilometer vor die Hafeneinfahrt herangebracht hatte und sie erst außer Sicht gehen ließ, als der Morgen dämmerte.

Bis nach Montevideo hinauf ist der Fluß tief und schiffbar, und die üblichen Untiefen und Bänke sind genau vermessen und auf den Seekarten verzeichnet; aber oberhalb der Stadt ist das Fahrwasser mit Bojen bezeichnet und muß für Schiffe mit großem Tiefgang ausgebaggert werden. Die Flüsse Paraná und Uruguay, deren Einzugsgebiete vier Länder umfassen, bringen jedes Jahr riesige Mengen Schlamm vom Matto Grosso und Gran Chaco herunter. Diese beiden Ströme mit ihren Nebenflüssen vereinigen sich zu den ungeheuren Wassermassen, die dem Lateinamerikaner als Rio de la Plata bekannt sind. Tausend Meilen sind nichts für einen amerikanischen Strom, und bei Hochwasser fahren Flußdampfer solche Strecken und noch längere ohne weiteres hinauf. Obwohl Passagierdampfer und selbst die größten Tanker bis nach Buenos Aires fahren, würden nur sehr wenige Kriegsschiffe es riskieren, ihre Wasserzuleitung zu verstopfen, um die argentinische Hauptstadt anzulaufen. Aus diesem Grunde ist der argentinische Kriegshafen in Bahia Blanca; und aus demselben Grunde haben die Briten von der Flotten-Basis Port Stanley auf den Falklandinseln sei je Montevideo zu ihrem Zwischenhafen in Südamerika gemacht; und da sie dort immer gut aufgenommen worden sind, haben sie angefangen, ihn praktisch als einen britischen Hafen zu betrachten.

Solche und ähnliche Gedanken beschäftigten auch Jock McCall, als er wenige Stunden später mit dem Flugboot, das jeden Morgen und jeden Nachmittag zwischen den beiden Städten hin und her verkehrt, nach Montevideo flog. Buenos Aires ist eine richtige Botschaft, Montevideo hingegen nur eine Gesandtschaft; und daher hatte der Marineattaché, der von Amts wegen in Buenos Aires saß, viele Aufgaben in Montevideo mit zu erledigen. Das bedeutete für ihn ein ständiges Hin- und Herreisen. McCall bevorzugte zu diesem Zweck das Wasserflugzeug, vor allem weil es daneben nur noch eine Reisemöglichkeit über Nacht mit einem der beiden Fährschiffe gab. Diese waren majestätische Schöpfungen im Stil der Jahrhundertwende, 1905 von Camell Laird gebaut, dick mit Wandtäfelungen und reichlich geschmacklosen Verzierungen überladen, samt einem chinesischen Speisesaal und einer Luxuskabine für Hochzeitspaare, die jede Hochzeitsnacht zu einem völligen Fiasko gemacht hätte. Die Schiffe waren aus bestem Teakholz und Mahagoni gebaut, hatten drei Decks, und wir brauchen wohl kaum zu erwähnen, daß die Maschinen noch so gut liefen wie am ersten Tage; es lag also kein Grund vor, die

Schiffe jemals außer Dienst zu stellen. Falls ein ruheloser Direktor der Reederei je auf den Gedanken kommen sollte, zwei moderne stromlinienförmige neue Schiffe einzusetzen, würde er wahrscheinlich die ganze öffentliche Meinung gegen sich haben. Die beiden Städte standen miteinander in ebenso naher Verbindung wie zum Beispiel Hamburg und Cuxhaven, ausgenommen wenn gerade ein kurzes politisches Gewitter niederging. Die Liebesgeschichten, Streitigkeiten und Tragödien, die auf diesen schwimmenden Riesenhotels begonnen und ihr Ende gefunden haben, müssen Legion sein. Sollten die Schiffe jemals außer Dienst gestellt werden, so müßte man sie, eines in jedem der beiden Häfen, als Denkmäler aufstellen, um späteren Generationen zu zeigen, wo so viele Dinge ihren Ursprung genommen haben.

McCall kannte die Route des Flugzeugs auswendig und hatte sich vorsorglich gleich an die Steuerbordseite gesetzt, um beim Anfliegen der Stadt und beim Niedergehen aufs Wasser einen guten Blick auf die *Graf Spee* zu haben. Große Aufregung kam unter die Passagiere, als das Schiff erkannt wurde, und alle Backbordgäste sprangen auf und schnauften den glücklichen Steuerbordgästen in den Kragen. Aber McCall, der seinen Platz der eigenen weisen Voraussicht verdankte, wich keinen Fingerbreit von seinem Bullauge, zog ein großes Marinefernglas aus seiner Aktentasche und richtete es gespannt auf das Schlachtschiff.

»Oh, lassen Sie mich auch durchschauen«, bat die Dame gegenüber. »Sieht sie nicht herrlich aus!«

»Ja, Señora — von hier aus«, antwortete McCall, indem er die Frage beantwortete, aber die Bitte ignorierte und weiterhin das Glas vor die Augen hielt.

»Darf ich auch?« beharrte die Dame mit einem gewinnenden Lächeln, das jedoch ganz umsonst war, da McCall gerade die Einschläge zählte, die am Oberbau des Schiffes zu sehen waren.

Er brummte: »Bitte, entschuldigen Sie, Señora. Ich habe ein spezielles Interesse an der *Graf Spee.*«

Die Dame hauchte ein »Oh« und schaute ihn ungläubig näher an. Er trug einen hellen Sommeranzug und einen Schlips in den Farben des *United Services Club**), und im Gepäcknetz lag ein Panamahut mit einem Band von üppiger Farbenpracht. Aber seine braunen Hände, sein Habichtsprofil und seine scharfen schwarzen Augen hätten ihn aus jeder Menge herausgehoben.

Die Dame blickte ihn nochmals an und murmelte: »Ist das Schiff nicht ungeheuer groß?«

»Ja«, erwiderte ihr Nachbar grimmig; und er fügte zornig flüsternd hinzu: »Und in *unserem* Hafen.«

Eine vierschrötige Dame, die neben ihm saß und augenscheinlich zur Partei der Achsenpartner gehörte, hatte die ganze Zeit in schwärmerischer Ekstase auf den Kreuzer gestarrt und konnte sich nicht länger zurückhalten, »Welch ein Schiff!« platzte sie heraus. »Diese Pracht! Diese Kraft! Diese Schönheit! Oh, meine Freunde, es gibt kein Volk wie das deutsche! Es ist unbesiegbar!« Das ist eine Art von positiven Behauptungen, die auf Engländer nur peinlich wirken, und so hatte McCall für sie nur ein duldsames Lächeln übrig, aber die Dame vis-à-vis geriet sofort in Aufruhr und setzte sich für die Sache der Alliierten ein: »Was meinen Sie damit, Señora? Sind es nicht die Engländer

*) Der »vereinigte Offiziersklub« für alle britischen Streitkräfte: Armee, Flotte, Marine, Luftwaffe.

gewesen, die den Deutschen nach Montevideo getrieben haben?«

»Das war ein strategischer Rückzug!« erwiderte die zweite Dame hitzig und versetzte ihrer deutschsprachigen Zeitung einen Schlag, vor dem selbst Harwood erstarrt wäre.

»Sie reden wie Hitler«, entgegnete McCalls Freundin lebhaft. »Ich nehme an, daß Ihre unbesiegbaren Deutschen sich selbst voll Löcher geschossen haben, um uns Neutralen zu imponieren.«

»Neutrale — daß ich nicht lache! Ha, ha, ha. Haben Sie das gehört! Ich möchte wissen, wo Ihre Neutralität steckt!«

»Wo steckt die Ihre?« kam flink die Gegenfrage.

»Was erlauben Sie sich? Ich bin Staatsbürgerin von Uruguay!«

»Was erlauben Sie sich? Ich bin es auch!«

Die Passagiere hatten bereits die eine oder andere Partei ergriffen (komischerweise schien niemand mehr neutral), und McCall war schon im Begriff, unter dem Sitz zu verschwinden, bevor die beiden handgreiflich wurden; denn er war durchaus ein Mann des Friedens, solange er an Land war. Aber der Steward rettete die Situation, indem er ausrief: »Bitte, die Sicherheitsgurten anschnallen. Wir werden gleich landen.«

Der politische Streit mußte also vertagt werden (auf der Zollstation flackerte er dann wieder auf), das Flugzeug flog eine Runde über dem Hafen und ließ sich dann auf dem Wasser nieder. McCall hatte sich von dem Moment an, wo Montevideo in Sicht kam, so ausschließlich auf die *Graf Spee* konzentriert, daß er erst jetzt, da sie über die Hafenmolen und Docks hinflogen, die Hunderte von Booten und kleinen Schiffen bemerkt, die den Hafen füllten, und die Tausende von Menschen, die dichtgedrängt auf allen Gebäuden und Aussichtspunkten der Stadt standen. Und er begann zu erfassen, was für eine Sensation die Ankunft des Kreuzers bedeutete und was für ein wichtiges internationales Ereignis, in dem er selbst eine der Hauptpersonen sein sollte, sich da vor seinen Augen entwickelte.

Das Flugzeug ging in die Kurve und befand sich jetzt nur noch in etwas über hundert Metern Höhe, direkt über der Terrasse von Manolos Bar. Sie wimmelte von Menschen, aber McCall konnte erkennen, daß sich dort bereits ein Radiosprecher mit seinen Mikrophonen und Aufnahmewagen aufgepflanzt hatte, und er fragte sich, wie jener es wohl fertiggebracht haben mochte, so rasch einen so einzig günstigen Platz zu ergattern.

Ungefähr dieselben Gedanken, nur in kräftigeren Worten, schossen Manolo durch den Kopf, als er gähnend aus der Haustür trat und sah, wie sich Mikrophonkabel lianengleich über seine Terrasse wanden und Mike, auf seinem besten Ecktisch mit Blick auf den Hafen, eine direkte Leitung mit New York prüfte, während die Polizei die bewundernde Menge zurückhielt.

Manolo hatte nie viel Zeit für die Polizei übriggehabt — kein Nachtklubbesitzer hat gern mit ihr zu tun —, und der Anblick von so vielen Polizisten, die Mike beschützten, ließ ihn rot sehen. Er trat zu dem Eindringling, der immer und immer wieder in sein Mikrophon sprach: »Hallo, New York! Hallo, New York! Hallo, New York! Hier spricht Mike Fowler am Hafen von Montevideo. Linienkontrolle. Linienkontrolle. Eins. Zwei. Drei. Vier. Können Sie mich hören? Können Sie mich hören? — He, Pop! Los! An die Arbeit! Bleib am Apparat. Was antworten sie im Wagen? Können Sie uns hören?«

Aus dem Wagen, der nicht ganz vierzig Meter weiter drüben stand, kamen aufgeregte Stimmen; dann steckte Pop seinen Kopf aus der Tür und schrie: »Man sagt nein! Prüf weiter, Mike.«

Mike gehorchte und begann wieder mit seinem: »Hallo, New York. Hallo, New York«, gerade als Manolo aus dem Haus kam und sehr zum Vergnügen der Umstehenden in eine Flut von spanischen Schimpfworten ausbrach.

»Hallo, Manolo«, sagte Mike vergnügt. »Nett, dich zu sehen. Wie geht's dem Jungen? He, Pop. Komm und kläre Manolo auf. Ich habe keine Zeit. Hallo, New York. Hier spricht Mike Fowler, Ihr Sonderberichterstatter, am Hafen von Montevideo. Leitungskontrolle. Leitungskontrolle . . .«

Während Mike weitermachte, ging Pop zu Manolo und sprach gewaltig auf den wütenden Mann ein. Schließlich schwang er sich auf das Terrassengeländer und drehte sich eine Zigarette. Je wütender Manolo wurde, desto eifriger schien Pop ihm zuzustimmen. Er nickte und nickte und teilte Mike schließlich mit: »Manolo sagt, wir müssen Manolos Bar räumen.«

Mike sprach weiter: »Hallo, New York . . . Sag ihm, daß unsere Rundfunksendung über die *Graf Spee* von den ganzen USA gehört wird. Sag ihm, daß dies die beste Aussicht in ganz Montevideo ist. Sag ihm, daß wir eine Bewilligung vom Postministerium haben! Sag ihm . . . Well, mach weiter! Hämmere ihm das mit der Sonderbewilligung ein.«

Es folgte ein weiterer Ausbruch von spanischem Geschimpfe, und Pop berichtete weiter: »Manolo sagt, du nicht haben Erlaubnis von ihm.«

Inzwischen war Dolores im Hausdreß auf die Terrasse gekommen und lackierte ihre Fingernägel; ein Kellner im grünen Hemd hatte mit Aufwischen aufgehört, um besser zuhören zu können. Mike fuhr mit Engelsgeduld fort: »Leitungskontrolle, Leitungskontrolle. Sag ihm, ich werde seine Bar in meiner Sendung erwähnen. Sag ihm, ich werde ihn berühmt machen. Ich werde auch sein Lokal berühmt machen ...« Seine Augen wurden von Dolores' schöngeformten Beinen gefangengenommen, und als Manolo seinem Blick folgte, streckte sie gähnend ihre Glieder wie eine Katze in der Sonne. »Sag ihm, daß alle Amerikaner nach Montevideo kommen werden, um die *Graf Spee* zu photographieren, und daß sie alle bei Manolo einkehren werden. Manolo wird nicht nur berühmt, sondern auch reich werden.«

Dolores fing an sich zu interessieren, und trat näher zu Mike heran, der seine Versuche unentwegt fortsetzte, während die beiden Uruguayer die Sache weiter ausfochten. Schließlich berichtete Pop: »Manolo sagt, Engländer werden *Graf Spee* versenken, bevor amerikanische Touristen hierherkommen. Und er kann viel Geld machen mit Tisch, wo du bist. Vier Leute können an diesem Tisch trinken, vielleicht sechs.«

Er zwinkerte Mike zu. Sie hatten es geschafft. Jetzt war es nur noch eine Verhandlungsfrage — und natürlich eine Geldfrage. Die Umstehenden holten hörbar Atem und folgten den Verhandlungen mit schmeichelhaftem Interesse, als Mike erwiderte: »O. K. Sag ihm, er kann mir, solange ich hierbleibe, jede halbe Stunde sechs Gläser Scotch bringen. Zeig ihm unsere Moneten.«

Ein erregtes spanisches Palaver folgte, dann meldete Pop: »Señor Mike! Sechs doppelte Scotch, jede Viertelstunde. Ich glaube, wir können nicht mehr herausholen.«

Mike blickte Manolo sauer an, und dieser setzte sein bezwingendstes Lächeln auf, aus Angst, er könnte mit seinen Forderungen zu weit gegangen sein; doch zu seiner Erleichterung sagte der Amerikaner: »O. K., Pop. Er muß uns aber die leeren Flaschen kostenlos dazuliefern, damit wir den Whisky zurückgießen können. Ich kann bei der Arbeit nicht trinken, aber der kostbare Scotch darf auf keinen Fall vergeudet werden.«

Manolo strahlte übers ganze Gesicht, schlug Mike auf die Schulter und erklärte: *»Estamos.«* Pop sagte: »Abgemacht.«

Mike bemerkte trocken: »Er macht ja schließlich kein schlechtes Geschäft dabei, oder? Los, Pop, an die Arbeit. — Hallo, New York. Hallo, New York. Hier ist Mike Fowler am Hafen in Montevideo mit seinem Bericht über die *Graf Spee.* Können Sie mich hören? Wir haben hier jetzt 11 Uhr vormittags. Heute früh um 9 Uhr hat die offizielle Inspektion begonnen, und eine von der Regierung von Uruguay ernannte Expertenkommission ist an Bord gegangen, um das Ausmaß der am Schiff zu verzeichnenden Schäden abzuschätzen.«

Mike konnte natürlich nicht ahnen, daß eine der größten Sensationen in diesem Abenteuer eben im Begriff war, über die Welt hereinzubrechen, die bisher noch nicht wußte, daß sich ein Kapitän Dove und andere Gefangene an Bord der *Graf Spee* befanden. Man hatte den englischen Konsul davon benachrichtigt, daß englische Gefangene auf dem Schiff seien, und ein Schlepper hatte bereits Order, sie an Land zu holen. Aber es waren keine Besucher zugelassen, außer den offiziellen Vertretern der uruguayischen Regierung und Marine und dem deutschen Botschafter. Verglichen mit der schwerbeschädigten *Exeter* konnte man die Schäden der *Graf Spee* als leicht bezeichnen und die Verluste als niedrig — aber in einer Zeit, als Deutschland mit seinen Untertanen-Ländern die stärkste Macht in Europa war, wäre es undenkbar gewesen, anderen weniger untertänigen Ländern zu zeigen, daß man genauso verwundbar war wie das übrige Menschengeschlecht.

Diese Illusion absoluter Macht und die Notwendigkeit, sie zu bewahren, bestimmte jeden Schritt der Deutschen im politischen Kampf, der während der nächsten vier Tage ausgetragen wurde; und da es in einem totalitären Staat die Politiker sind, die den Ton angeben und darüber hinaus die ganze Melodie komponieren, beeinflußten sie auch jene Entscheidung, die Langsdorff zu treffen hatte. Es ist gut, sich dies vor Augen zu halten, wenn man die Ereignisse verstehen will, die schließlich zur Katastrophe führten.

Es gibt kaum ein besseres menschliches Material als den Deutschen, vorausgesetzt, daß er richtig geführt wird. Was aber soll man von einer Nation halten, die immer wieder darauf verfällt, Wahnsinnige zu ihren Führern zu wählen? Die Besatzung der *Graf Spee* war keine Ausnahme. Der größte Teil der Seeleute war sehr jung und glaubte alles, was Hitler und Goebbels ihnen vorsagten. Die See mit ihren Traditionen und ihrer harten Wirklichkeit ist kein guter Boden für Politiker und ihre Schlagworte; aber der Krebsschaden hatte sich auf der *Graf Spee* bereits eingefressen, und er wurde in den nächsten schicksalsschweren Tagen im Hafen durch Zweifel genährt und durch Furcht vor der Schande vergrößert. Auf See hatten sie in Langsdorff einen Kapitän, dem sie überallhin gefolgt wären. Vier Monate lang waren sie Schiffskameraden gewesen. Sie hatten zusammen gelebt, Triumphe gefeiert und eine Schlacht geschlagen. Sie waren immer noch eine geschlossene Gemeinschaft. Sie waren jenes prächtige Ding: ein gut geführtes Schiff unter einem Kapitän, in den sie ihr Vertrauen gesetzt hatten. Darum hatten sie sich auch die ganze Nacht geplagt, aufgeräumt und alles in Ordnung gebracht und übermalt, Schiffstrümmer gekappt und Schäden verdeckt, Sonnensegel und Treppen aufgezogen, bis endlich zur Frühstückszeit alle Mann Befehl erhielten, unter Deck zu gehen und sich anständig anzuziehen, während der Kapitän, seine Offiziere und die Wache auf Deck — müde und übernächtig — sich rasierten und ihre Ausgehuniform anzogen, um die ersten offiziellen Besucher zu empfangen. Das Schiff war nicht wiederzuerkennen, geputzt mit riesengroßen, schneeweißen Sonnensegeln und fröhlichen Wimpeln und Flaggen, das Tauwerk mit Pfeifenton geweißt, mit Segeltuch und Teppichen auf den Decks, als Dove und seine Mitgefangenen schließlich Erlaubnis erhielten, mit ihren Bündeln unterm Arm an Deck zu kommen. Alle waren wohlauf, wenn auch ein wenig blaß von ihrer langen Haft, und blinzelten in das ungewohnte, grelle Licht der Sonne. Ihre alten Schiffskameraden, Leutnant Hertzberg und der Wachtmeister, begleiteten sie zum letztenmal. Sie schauten verwundert auf die hohen Häuser von Montevideo, die sich vom blauen Frühsommerhimmel abhoben, auf das Gedränge von Schiffen und Booten und schüttelten ihre Köpfe in schweigender Verwunderung. Selbst Dove war sprachlos. Erst mehrere Wochen später fanden sie Worte, um ihr Erlebnis und sein traumhaftes Ende zu beschreiben. Den Reportern, die sie später an Land belagerten, hatten sie enttäuschend wenig zu sagen. Was hätten sie dazu sagen sollen? Da war entweder zuviel oder zuwenig zu erzählen: sie waren Kapitäne auf ihren eigenen Schiffen gewesen, sie hatten alles verloren, sie waren während vielen Wochen hilflose Gefangene gewesen, sie hatten eine Seeschlacht mitgemacht und in Lebensgefahr gestanden, und nun waren sie frei. So schüttelten sie noch einmal den Kopf und sprachen leise mit Hertzberg und dem Wachtmeister und warteten, bis der Schlepper kam. Sie gehörten nicht auf dieses Schiff, aber sie gehörten auch sonst nirgends hin; sie würden viele Tage ihrer wiedergewonnenen Freiheit brauchen und die Freude, die sie beim Lesen von liebevollen, mit zitternder Hand und mit tränengefüllten Augen geschriebenen Briefen empfanden, um aus ihrem Traum zu erwachen.

Ein Matrose kam und sprach mit Hertzberg, der daraufhin sagte: »Captain Dove. Unser Kapitän wünscht Sie zu sprechen.«

Dove hatte diese Aufforderung nicht erwartet, aber er fühlte, daß er sich erhofft hatte. Er nickte, gab Stubbs sein Bündel und folgte Hertzberg zu Langsdorff. Wieder einmal standen sich Dove und Langsdorff gegenüber, und jeder dachte, dies sei nun das letzte Mal. Der deutsche Kapitän blickte den stämmigen Engländer mit herzlicher Zuneigung an, und Dove erwiderte den Blick mit feierlichem Ernst, Langsdorff sah bleich und müde aus. Er trug seine weiße Galauniform mit den Epauletten; sein Koppel mit dem schmalen Säbel der deutschen Marine lag griffbereit auf dem Tisch. Er hatte seinen bandagierten rechten Arm in den Rock gezwängt, und nur die etwas steifen Bewegungen verrieten, daß er verwundet war. Seine Kopfwunde und die Wunde am Kinn waren geschickt gesäubert und bepflastert worden, aber er hatte seinen schmucken kleinen Bart abrasiert, und nun sah er viel jünger aus. Auch sein Benehmen war verändert: hinter seinen Augen stand beständig eine Frage.

Jetzt blickte er in Doves redliches Gesicht und vergaß die Sorgen, die ihn bedrückten, in der Freude über ihre persönliche Beziehung. »Well, Captain Dove«, sagte er in herzlichem Ton.

Dove antwortete ernst: »Well, Kapitän Langsdorff!«

Über Langsdorff empfindsames Gesicht spielte ein Lächeln; er trat rasch auf seinen Besucher zu und streckte ihm die Hand entgegen. Dove ergriff sie, und Langsdorff sagte mit Wärme: »Ich bin so froh, daß Sie alles gut überstanden haben.«

Dove erwiderte mit gleicher Aufrichtigkeit: »Ich danke vielmals. Sie haben alles für uns getan, was in Ihrer Macht stand, und ich kann auch Ihnen nur das Allerbeste wünschen.«

Langsdorff bedankte sich und bat ihn, auch den anderen Gefangenen seine besten Wünsche zu übermitteln. Er bat Dove dringend, diese Bestellung nicht zu vergessen. Dann fügte er mit plötzlicher Nachdenklichkeit hinzu: »Ich wünsche Ihnen allen ein frohes Weihnachtsfest.«

Für einen Augenblick schien er in Gedanken weit weg zu sein. Dann riß er sich zusammen, kehrte in die

Gegenwart zurück und fragte: »Kann ich noch irgend etwas für Sie tun?«

Dove nickte langsam: »Wenn Sie nichts dagegen haben, Sir: könnten Sie mir die Namen unserer Schiffe nennen, die Sie angegriffen haben?«

Langsdorffs Augen blitzten, und er antwortete: »Es waren drei: die *Exeter,* die *Ajax* und ein drittes von derselben Klasse; ich vermute, die *Achilles.*«

Dove fragte besorgt: »Was ist geschehen? Haben Sie welche versenkt?«

Langsdorff schüttelte den Kopf: »... wir haben die *Exeter* schwer beschädigt, aber sie hat sich noch über Wasser gehalten, als wir sie das letzte Mal sichteten — mit zwei Schiffen wären wir wohl fertig geworden, aber drei — das war zuviel für uns.«

Dove bat leise: »Könnten Sie mir wohl sagen, wie alles vor sich ging?«

Langsdorff nickte und sagte: »Ja.« Doch er sprach nicht gleich. Er trat zum großen Kartentisch und beugte sich über die Karte des Rio de la Plata. Dove wartete. Nach einer Weile begann Langsdorff und erlebte die Seeschlacht noch einmal im Geiste. »Es war geradezu ein klassisches Gefecht. Beide Seiten haben tapfer gekämpft. Meine Leute — meine Jungens und Männer — waren großartig. Ihr Mut war über alles Lob erhaben. Beide Seiten könnten einen Sieg melden — ich nehme an, daß dies auch beide Seiten tun werden —, und beide würden recht haben. Der britische Kommandant war ein glänzender Stratege. Von Anfang an hat er mich gezwungen, mein Feuer zu verteilen. Ich habe meine Geschütze zuerst auf den größten Kreuzer konzentriert. Ich hätte ihn versenken können, aber die beiden anderen haben mich so hart bedrängt, daß ich mein Feuer von neuem teilen mußte. Ich hatte gegen drei Schiffe zu kämpfen und durfte keines von ihnen aus den Augen lassen.«

Er machte eine Pause und fuhr mit offener Bewunderung fort: »Die *Exeter* war wunderbar. Ich schoß ihre vorderen Panzertürme außer Gefecht. Ich zerstörte die Brücke. Sie brannte, trieb steuerlos umher und beschrieb Achterfiguren. Aber der Kapitän bekam das Schiff wieder unter Kontrolle und kämpfte weiter. Sie hatten nur noch ein einziges Geschütz, und mit diesem kämpften sie weiter. Sie haben es nicht aufgegeben, anzugreifen.«

Dove lauschte gespannt. Langsdorff schwieg einen Augenblick. Dann fuhr er fort: »Wenn man so tapfere Gegner hat, gibt es eigentlich keine Feindschaft. Dann möchte man ihnen die Hand schütteln. Die *Ajax* und ihr Schwesternschiff kamen wie Zerstörer auf mich los. Sie konnten mir mit ihren 6-Zoll-Geschützen nicht viel anhaben und versuchten, mich zu torpedieren. Sie haben zehn Torpedos abgefeuert. Einige kamen uns gefährlich nahe. Ich sagte mir: ›Das würden sie nie wagen, wenn sie nicht von großen Einheiten unterstützt würden . . .‹«

Er schwieg wieder und fuhr dann fort: »Ja — ich glaubte, sie wollten mich in das Feuer schwerer Schlachtschiffe hinausjagen . . .«

Jetzt schwieg er ganz und starrte auf die Karte auf dem Tisch. Dove wartete, aber offensichtlich hatte Langsdorff alles gesagt, was zu sagen war. Schließlich fragte Dove: »Was werden Sie jetzt tun, Kapitän?«

Zum erstenmal seit ihrer Bekanntschaft klang Langsdorffs Stimme unnatürlich. Er richtete sich auf und sprach, als ob er eine Mitteilung an die Presse diktierte:

»Ich habe die uruguayische Regierung gebeten, mir Gelegenheit zu geben, die nötigen Reparaturen auszuführen. Diese Fragen unterstehen dem Völkerrecht. Eine Expertenkommission befindet sich zur Zeit an Bord. Meine Kombüsen sind zerstört, meine Vorratslager zusammengeschossen. Ich kann meine Leute nicht ernähren.«

Er zögerte und fügte dann im selben Ton hinzu: »Ich kann meine Jungs nicht auf die hohe See mitnehmen, um Selbstmord zu begehen.«

Plötzlich schien er sich zu erinnern, mit wem er sprach. Er nahm sich zusammen und sagte ziemlich förmlich: »Well, ich glaube, Sie müssen jetzt gehen?«

Dove nickte. Langsdorff griff nach zwei Mützenbändern, die auf dem Kartentisch lagen und auf denen mit goldenen Buchstaben *»Panzerschiff Admiral Graf Spee«* stand; er ließ sie für ein paar Augenblicke unschlüssig durch die Finger gleiten und reichte sie plötzlich Dove, indem er sagte: »Nehmen Sie dies — sie gehörten zwei meiner Jungens, die gestern gefallen sind — zum Andenken!«

Dove nahm sie, hielt sie in seinen mächtigen Händen und sagte langsam: »Ich danke Ihnen — sehr.«

Die Tür ging auf, und Kapitän Kay trat ein. Er nickte Dove zu und sagte auf englisch zu Langsdorff: »Die uruguayische Expertenkommission hat ihre Inspektion beendet und ist im Begriff, wieder von Bord zu gehen.«

Langsdorff nickte und rief seine Ordonnanz, die ihm half, Koppel und Säbel anzulegen. Dove wartete, um sich zu verabschieden, aber Langsdorff schien seine Gegenwart fast vergessen zu haben. Erst als er seine Mütze aufsetzte, sah er ihn dastehen und sagte: »Leben

Sie wohl, Captain. Wir werden uns wohl nie wiedersehen.«

Aber er sollte sich irren.

Die Expertenkommission bestand aus den beiden Offizieren, die das Schiff am Abend vorher besucht hatten: Kapitän Varela und Kapitän Fontana. Obwohl ihr Bericht und ihre Empfehlungen für Langsdorff lebenswichtig waren, war dennoch ein großer Teil des Schadens vor ihnen versteckt worden. Die Verantwortung dafür trugen die Gestapo und Dr. Goebbels Propagandaapparat. Der Stolz und das Prestige Deutschlands standen nicht im Einklang mit den harten Tatsachen. Der Kommission wurden manche Schäden nur im Vorbeigehen gezeigt, und viele andere waren bereits vorher getarnt worden. Nachts zuvor hatten sie wenig sehen können, und ihr Haupteindruck waren die Verluste an Menschenleben gewesen, der Anblick der Toten und Verwundeten. Man führte vor ihnen ein großes Theater wegen der Schäden an den Kombüsen und Vorratslagern auf, während über den viel schwereren Schaden an der Frischwasseranlage kein Wort verloren wurde. Die wenigen Treffer, die nicht zu verheimlichen waren, vor allem diejenigen in der Nähe der Wasserlinie, wurden von den Deutschen selbst als unbedeutend abgetan. Als die Kommission sich verabschiedete, befand sie sich im guten Glauben, daß die Schäden viel geringer seien, als sie in Wirklichkeit waren.

Sowohl bei ihrer Ankunft als auch beim Verlassen des Schiffes wurden sie mit der Ehrerbietung und dem Zeremoniell behandelt, die sich die Mächte untereinander bei solchen Gelegenheiten schuldig sind. Wie sehr auch der deutsche Botschafter vorher versucht hatte

Dr. Guani einzuschüchtern, so wußte Kapitän Langsdorff doch, der als Seemann noch in der Tradition der Kaiserlichen Deutschen Marine erzogen worden war, wie er sich zu benehmen hatte. Er hatte sich mit seinen Offizieren neben dem Fallreep auf dem Achterdeck aufgestellt, und es war auch eine Ehrenwache da. Nachdem Langsdorff die Kommission begrüßt hatte, plauderte er noch eine Weile mit Varela und erklärte ihm, daß das Schiff eine Frist von zwei Wochen für die Reparatur im Hafen benötige. Er wünsche zu wissen, welche Frist man ihm bewilligen wolle, da das Leben des Schiffs davon abhänge.

Wir haben schon früher gesagt, weshalb Varela zu ganz anderen Schlüssen gekommen war. Er hatte Achtung für Langsdorff, aber da man ihm nicht alles gesagt hatte, sah er keinen Grund seine Meinung zu ändern. Er war ein Mann von strengen Grundsätzen, und wie die übrigen Vertreter seiner Regierung handelte er durchaus im Geiste völliger Neutralität. Er betonte stets, daß kein Druck von irgendeiner ausländischen Macht ihn beeinflussen könne. Er erklärte Langsdorff, daß es nicht in seiner Macht stehe, zu entscheiden, wieviel Zeit man ihm bewilligen werde. Er könne nicht mehr, als seiner Regierung Bericht erstatten, die Entscheidung aber werde von ihr gefällt. Langsdorf nickte und stellte sich wieder zu seinen Offizieren. Beide Parteien salutierten, und die Uruguayer kehrten wieder auf die *Lavelleja* zurück, wo sie nochmals in militärischer Haltung grüßten, während die Korvette vom Schiff absetzte. Wie die Deutschen trugen die Offiziere der Kommission große Uniform und Säbel.

Nach der Landung des Wasserflugzeugs von Buenos Aires gab es eine ärgerliche Verzögerung. Das Motorboot, das hätte bereitliegen sollen, war nicht da, weil es Schaulustige zur *Graf Spee* gefahren hatte. Sobald er an Land war, nahm McCall ein Taxi und ließ sich zur britischen Gesandtschaft fahren, die am Rande eines Parks außerhalb der Stadt in einer freundlichen Villa mit eigenem Garten untergebracht war. Er fand Millington-Drake an seinem Schreibtisch; vor ihm lagen sämtliche Bücher über internationales Recht ausgebreitet. Und im Augenblick, als die uruguayische Expertenkommission an Land ging, begann der britische Gesandte seine Taktik zu erklären:

»Alles läuft auf folgendes hinaus: nach internationalem Seekriegsrecht kann kein Kriegsschiff einer kriegführenden Macht länger als vierundzwanzig Stunden in einem neutralen Hafen bleiben, ohne interniert zu werden. Darüber hinaus kann nur noch die Notstandsklausel herangezogen werden. Wenn die Deutschen sich darauf berufen und um Zeit bitten, um das Schiff wieder seetüchtig zu machen, werde ich mich dem mit allem Nachdruck widersetzen.«

McCall fragte: »Werden die Franzosen uns unterstützen?«

»Gewiß. Darauf können Sie sich verlassen. Wir besprechen gemeinsam jeden Schritt — aber wir gehen getrennt vor.« Er lächelte: »Sie kennen Monsieur Gentil, nicht wahr? Frankreichs Prestige ist bei ihm in den besten Händen. Das idealste wäre natürlich, wenn Uruguay drohen würde, die *Graf Spee* nach vierundzwanzig Stunden zu internieren, was das Schiff direkt in die Arme von Harwood treiben würde. Aber ich fürchte, darauf dürfen wir nicht hoffen. Sie sind verpflichtet, ihnen eine Fristverlängerung zu gewähren. Wie lange, hängt vom Bericht der Kommission ab.«

McCall sagte: »Ich möchte nur wissen, was Harwood vorhat.«

»Die Admiralität steht mit ihm über die Falklandinseln stündlich per Code in Verbindung. Sie könnten dasselbe tun.«

»Das würde nicht genügen. Ich muß ihn persönlich sprechen.«

Millington-Drake zog die Augenbrauen hoch: »Auf See? Wird das nicht ein bißchen schwierig sein?«

McCall murmelte: »Ray Martin wird einen Weg finden.«

Der Minister schaute beunruhigt auf und sagte: »Lassen Sie mich bloß aus Ihren abenteuerlichen Manövern heraus. Meine Sache ist die politische Seite ... Ich vermute, Sie lassen die *Graf Spee* beobachten?«

McCall antwortete: »Das tut Ray Martin.« Es klopfte, und Miß Esther Shaw, die »graue Eminenz« der britischen Politik in Uruguay, steckte ihren Kopf durch den Türspalt.

»Herr Minister! Haben Sie die Menschenmenge draußen gesehen? Ich fürchte, wir müssen um Polizeischutz bitten.«

Die beiden Männer gingen ans Fenster, und Millington-Drake trat auf den Balkon hinaus. Er wurde mit einem Geschrei begrüßt, mit dem gewöhnlich nur Filmstars empfangen werden. Er fuhr zurück, denn obwohl er enorm beliebt war, war er doch ein bescheidener Mann, und nachdem er schüchtern à la »König auf dem Balkon« mit der Hand gegrüßt hatte, zog er sich hastig in die Sicherheit seines Büros zurück. Das

Telephon auf seinem Schreibtisch summte, und Miß Shaw hob den Hörer ab.

»Ja? Wer spricht? — Er will seinen Namen nicht nennen? Ja, Captain McCall ist hier. — Also gut, stellen Sie die Verbindung her.«

Unterdessen wanderte der Gesandte kopfschüttelnd hin und her. »Was in aller Welt sind denn das für Leute? So was hab' ich in Montevideo noch nie gesehen. Und dazu noch so früh am Morgen!«

»Sie wollen Ihnen ihre Hochachtung für die großartige Arbeit zeigen, die Sie hier geleistet haben, Herr Minister«, sagte Miß Shaw entschieden. Und man merkte ihr an, daß sie sich in dieses Kompliment mit einschloß — und mit Recht. »Ich habe Erkundigungen eingezogen. Diese Leute sympathisieren mit den Briten und möchten es Ihnen zeigen und ihre Dienste für die alliierte Sache anbieten.«

Damit war alles gesagt. Wie ein tüchtiger Direktor hatte sie mit zwei energischen Sätzen die ganze Situation aufgerollt und erledigt. Millington-Drake sagte: »Ah«, und es klang reichlich matt, wenn auch Befriedigung mitschwang.

McCall sagte munter: »Schreiben Sie ihre Namen auf, Miß Shaw. Wir können sie später auf ihre Zuverlässigkeit prüfen. Wir müssen die *Graf Spee* während der nächsten vierundzwanzig Stunden beobachten lassen und brauchen eine Menge Freiwillige.«

Miß Shaw nickte und sprach darauf ins Telephon: »Ja. Hier ist das Zimmer des Herrn Ministers. Ja, Captain McCall ist hier. Wer ist da? — Ja, aber mit wem spreche ich? — Also gut.«

Sie verdeckte den Hörer mit der Hand und sagte im nachsichtigen Ton einer Mutter, deren Kinder Räuber und Polizei spielen: »Es ist Mr. Martin, Captain McCall. Er will seinen Namen nicht nennen, aber ich kenne seine Stimme.«

»Eins zu null für Sie, Miß Shaw. Möchten Sie eine Zigarre oder eine Tüte Nüsse?« Miß Shaw gegenüber war McCall immer zu Jungenstreichen aufgelegt. Zum Glück hatte sie eine Schwäche für Seeoffiziere und antwortete: »Nüsse, bitte. Paranüsse«, übergab ihm den Hörer und rauschte genauso wirkungsvoll aus dem Zimmer, wie sie gekommen war.

Ray Martin befand sich im Hafen. Wie Mike, hatte auch er ein gutes Auge für den besten Standort. Doch war es nicht so sehr die *Graf Spee*, die ihn interessierte, als die Leute, die sie besuchten. Er hatte sich in einem Schuppen mit einem großen Fenster postiert, von wo aus er den ganzen Hafen überblicken und jede Bewegung zwischen dem Panzerschiff und dem Ufer beobachten konnte. Das Haus mag einem Schiffshändler oder einem Hafenkontrolleur gehört haben, es mochte auch ein Zollbüro sein oder alles zugleich, Ray Martin hat sich darüber ausgeschwiegen, und es ist nicht anzunehmen, daß er jemals seine Memoiren schreiben wird. Jedenfalls war dieser Schuppen vier Tage und drei Nächte lang Martins Ausguck, und von diesem Platz aus hatten er, McCall und alle andern, die an dem verruchten Plan beteiligt waren, ihre Beute Tag und Nacht vor Augen.

So unscheinbar wie immer saß Ray Martin kettenrauchend inmitten eines Meeres von alten Zeitungen und warf die halbgerauchten Stummel in eine alte Dose, die er unweigerlich verfehlte. Er gehörte zu den Leuten, die im Bett und in der Badewanne rauchen. Weder seine Freunde noch seine unsichtbaren Arbeitgeber sahen in ihm ein gutes Versicherungsrisiko, aber merkwürdigerweise schien ihm nie etwas zu passieren. Wenn man sich damals in Montevideo um einen neuen Telephonanschluß bewarb, mußte man mindestens sechs Monate auf die Installation warten, doch Ray Martin hatte es auf unbekannten Wegen fertiggebracht, daß er schon zwei Stunden nach seinem Einzug angeschlossen wurde. Ein Seefernrohr stand auf einem Ständer neben ihm und war auf das Steuerbordfallreep der *Graf Spee* eingestellt, wo alle offiziellen Besucher empfangen wurden. Mit einem seiner weit aufgerissenen hellen Augen starrte er durch das Glas, während er auf McCall am anderen Ende der Leitung wartete.

Eben sagte er, ohne das Fernrohr vom Auge zu nehmen: »Sind Sie's McCall? Unsere Freunde haben Ihren Bericht bereits bei der zuständigen Stelle abgegeben. Er wird zur Zeit studiert — zwei Wochen, sagt mein Gewährsmann — ja. Kommen Sie nur so bald wie möglich her ... Unser alter Freund Langmann ist gerade zum zweitenmal an Bord gegangen ... Langsdorff. Ja. Ich kann ihn sehen. Ich glaube, der ist große Klasse.«

McCall erwiderte: »Ich bin noch vor dem Lunch unten. Ja, ich werde ein paar Sandwichs mitbringen«, und hängte auf. Dann bemerkte er gedankenvoll: »Martin sagte, sie hätten offiziell um zwei Wochen für Instandsetzungsarbeiten gebeten. Glauben Sie, man wird sie ihnen bewilligen?«

»Nicht, wenn ich es verhindern kann«, war Millington-Drakes Entgegnung. »Was haben sie wohl vor?«

McCall überlegte: »Ich vermute, sie wollen uns alle einlullen, und wenn wir nicht mehr aufpassen, werden sie plötzlich ausbrechen«, meinte er. »Unsere beiden

Kreuzer sind den Geschützen der *Graf Spee* natürlich nicht gewachsen, aber sie sind schneller, und sie werden den Tanker in ihrer Nähe behalten. Die *Spee* wird ihre Ölbunker ebenso voll haben wie wir. Aber die *Altmark* wird ihr diesmal nicht mehr beistehen können. Harwood wird sie nie aus den Augen lassen, wenn er weiß, wann sie ausläuft. Langsdorff einzige Chance besteht nun darin, daß er selbst die Wahl hat, in welcher der Nächte, die ihm zur Verfügung stehen, er ausbrechen will, und daß er dann im Schutz der Dunkelheit in die offene See hinausgelangt. Kann sein, daß ihm das gelingt. Man muß hier mit dem menschlichen Faktor rechnen. Die Anstrengung ist für die Wächter enorm, während das Opfer sich seine Zeit aussuchen kann. Ja, ich bin sicher, daß das sein Plan ist. Unsere Aufgabe besteht darin, ihn hinauszujagen oder ihn innerhalb vierundzwanzig Stunden internieren zu lassen — wenn möglich. Was Neues gehört von der *Cumberland*? Sie könnte unsere Chancen immerhin verbessern.«

Das letzte, was wir von der H.M.S. *Cumberland*, einem Kreuzer mit drei Schornsteinen, gehört haben, war am Morgen der Schlacht; sie lag in den Falklandinseln zur Kesselreinigung und konnte kaum vor zehn Tagen wieder im Dienst erwartet werden. Sie war das einzige Großkampfschiff, das sich in brauchbarer Nähe befand, und mit ihren 8-Zoll-Rohren hätte sie für Harwoods kleinen Verband eine gewaltige Verstärkung bedeutet.

»Nichts weiter«, erwiderte Millington-Drake. »Sie hat wohl Funkverbot. Wie sie wissen, hat die Admiralität ihr Order gegeben, von den Falklandinseln hierherzukommen. Aber vermutlich kann sie auch im besten

Fall nicht vor dem Wochenende hier sein, nicht wahr?«

»Wohl kaum«, brummte McCall. »Aber Sie haben meine Frage nicht beantwortet. Glauben Sie, daß unsere Regierung Guani so unter Druck setzen kann, daß er die *Graf Spee* hinauswirft?«

»Sie fragen viel«, sagte Millington-Drake trocken, »aber Sie können darauf zählen, daß wir unser Bestes tun. Jede Stunde werden amtliche Noten überreicht — natürlich auch von der Gegenseite. Inzwischen wird der Bericht der Expertenkommission besprochen. Die entscheidende Unterredung zwischen Guani und Langmann ist um 7 Uhr.« Er gestattete sich ein Lächeln: »Unser französischer *Allié* ist um 5 Uhr bei ihm angemeldet, und ich um sechs; er wird also für jene Unterredung aufs beste vorbereitet sein.«

Die letzte Bemerkung war ein bißchen zynisch, doch es war ja selbstverständlich, daß die Alliierten jedes Druckmittel versuchten, um Uruguay zu veranlassen, dem gejagten Schiff die Tür zu weisen. Deutschland versuchte mit den gleichen Mitteln, eine Verlängerung der Frist zu erwirken. Die Alternative hieß Internierung. Auf der anderen Seite wünschte Uruguay, den unwillkommenen Besucher so rasch und so höflich wie möglich wieder loszuwerden. Gewiß, wenn man das internationale Seekriegsrecht nach den Buchstaben interpretieren wollte, mußte die *Graf Spee* nach Ablauf von vierundzwanzig Stunden (das heißt am nämlichen Tage nach Sonnenuntergang) den Hafen wieder verlassen, doch da waren auch die Regeln des Anstands in den internationalen Beziehungen zu beachten. Es war ein bißchen Aufschneiderei mit dabei, wenn Millington-Drake sich McCall gegenüber seines unnachgiebigen Drucks auf Dr. Guani rühmte. Es stimmte zwar, aber Millington-Drake war ein Mann von ausgeprägtem Taktgefühl, und niemand wußte besser als er, daß Guani trotz seiner Sympathien, aus denen er kein Hehl machte, und trotz des sehr starken deutschen Einflusses in Südamerika, vor allem bei Uruguays nächsten Nachbarn jenseits des La Plata, ein Mann von großen persönlichem und sittlichem Mut war und daß sein Land sich jederzeit darauf verlassen konnte, daß er alle Entscheidungen mit strikter Unparteilichkeit und so entschlossen traf, als wäre er der Außenminister einer Großmacht. Da Uruguay ein gut regiertes Land war, wußten seine Kollegen in der Regierung darüber Bescheid, und wenn sie einen Beschluß gefaßt hatten, ließen sie ihn selbständig handeln.

Am selben Abend, kurz vor 7 Uhr, verabschiedete sich Millington-Drake unter vielen höflichen Verbeugungen und netten Worten vom Außenminister und entdeckte, daß bereits Dr. Langmann und Kapitän Langsdorff im Vorzimmer warteten. Der britische Gesandte tat, als sehe er die beiden nicht, warf aber im Vorbeigehen einen heimlichen Blick auf den deutschen Kapitän. Er konnte einfach nicht widerstehen. Er dachte sofort, daß dieser Bursche wie ein erstklassiger aktiver Offizier aussah und jeder Zoll ein Seemann war. Langsdorff trug seine weiße Galauniform, die ihm mit ihren goldenen Streifen ausgezeichnet stand. Der deutsche Gesandte hatte sich gesetzt, doch der deutsche Seemann stand aufrecht da und sah gerade vor sich hin, und mit der einen Hand klopfte er leicht und ungeduldig an seinen Säbelgriff. Obwohl Millington-Drake gerade vor ihm vorbeiging, schien er ihn nicht zu bemerken. Vielleicht hatte er ihn wirklich nicht gesehen. Seine Gedanken waren weit fort. Millington-Drake war beeindruckt und, wie er später zugab, ergriffen. Doch das gestand er erst viel später ein, denn in der Diplomatie zählen Gefühle nicht anders denn als Zählmarken beim Spiel: etwas, das jeder beim Gegner auszubeuten, bei sich selbst aber zu verbergen sucht. Dennoch, dieses Mannes Ruf, seine Menschlichkeit und gute Seemannschaft hatten bereits ihren Eindruck auf die Welt gemacht, und nun stand er da, schlank, feurig, blaß und viel jünger, als Millington-Drake erwartet hatte. Was mochte ihm wohl durch den Sinn gehen, fragte sich der Engländer.

Es war noch eine oder zwei Minuten vor der verabredeten Zeit. Guani klingelte, und der Sekretär ging hinein. Man hörte mehrere Stimmen murmeln. Die beiden Deutschen warteten geduldig. Keiner schaute den anderen an; es gab nichts mehr zu besprechen. Punkt 7 Uhr erschien der Sekretär wieder, sperrte die Türen weit auf und meldete sie an. Nach ein paar eher steifen Verbeugungen unter der Tür traten sie ein, Langmann voran.

Dr. Guani war bereits aufgestanden, um seine Besucher zu empfangen. Langmann hob ein wenig die Hand, à la Ribbentrop, was als Nazigruß für eine kleine Nation zu gelten hatte, und sagte: »*Señor Ministro,* Sie kennen doch Kapitän Hans Langsdorff, den Kommandanten der *Admiral Graf Spee?*«

Langsdorff grüßte. Guani verneigte sich und sagte: »Bitte setzen Sie sich, meine Herren. Lassen wir die Förmlichkeiten!«

Langsdorff warf ihm ein kurzes Lächeln zu, fuhr aber fort, in einiger Entfernung von den beiden Politikern hin und her zu gehen, als wäre er auf der Brücke seines Schiffs. Langmann setzte sich vorsichtig auf das unbequeme Sofa und sagte: »Ihre Exzellenz ist über den Tatbestand unterrichtet?«

Guani parierte den Vorstoß elegant: »Lassen Sie mich sehen, ob wir alles richtig beisammen haben.« Er setzte seine Brille auf, suchte auf seinem Schreibtisch, griff zu einem Blatt Papier und las laut vor: »Gestern früh fand auf der Höhe von Punta del Este eine Seeschlacht statt. Der deutsche Taschenpanzerkreuzer *Admiral Graf Spee* wurde von drei britischen Kreuzern, der *Exeter,* der *Ajax* und der *Achilles* zum Kampf gestellt. Im Laufe dieses Gefechts errang das deutsche Kriegsschiff einen Sieg. Der britische Kreuzer *Exeter* wurde kampfunfähig geschossen, und die beiden anderen britischen Kreuzer ergriffen die Flucht. Die *Graf Spee* erhielt ein paar geringfügige Treffer ...«

Langsdorff unterbrach jäh seine Wanderung und schaute seinen Gesandten vielsagend an. Langmann schluckte und stieß dann hastig hervor: »Das ist nicht ganz richtig.«

»Wie?« fragte Guani.

»Nein, die *Graf Spee* hat schwere Schäden erlitten. Sie kann so nicht in See gehen.«

Mit gespieltem Erstaunen rief Guani: »Aber ich zitiere ja nur das amtliche Kommuniqué Ihrer eigenen Regierung, wie es Ihre eigene amtliche Agentur, das Deutsche Nachrichtenbüro, heute um 13.15 Uhr veröffentlicht hat.«

Langmann zwang sich über den Scherz des Ministers zu lächeln, und erklärte mühsam: »Ihre Exzellenz weiß, daß man im Kriege bei amtlichen Bekanntmachungen auf die psychologische Seite, auf die Moral der Bevölkerung, die — aber Sie scherzen natürlich, Exzellenz.«

Guani lächelte höflich und wartete, ob der deutsche Botschafter weitersprechen wolle, dieser hatte aber nichts mehr beizufügen. Und so wandte sich der Außenminister an Langsdorff, der in regungslosem Schweigen dem Wortgefecht der beiden Diplomaten zugehört hatte, und stellte ihm folgende direkte Frage: »Kapitän Langsdorff, wie schwer ist nach Ihrer Meinung der tatsächliche Schaden, den Ihr Schiff erlitten hat?«

Langsdorff überlegte sorgfältig, bevor er antwortete: »Meine Kombüsen sind zusammengeschossen. Ich kann meine Leute nicht ernähren. Was die übrigen Schäden betrifft — Sie haben ja eine Expertenkommission an Bord geschickt, der ich Gelegenheit gegeben habe, sich ihre eigene Meinung zu bilden.«

Guani nickte und erwiderte, sich wieder direkt an Langsdorff wendend: »Ihr Bericht liegt mir vor. Wieviel Zeit glauben Sie zu benötigen, um Ihr Schiff seetüchtig zu machen?«

Das war eine klare Frage, und sie verlangte eine klare Antwort. Langsdorff runzelte die Stirn, während er in Gedanken einen raschen Überschlag machte. Doch bevor er antworten konnte, fiel Langmann rasch ein und sagte entschieden: »Nach meiner eigenen Schätzung zwei bis drei Wochen.« Er machte eine Pause und wiederholte dann mit bedeutungsvollem Nachdruck: »Mindestens zwei Wochen«, und schaute den Außenminister fest an.

Guani sagte: »Meine Kommission schlägt achtundvierzig Stunden vor.«

Der Schlag saß. Langmann bekam fast einen Herzschlag, und Langsdorff erwiderte scharf: »Aber Exzellenz! Allein am Oberbau befinden sich vierundsechzig Einschläge.«

Guani blickte gelassen in den Bericht, der vor ihm lag, und entgegnete: »Fünfundsechzig!«

Die beiden Deutschen wechselten einen höchst erstaunten Blick. Der kleine Außenminister stand auf und erklärte kühl und förmlich: »Auf Grund dieses Berichtes sowie auf Ersuchen Ihrer Regierung um Verlängerung der 24-Stunden-Frist unter Berufung auf die Notstandsklausel des Haager Abkommens ist meine Regierung bereit, die Frist auf zweiundsiebzig Stunden auszudehnen, damit Ihr Schiff, die *Admiral Graf Spee*, wieder seetüchtig gemacht werden kann. Die Frist läuft Sonntag, den 17. Dezember, 8 Uhr abends ab ...« Er hielt inne, denn Langmann hatte plötzlich eine heftige Bewegung gemacht, als wolle er aufspringen. Die Adern auf seiner Stirn waren angeschwollen. Er starrte fassungslos auf diesen kleinen Mann, der es wagte, die ausdrücklichen Wünsche des Großdeutschen Reiches wie etwas Alltägliches, ganz Ungefährliches abzutun. Er versuchte zu sprechen, aber Guani hielt ihn mit seinem Blick fest und fuhr mit völlig veränderter Stimme fort: »... sie verbietet jedoch, gemäß Artikel 13 des Haager Abkommens, irgendwelche Reparaturen vorzunehmen, welche die Kampfkraft des Schiffes erhöhen könnten.«

Langsdorff senkte den Kopf und schwieg. Er wußte — für sein Schiff war das ein Todesurteil.

Langmann und Guani starrten sich an. Der Deutsche senkte als erster die Augen. Er blickte zu Langsdorff hinüber, dann wieder zu Guani. Er brachte kein Wort über die Lippen. Er war in einer Lage, die seine Vorgesetzten nicht vorgesehen hatten, und er sah keinen Ausweg. Ein Kraftmensch von Natur, war er auf einen solchen Schlag — und noch dazu von diesem kleinen Gegner — nicht vorbereitet. Guanis Augen fixierten ihn freundlich, aber unerbittlich; hinter ihm an der Wand hing das Porträt von Artigas, und hinter diesem Bild stand unsichtbar die ganze Gewalt des Rechts und der Demokratie. Die Stimme des deutschen Botschafters klang seltsam schwer, als er schließlich sagte: »Ich protestiere energisch!«

Guani erwiderte kalt: »Ich nehme Ihren Protest zur Kenntnis.« Dann drückte er auf die Klingel und bat seinen Sekretär, die Besucher hinauszubegleiten.

Als sie gegangen waren, trat er ans Fenster und blieb dort lange in Gedanken verloren stehen, die Hände hinter dem Rücken. Eben ging die Sonne unter, und überall flammten die Lichter der Stadt auf. Vielleicht war das ein Symbol für das geschichtliche Ereignis, das soeben stattgefunden hatte? Guani stand lange Zeit da, und viele Dinge gingen ihm durch den Kopf, während das Zimmer sich langsam in Dunkel hüllte und weit draußen auf dem La Plata die schattenhaften Umrisse der beiden Jäger, die auf ihre Beute lauerten, deutlicher wurden.

Das letzte Ereignis dieses ereignisreichen Donnerstags geschah um 22 Uhr, als der luchsäugige Swanston, der anscheinend im Finstern genauso gut sehen konnte wie bei Tag, meldete: »Peilung Rot drei-acht.«

Die beiden Kreuzer hatten den Hafen von Montevideo etwa vier Seemeilen vom Land abgeriegelt, um ganz sicherzugehen, daß ihnen die *Graf Spee* nicht entwischte, falls sie auslaufen sollte. Sie kreuzten mit rund acht Kabellängen Abstand voneinander, unter normaler Alarmbereitschaft. Die Nacht war dunkel, aber klar, und die Sicht mit den Ferngläsern betrug rund zwei Meilen — für normale Augen. Swanstons dunkler

Gegenstand mochte etwa drei oder vier Meilen entfernt sein, doch wenn es überhaupt ein Schiff war, was da von Südosten ohne Licht herankam, dann konnte das nur ein Kriegsschiff sein. Über dem Wasser trägt der Schall, vor allem nachts, sehr weit, und Swanston senkte deshalb seine Stimme zum Flüsterton, was seine Worte unheimlicher tönen ließ, als sie gemeint waren.

Obwohl bloß normale Alarmbereitschaft herrschte, befand sich Captain Woodhouse auf der Brücke. In den Nächten, seit sie vor Montevideo kreuzten, hatte er fast immer dort geschlafen. Ebenso machte es Parry, dessen Beine so steif waren, daß er sowieso nicht viel schlief. Er hatte sich einen Liegestuhl auf die Brücke der *Achilles* bringen lassen, in dem er ab und zu für kurze Zeit einschlief. Seine Wunden schmerzten sehr, heilten aber gut. Er war nicht sehr beweglich, konnte aber doch ein bißchen umhergehen.

Auf Swanstons Meldung hin richtete sich jedes Fernglas auf der *Ajax* nach Steuerbord, und der Feuerleitstand begann sich zu drehen. Die Meldung bestätigte sich. Ein großes Schiff kam südlich von der Englischen Bank her. Auch Commodore Harwood, dem man die Anwesenheit eines unbekannten Schiffes gemeldet hatte, kam auf Deck. Woodhouse befahl mit leiser Stimme: »Alarm Steuerbord. Klarmachen auf Anruf.«

Und zum Signalmeister sagte er: »Meldung an *Achilles:* ›Alarm Steuerbord. Peilung Rot drei-acht. Ein dunkler Gegenstand‹.«

Abgeblendete Signallichter blinkten von Schiff zu Schiff, während die Geschütztürme herumschwangen. Alles geschah fast lautlos, und die Befehle wurden im Flüsterton weitergegeben, während die beiden Schiffe weiterhin mit zwölf Knoten durchs Wasser glitten. Die Spannung war fast unerträglich. Alles starrte hinaus in die Dunkelheit, um das sich nähernde Schiff zu erkennen. Aus dem Feuerleitstand meldete der Artillerieoffizier durch das Sprachrohr auf die Brücke: »Ziel erfaßt!« und gab den Panzertürmen Befehl, zu laden und feuerbereit zu machen.

Dies alles hatte sich in wenig mehr als einer Minute abgespielt. Dann meldete der Artillerieoffizier mit leiser, aber deutlicher Stimme: »Captain, Sir! Alles feuerbereit!«

Woodhouse sah Harwood fragend an. Der nickte stumm. »All right, A.O.«, sagte Woodhouse durchs Sprachrohr. Dann befahl er dem Signalmeister, der neben ihm stand: »Anrufen!«

Es war ein atemberaubender Moment. Der Signalmeister hatte dieselbe abgeschirmte Richtsignallampe in der Hand, mit der er zur *Achilles* hinüber signalisiert hatte. Jetzt hob er sie, sichtete das fremde Schiff und gab ein kurzes Lichtsignal. Das Knacken des Lampenverschlusses klang unnatürlich laut in der atemlosen Stille. Jetzt war es heraus. Als Antwort konnte sehr wohl eine volle Breitseite kommen. Der A.O. hielt den Daumen auf die Feuerglocke. Dann begann in der Dunkelheit ein Lichtsignal herüberzublinken. Die Antwort kam auf englisch und lautete: *»Cumberland an Ajax. Bedaure, aber ich bin fremd hier.«*

Zur gleichen Zeit meldete der Leitstand, daß der fremde Schatten als ein Kreuzer mit drei Schornsteinen ausgemacht sei.

Die Spannung löste sich in befreites und belustigtes Lachen auf, und Harwood sagte: »Das ist ein Wunder!«

Woodhouse nickte. »Wunder oder nicht, Sir, wir können sie auf jeden Fall brauchen.«

Derselbe Gedanke, nur mit etwas anderen Worten, wurde auf der *Achilles* laut, als Washbourn, der romantische Realist, zu Parry bemerkte: »Die gute, alte *Cumberland.* Sie wird das erste Ziel sein, wenn die *Spee* ausläuft. Aber während sie ihre Ziegel auf die *Cumberland* schmeißt, können wir 'ran und sie torpedieren.«

»Fragen Sie sie, wie, zum Donnerwetter, sie es fertiggebracht hat, in fünfunddreißig Stunden über tausend Meilen zurückzulegen«, rief Harwood, der noch immer nicht begreifen konnte, daß er jetzt einen weiteren 8-Zoll-Kreuzer hier zu seiner Verfügung hatte. Das Signal ging hinüber und wurde bestätigt.

»*Cumberland* antwortet, Sir«, meldete der Signalmeister.

Der Kapitän der *Cumberland* war ein Meister des lakonischen Stils, wie seine Antwort bewies: *»Nase.«*

KAPITEL XI

FREITAG

»Es ist Mitternacht, Bill«, sagte Mrs. Thompson zu ihrem Mann, »Zeit, den General zu wecken!«

Bill Thompson, ein Brauereiingenieur, nahm das Fernglas von den Augen, nickte, gähnte, öffnete die Tür seines Wagens und kletterte steif von seinem Sitz. Er musterte kritisch die voll aufgeblendeten Scheinwerfer und sagte: »Batterie muß aufgeladen werden. Laß den Motor an, Darling.«

Mrs. Thompson drückte auf den Anlasser und der Dodge sprang an. Bill wanderte die lange Reihe der Wagen entlang, die dicht nebeneinander am Kai standen und mit ihren Scheinwerfern zur *Graf Spee* hinüberleuchteten. Am Donnerstagabend hatte das Schiff vom Außen- in den Innenhafen verholt, um die Reparaturen zu erleichtern, die Tag und Nacht weitergingen. Sie lag jetzt nur wenige hundert Meter vom Kai. Ihre eigenen Lichter waren repariert, und um sie herum lagen dichtgedrängt Schlepper und Leichter, auf denen ebenfalls Lampen brannten. Überall wurde geschweißt. Die Autoscheinwerfer illuminierten das Schiff vom Vorder- bis zum Achtersteven. Sie sah aus wie ein Filmstar im Rampenlicht. Die Besitzer der Wagen, durchwegs Freiwillige und Mitglieder der britischen Kolonie hielten schichtweise Wache; die einen saßen mit ihren Ferngläsern vorn, während die anderen hinten schliefen. Bill Thompson kam zu einem altmodischen Rolls Royce am Ende der Reihe. Er sah in das üppige Wageninnere, in dem General Bowes, ein stattlicher pensionierter Militär, auf der roten Lederpolsterung schlummerte, eingerahmt von silberbeschlagenen Sprachrohren, Zigarrenabschneidern, Toilettenkästchen, Spiegeln und Blumenvasen. Er blieb eine Weile vor diesem herrlichen Anblick stehen, aber Pflicht ist Pflicht. Er lehnte sich über den Führersitz, auf dem der Chauffeur laut schnarchte, preßte seine Lippen an das Hartgummimundstück des altertümlichen Sprachrohrs und ahmte den schmetternden Klang eines Trompetensignals nach. Der General erhob sich verschlafen, und der Chauffeur fuhr erschreckt auf und stieß seinen Kopf an. Bill sagte freundlich: »Aufwachen, General! Sie sind jetzt an der Reihe.« Aber der General war bereits munter und stieg aus dem Wagen. Bill übergab ihm das Fernglas und sagte: »Ihre Wache läuft bis 2 Uhr. Dann müssen Sie Mrs. Attwater wecken, die Sie ablösen wird.«

»Großartig! Hätte nie gedacht, daß ich Mamie Attwater eines Tages um 2 Uhr früh aus dem Bett holen würde«, kicherte der General. »Zeigt wieder mal, was der Krieg alles für einen tun kann. Irgendwelche besonderen Vorkommnisse?«

»Die Arbeiten gehen ununterbrochen weiter«, berichtete Thompson. »Der deutsche Botschafter ist eben an Bord gegangen.«

»Ha!« sagte der General nachdenklich. »Haben Sie das den Burschen vom Secret Service gesagt?«

Thompson bejahte, und mit einer Kopfbewegung in Richtung von Ray Martins Ausguck meinte er: »Aber denen dort entgeht nicht viel.«

Martin und McCall aßen Sandwichs und tranken

starken Tee, den sie sich auf einem Primuskocher gekocht hatten. McCall hatte Wache und hielt das große Fernrohr auf die hell erleuchtete *Graf Spee* gerichtet. Ray Martin lag auf einem wackeligen Rohrstuhl, starrte die Zimmerdecke an und berichtete zwischen zwei Bissen von seinem letzten Erlebnis.

»Ich traf ihn in seinem Büro, und er sah verdammt abweisend aus. Ich sagte: ›Chemineau, ich möchte Ihre Werft bis Sonntagabend mieten.‹ Er sagte, sie sei nicht zu haben. Ich sagte: ›Ich verdopple jedes Angebot, das Ihnen gemacht wird.‹ Er sah mich an, als wollte er auf mich losgehen und sagte: ›Nicht nötig, Señor Martin. Ich habe das deutsche Angebot bereits abgelehnt.‹«

McCall brummte: »Ein hartnäckiger Bursche. Haben Sie ihn gefragt, warum?«

Martin erwiderte: »Nein. Was geht's mich an, solange er sich weigert.« Er kaute an seinem Sandwich und fügte hinzu: »Er erzählte es mir trotzdem. Er hatte zwei Gründe.«

»Welche?«

»Der erste ist, daß sein Großvater Franzose war. Ich sagte, nur um ihn aufzuziehen: ›Aber Sie sind ja gar nicht Franzose. Sie sind Uruguayer.‹ Er sah mich sauer an und sagte: ›Das ist mein zweiter Grund.‹«

McCall nickte: »Ja. Die Uruguayer sind schon in Ordnung. Sie mögen die Nazis ebensowenig wie wir. — Und was geht in Buenos Aires vor?«

»Ein Schlepper ist unterwegs hierher — Hamburg-Amerika-Linie — bringt Stahlplatten und Schweißapparate — wird gegen Morgen hier sein.«

McCall bemerkte resigniert: »Wenn ich der uruguayische Staat wäre, dann würde ich ein Embargo auf die Ware legen, sobald sie im Hafen eintrifft.«

Martin murmelte: »Das bringt mich auf eine Idee«, und nach einigem Nachdenken fügte er hinzu: »Mir macht nämlich die *Tacoma* Sorge.«

McCall wiederholte: »Die *Tacoma*? Das ist doch der große deutsche Frachter, der hier seit einiger Zeit vor Anker liegt?« Martin nickte.

»Was ist damit?«

»Sie könnte ihnen auf verschiedene Arten dienen. Als Köder oder um Meldungen weiterzugeben oder sogar um jemanden an Bord zu schmuggeln. Sie könnte ihnen sogar sehr nützlich sein. Der Kapitän ist ein Säbelraßler und wird sicher alles tun, was sie von ihm verlangen. Ich werde ihn im Auge behalten. Wenn wir eine gute Ausrede finden, können wir sie vielleicht sogar wegen aktiver Hilfeleistung an ein Kriegsschiff einer kriegführenden Nation interniert bekommen«, fügte Martin vergnügt hinzu. Intrigen dieser Art waren für ihn eine wahre Lust.

McCall meldete: »Langmann geht gerade von Bord.«

»Sie haben wohl das Begräbnis für die Gefallenen besprochen. Sie wollen eine große Sache daraus machen. Haben ja auch recht, gibt nichts Besseres als ein Begräbnis, um Sympathien zu sammeln«, meinte Martin zynisch.

»Wann ist es? Morgen?«

»Heute«, antwortete Martin und schaute auf seine Uhr, »16 Uhr.«

Sie schwiegen längere Zeit, während McCall zusah, wie Langmann an Land ging und wegfuhr und Martin an die Decke starrte. Plötzlich brach Martin die Stille mit der Bemerkung: »Wir sollten eigentlich mehr tun.«

»Ganz meine Meinung«, erwiderte McCall lebhaft. »Harwood möchte, daß wir zum Angriff übergehen.

Er hat seine Schlacht auch nur durch Angriffsgeist gewonnen. Er möchte, daß wir es ihm gleichtun.«

Martin murmelte in gepflegtem Französisch: *»De l'audace et encore de l'audace, et toujours de l'audace.«* McCall wiederholte den Satz nachdenklich mit seinem Dartmouth-Akzent und fragte dann: »Wer hat das gesagt?«

»Danton.«

»Immer, wenn ich so ein ausländisches Zitat höre, finde ich, daß ein Engländer das hätte besser sagen können«, und nach kurzem Nachdenken fügte er hinzu: »Und kürzer.«

Martin grinste: »Zum Beispiel? In diesem Fall?«

Aber die britische Navy stand, um zwei Bilder zu mixen, auf sicherem Boden: »Harwood hat es besser gesagt: ›Mein Ziel: Vernichtung‹.«

»Sie haben gewonnen!«

Gegen 7 Uhr früh lief der Schlepper aus Buenos Aires ein und machte an der Zollstation fest. Eine Stunde später kam das Bestattungsunternehmen mit sechsunddreißig Särgen, die mit einer Fähre zum Panzerschiff übergesetzt wurden. McCall war wieder auf seinem Posten. »Ich fürchte, ich muß bald gehen«, sagte er.

»Gehen Sie nur«, antwortete Martin, »ich werde weitermachen. Aber kommen Sie so bald wie möglich zurück. Und rasieren Sie sich, und machen Sie sich ein bißchen ordentlich, sonst schreibt Sie der Commodore noch ins Bordbuch ein.«

McCall erwiderte, während er Mantel und Hut nahm: »Langsdorff ist auch die ganze Nacht nicht im Bett gewesen.«

Martin, der mehr als alle anderen dazu beitrug, den

deutschen Kapitän zugrunde zu richten, nickte und sagte ehrlich: »Der arme Teufel ...«

McCall wohnte bei Millington-Drake, und er mußte sich seinen Weg in die Gesandtschaft und wieder hinaus hart erkämpfen. Der Eingang war immer noch von Freiwilligen belagert. Sein Wagen war auf der gegenüberliegenden Straße unter den Bäumen geparkt, und der Chauffeur, Lottes Freund, ging mit sorgenvollem Gesicht auf dem Gartenweg auf und ab. Er sah zurück, ob McCall nicht bald komme, und dann wieder auf seine Uhr. Dann warf er wieder einen Blick auf die Straße. Plötzlich hellte sich sein Gesicht auf. Mit einem Seitenblick auf die Botschaft winkte er schnell mit der Hand.

Lotte wippte in einem leichten Sommerkleidchen die Straße herunter und winkte zurück. Als sie vor ihm stand, flüsterte er: »Ich fürchtete schon, dich zu verpassen.«

»Warum?« fragte sie. »Hast du schon so früh Arbeit?«

Er nickte: »Kann ich dich heute abend sehen?«

»Aber wir hatten uns doch zu Mittag am Strand verabredet.«

Der junge Mann schaute unglücklich drein. »Tut mir leid. Ich kann heute nicht.«

Seine scharfen Augen bemerkten McCall, der aus dem Haus kam, und er fügte hinzu: »Vorsicht, da kommt er.«

»Wer?«

»Der englische Captain. Ich muß ihn heute in einer speziellen Angelegenheit fahren.«

Lotte zog die Brauen zusammen: »Immer willst du, daß ich mit dir zum Strand gehe, und ich tu's auch immer, wenn du mich fragst. Und jetzt, wo ich dich einmal um etwas bitte ...«

Der Chauffeur gab ihr bereits die Auskunft, die sie haben wollte: »Wir fahren nach Punta del Este.«

Jetzt konnte sie es sich leisten, nett zu sein, und sagte: »Oh, ich verstehe. Das ist natürlich etwas anderes. Was will er denn in Punta del Este?«

»Glaubst du, das würde er mir verraten? Er will ein bißchen Seeluft schnappen, sagte er.« McCall kam näher, und so fügte er hastig hinzu: »Wie ist's mit heute abend?«

Lotte schenkte ihm ein hinreißendes Lächeln und sagte: »Selbstverständlich«, worauf sie sich sofort entfernte, nicht ohne McCall einen Blick zuzuwerfen, den dieser ausgesprochen zu schätzen wußte. Als er seinen Platz neben dem Chauffeur einnahm, fragte er: »Wer war das?«

Der Chauffeur antwortete stolz: »Meine Freundin, Sir«, und ließ die Kupplung so plötzlich los, daß der Wagen mit einem Satz davonschoß. McCall hätte gern gesagt, daß er bei den Mädchen eine leichtere Hand wünsche als mit dem Wagen, aber er bezwang sich und machte es sich statt dessen für die Fahrt bequem.

Als sie um die Ecke in die Hauptstraße einbogen, spähte der Chauffeur begierig nach seiner Lotte aus, aber sie war nirgends zu sehen. An der Ecke befand sich ein Laden mit Eisbar, und dort stand sie am Telephon. Als das Geldstück hinuntergefallen war, sagte sie: »Hallo, ist dort der Deutsche Klub? Ich möchte mit Herrn von Ritter sprechen. Hier ist eine Dame, mit der er bekannt ist ...«

Jede Nacht während der langen Wache vor Montevideo ließ Harwood seine Schiffe bis dicht an den Hafen heranrücken und nahm sie im Morgengrauen wieder auf eine Entfernung von rund vierzig Meilen zurück. An diesem Freitagmorgen, mit einem dritten Schiff unter seinem Kommando, fühlte er sich sehr erleichtert. Er hatte sich in die äußerste Flußmündung zurückgezogen, und die *Cumberland* patrouillierte südlich der Englischen Bank. Die *Achilles* bewachte den nördlichen Mündungsarm, und die *Ajax* lag nur wenige Meilen vor Punta del Este, südlich der Insel Lobos. Sie hatte dort eine Verabredung, denn es war Zeit für eine Bestandsaufnahme, und Harwood war ebenso interessiert daran, mit McCall zu sprechen, wie der Marineattaché mit ihm.

Die Ankunft der Barkasse des Commodore von der *Ajax* im kleinen Hafen von Punta del Este verursachte beträchtliches Aufsehen. Der uruguayische Hafenkapitän Rodriguez, der ausgezeichnet Englisch sprach, erhielt von seinem Bootsmann und vom Matrosen zwei verschiedene und völlig widersprechende Berichte über die Seeschlacht, bis McCalls Wagen eintraf. McCall ging nach seinem Eintreffen zuerst ins Hafenbüro, um Rodriguez seine Aufwartung zu machen, bevor er sich an Bord der Barkasse begab. Der Hafenkapitän wußte natürlich, daß er sich mit Harwood treffen wollte, war aber, obwohl er vor Neugier und Aufregung fast platzte, zu höflich, um Fragen zu stellen — sehr zu McCalls Erleichterung. Nachdem McCall ihm das Neueste aus Montevideo erzählt hatte, ging er hinunter zur Barkasse, die frisch gestrichen und mit in der Sonne glänzenden Messingbeschlägen am Kai lag. Ob Krieg oder nicht, Woodhouse liebte sein Schiff auf

Hochglanz. Auch die Mannschaft sah schneidig aus. Sie hatte McCall vor dem Hafenbüro vorfahren sehen und stand in Bereitschaft, ohne auf die vielen Fragen zu hören, die ihnen von Fischern und Gästen in verschiedenen Sprachen zugeworfen wurden. McCall war in Zivil, aber sobald er sich der Barkasse näherte, nahm der Bootsmann stramme Haltung an: »Captain McCall, Sir?«

McCall nickte und stieg an Bord.

»Weitermachen, Sir?« fragte der Bootsmann.

McCall erwiderte: »Ja, bitte«, und setzte sich auf die blütenweißen Kissen.

Unter den Augen McCalls, mit mindestens der Hälfte der Einwohner von Punta del Este wie auf Draht, und dazu noch mit dem Bewußtsein, daß sie blutende Helden am Tag nach der Schlacht vorstellten, erreichte die Mannschaft einen Grad von Tüchtigkeit und Schneid, wie er außerhalb der *Royal Tournament**) selten erreicht wird. Kaum waren die Befehle »Los vorn! Los achtern! Absetzen!« ausgerufen, war die Barkasse bereits in Fahrt. Gott sei Dank klemmte die Kupplung nicht (sie war in den letzten Tagen nicht ganz in Ordnung gewesen), und McCall verließ den Hafen von Punta del Este mit der Eleganz, die einem britischen Marineattaché in wichtiger Mission angemessen ist.

Als die Barkasse um den Leuchtturm von Lobos lief, wurde die Sicht auf H.M.S. *Ajax* frei, und McCalls Herz hüpfte vor Freude bei ihrem Anblick. Harwood hatte nicht ankern lassen, und der Kreuzer lag regungslos mit dem Bug gegen die leichte Brise. Während die Barkasse rasch auf das Flaggschiff zusteuerte, sah

*) Truppenrevue

McCall überall Arbeitskommandos am Werk: die Geschütze wurden gereinigt, die abgeblätterte Farbe abgekratzt, und die langen Rohre wirkten ganz nackt. Zimmerleute reparierten die Deckplanken, die sich unter dem gewaltigen Luftdruck der Einschläge gehoben hatten. Der zerschossene Großmast war bis auf einen kurzen Stumpf abmontiert worden, und die Antennen zwischen Fock und Großmast waren so geschickt an diesem Stumpf befestigt, daß sie ganz normal aussahen. Alles wurde so tipptopp hergerichtet, wie es nur ging. Nur der vordere Geschützturm, der einen Volltreffer erwischt hatte, ließ sich nicht mehr nach vorn richten und streckte seine Geschützrohre in verschiedenen Winkeln in die Höhe.

Das Fallreep war auf der Backbordseite heruntergelassen. Der Wachhabende hatte dem Commodore offenbar gemeldet, daß die Barkasse herankam, denn McCall sah, wie weißgekleidete Gestalten auf dem Achterdeck erschienen: nicht jeden Tag besucht ein Marineattaché im Kapitänsrang einen siegreichen Commodore nach einer großen Seeschlacht, und McCall wußte es sehr zu schätzen, daß Harwood so viel Sinn für das gehörige Protokoll besaß. Nachdem er bedächtig das Fallreep hinaufgeklettert war, wurde er auf Deck von Commodore Harwood, Captain Woodhouse, Commander Everett, Lieutnant-Commander Medley, dem Wachoffizier, einem Leutnant, und zwei jungen Matrosen in Achtungssstellung begrüßt. McCall nahm seinen Panamahut ab, genierte sich ein bißchen wegen des farbenprächtigen Hutbandes und setzte ihn wieder auf. Es wäre nun sehr nett, wenn wir zu vermelden hätten, daß seine ersten Worte etwas für die Sammlung der »Geflügelten Worte« gewesen seien; und wenn es ein Franzose gewesen wäre, hätte er gewiß eine halbe Seite für das Schulbuch gesprochen — aber er sagte zu Harwood keine anderen Worte als: »Hello, Sir!«

Harwood jedenfalls schien sie passend zu finden und sagte: »Hello, McCall! Freut mich, Sie zu sehen. Sie kennen Woodhouse?«

Hier war nun wieder eine Gelegenheit für McCall, etwas Denkwürdiges zu sagen. Er sagte: »Hello, Woodhouse«, und sie gaben sich die Hand.

»Und Medley, meinen Stabsoffizier?«

McCall lüftete den Hut und sagte: »Hello, Medley«; dann begrüßte er alle übrigen und wandte sich wieder Harwood zu. Harwoods Augen sprühten schon Funken; er nahm McCall am Arm und führte ihn mit einem ungeduldigen »Kommen Sie dort hinüber!« in eine Ecke des Achterdecks, während die übrigen zwar in Rufweite, aber gerade noch außer Hörweite im Hintergrund blieben.

»Also, McCall«, sagte er, »Sie müssen verhindern, daß sie ausläuft!«

McCall starrte den Commander mit offenem Mund an. »Verhindern?« rief er aus. »Aber wir haben doch erst Himmel und Hölle in Bewegung gesetzt, damit die Uruguayer sie hinauswerfen!«

Harwood wischte das beiseite. »Ja, ja. Freilich. Sehr begreiflich unter diesen Umständen, aber ganz verkehrt ...«

McCall fiel ihm scharf ins Wort, wie es sich ein Kapitän einem Commander gegenüber gerade noch erlauben darf: »Aber wir haben sie sogar überzeugen können!«

»Well, dann müssen Sie sie eben vom Gegenteil überzeugen«, sagte Harwood. »Jedenfalls müssen Sie sie hier festhalten.«

In McCalls Kopf drehte sich alles. »Aber wie soll ich das jetzt machen, Sir?« war alles, was er hervorbrachte.

Harwood war erbarmungslos. »Das ist Ihre Sache — und Martins. Greifen Sie zu allen nur möglichen Mitteln. Berufen Sie sich auf die 24-Stunden-Klausel. Was Sie wollen!«

Er sah McCalls sprachloses und gekränktes Gesicht und wurde auf einmal vertraulich und charmant. »Die Sache ist die. Meine drei Schiffe genügen nicht, um hundertprozentig sicherzugehen. Sie wissen, wie lange wir gebraucht haben, um sie in die Enge zu treiben, nicht wahr?«

McCall nickte, und Harwood fuhr erregt fort: »Die Flußmündung ist hundert Meilen weit — wenn sie uns wieder entwischt ...« Er zeigte mit der Hand in die offene See hinaus und fügte dann mit außergewöhnlicher Leidenschaft hinzu: »Und es könnte sein, es könnte sein! ... Ich habe am 13. Glück gehabt. Ich bin ganz und gar nicht sicher, daß ich noch ein zweites Mal so viel Glück habe.«

McCall erwiderte verdrießlich: »Ich verstehe.«

Als Harwood sah, daß seine Worte den erwünschten Eindruck gemacht hatten, hob er die Stimme und sagte: »Die Admiralität hat eine Konzentration um Montevideo befohlen. Alle Jagdgeschwader sind angewiesen, die La-Plata-Mündung anzulaufen. Aber sehen Sie sich bitte diese Karte an.« Er hatte Medley und Woodhouse herbeigewinkt, und auf ein Zeichen von ihm rollte Medley die Seekarte auf. Harwood zeigte mit seinem derben Finger auf einen Punkt im Norden von Südamerika und sagte: »Geschwader K ...«

Medley murmelte: *»Renown* und *Ark Royal ...«*

»... sechshundert Meilen östlich von Pernambuco«, ergänzte Harwood, »zweitausendfünfhundert Meilen von hier.«

Und Woodhouse fügte hinzu: »Und sie müssen in Rio nochmals auftanken.« Harwood nickte: »Ja. Das heißt also Sonntag — Montag — Dienstag.« Und wieder nickte Woodhouse zustimmend.

Harwood fuhr fort: »Sie können frühestens Dienstag hier eintreffen. *Neptune* und das französische Geschwader X sind noch weiter weg. Die *Dorsetshire* hat erst letzten Mittwoch Kapstadt verlassen — eine Fahrt von viertausend Meilen ... Verstehen Sie jetzt?«

McCall verstand.

Harwood schloß mit Nachdruck: »Sie müssen sie also mindestens bis Dienstag hier festhalten.«

»Well, dann mache ich mich am besten gleich an die Arbeit«, sagte McCall ruhig.

»So ist's richtig«, rief Harwood, und zu Medley gewandt, befahl er: »Benachrichtigen Sie die Barkasse. O ja, und ...« Er flüsterte Medley etwas zu, der nickte und lächelnd davoneilte.

Die drei rangältesten Offiziere plauderten noch ein paar Minuten miteinander und schlenderten dann übers Achterdeck zum Fallreep. McCall hatte seinen Ärger rasch hinuntergeschluckt und konnte es kaum mehr erwarten, nach Montevideo zurückzukommen.

»Armer Millington-Drake!« sagte er. »Ich kann mir sein Gesicht vorstellen, wenn ich ihn jetzt auf einmal links herum tanzen lasse.«

»Das macht ihm doch sicher Spaß«, bemerkte Harwood.

»Und wie! Er macht das wunderbar. Er ist Marineminister, Verteidigungsminister und Außenminister in einem ... Er kniet Tag und Nacht auf ihnen und fuchtelt mit der Haager Konvention.«

»By George«, erwiderte Harwood nachdenklich, »Guani, Luisi, Campos — vor ein paar Tagen hab' ich noch mit ihnen Golf gespielt, und jetzt haben sie über Leben und Tod von uns allen zu entscheiden.«

Unterdessen keuchte ein Seekadett herbei, und Medley nahm ihm einen seltsam angeschwärzten Gegenstand ab. »Und da wir gerade von Golf sprechen«, fügte Harwood hinzu, »sehen Sie sich hier mal meine Schläger an!«

Medley hob den zerfetzten Sack mit den hoffnungslos geköpften Golfschlägern hoch. McCall schaute sie mitleidig an: »Und das sollen Golfschläger sein?«

»Zahnstocher!« brüllte Harwood lachend, »nur noch Zahnstocher. Eine einzige Granate hat ihnen allen die Köpfe abgerissen. Prachtvoller Schuß, eh? Auf dem Jahrmarkt hätten sie einen Teddybär gewonnen!«

Jetzt standen sie am Fallreep. Die Barkasse lag bereit, und Harwood und seine Offiziere verabschiedeten sich von McCall mit demselben Zeremoniell, mit dem sie ihn begrüßt hatten. Die Sonne schien strahlend hell, die blaue See umspielte leise das fast unmerklich dahingleitende Schiff, die weißen Uniformen leuchteten festlich, und niemand hätte gedacht, daß der Tod so nahe auf der Lauer lag.

Hinter Harwoods Rücken überbrachte der Wachhabende Medley einen Funkspruch und meldete in einem seltsamen Tonfall, der Medley aufhorchen ließ: »Depesche für den Commodore, Sir.«

Medley las sie und wechselte mit dem jetzt übers ganze Gesicht grinsenden Wachhabenden einen Blick. Dann reichte er sie an Woodhouse weiter, als er sah, daß Harwood noch mit McCall plauderte. Und dieser zeigte sie dem Commander. Verwunderung und Vergnügen zeigte sich auf ihren Gesichtern. Aber Harwood hatte die Depesche schon vergessen und ermahnte McCall: »Lassen Sie sich nicht beim Schmuggeln erwischen! Und sagen Sie Rodriguez, ich werde ihm bald ein paar Flaschen Gin bringen.«

McCall sah Harwood offen in die Augen und fragte: »Es ist Ihnen doch bekannt, Sir, daß die südamerikanischen Staaten die ganze La-Plata-Mündung als ihr Hoheitsgebiet beanspruchen — alles zwischen Punta del Este und Punta del Norte?«

Harwood antwortete genauso ernst: »Ja, ich weiß.«

»Angenommen, die *Graf Spee* versucht, flußaufwärts nach Buenos Aires zu entwischen. Werden Sie das verhindern?«

McCall hatte den Nagel auf den Kopf getroffen, und Harwood mußte sich dies eingestehen, verzog aber keine Miene. Vielleicht wußte er die Antwort selbst noch nicht, aber er war ein guter Diplomat: »McCall, ich war nie ein guter Reiter, aber ich kenne die Regel: Nimm eine Hürde erst dann, wenn du unbedingt mußt!«

McCall lächelte. Sie drückten sich die Hand. Dann nahm McCall den Hut ab, grüßte und kletterte das Fallreep hinab.

Woodhouse hielt noch immer die geheimnisvolle Depesche in der Hand und wartete auf eine Gelegenheit, sie dem Commodore zu übergeben. Dieser stand an der Reling und schaute gedankenverloren der Barkasse nach. Die letzten Worte des Marineattachés hatten ihm das Problem ins Bewußtsein gebracht, das ihn schon seit zwei Tagen heimlich beschäftigt hatte. Dies war schon seine zweite Dienstperiode auf der Südamerika-Station, und er war mit den lokalen Empfindlichkeiten und Problemen durchaus vertraut. Während des laufenden Gefechts flußaufwärts hatte er bereits die uruguayischen Hoheitsgewässer verletzt. Zweifellos wurde dies schon auf allen Kanzleien Amerikas, einschließlich der USA, breitgetreten. Er trommelte mit den Fingern nervös auf die Reling, während er zuschaute, wie die Barkasse hinter der Spitze von Lobos verschwand. Dann wandte er sich um und sagte: »Medley, Funkspruch an die Admiralität von Commodore, Südatlantik . . .«

Woodhouse ergriff die Gelegenheit und unterbrach ihn: »Verzeihung, Sir, der Spruch ist nicht korrekt.«

Harwood war so verblüfft, daß er den Kapitän bloß anstarrte: »Wieso? Ich habe doch noch nichts gesagt!«

»Doch, Sir«, erwiderte Woodhouse aufreizend freundlich.

Harwoods Halsadern schwollen an. Er sah seinen Kapitän an, als sei er verrückt geworden: »Ich habe nur gesagt: ›Funkspruch an Admiralität‹. Was ist daran falsch?«

Woodhouse amüsierte sich köstlich: »Doch dann fuhren Sie fort: ›von Commodore, Südatlantik‹.«

Harwood blickte von Woodhouse zu Medley und zurück zu Woodhouse und brummte: »Well, ich bin doch Commodore Harwood, oder nicht?«

»Nein, Sir«, sagte Woodhouse großartig, »Sie sind Konteradmiral Sir Henry Harwood, Komtur des Bathordens«, und händigte ihm die Depesche aus; er ergriff Harwoods Rechte und schüttelte sie mit Wärme und herzlichem Gefühl: »Meinen Glückwunsch, Sir!«

Der neue Admiral sah sich plötzlich von lauter lachenden Gesichtern, Glückwünschen und Lobsprüchen umgeben. Es war das erste und einzige Mal in seinem Leben, wo er vor Verlegenheit nicht wußte, was er sagen sollte. Aber er hatte die Lacher nicht nur gegen sich. Eine zweite Depesche wurde Woodhouse überbracht; er warf einen kurzen Blick darauf und rief: »Nein, so was!« Harwood fixierte ihn, als wisse er bereits, was darin stand: »Well? Was steht drin? Schlechte Nachrichten?«

»Sie haben mich zum Ritter des Bathordens ernannt — und Parry und Bell auch«, stammelte der Kapitän.

Dann begann Harwood zu lachen. Das Lachen steigerte sich zu einem Brüllen und schließlich zu einem Sturm. Woodhouse starrte sprachlos auf seinen Vorgesetzten, der ihn hemmungslos lachend am Arm nahm und zu ihren zertrümmerten Kajüten zog, wo eine Gruppe von fluchenden Arbeitern und Installateuren gebrochene Kabel und verbogene Röhren entwirrten. Harwood zeigte auf die beiden verwüsteten Badekabinen und brüllte: »Sehen Sie! Ein Komtur und ein Ritter des Bades. Und nicht eine einzige verdammte Badewanne!« Für den Fall, daß sich einer daran stoßen sollte, in der Meinung, daß diese Offiziere die große Ehre, die ihnen noch auf dem Kampfplatz verliehen wurde (was seit den Tagen des Rittertums nur selten vorgekommen ist), gar zu sehr auf die leichte Schulter genommen hätten, ist es vielleicht gut, das Signal wiederzugeben, das Konteradmiral Harwood an diesem denkwürdigen Tag an seine Schiffe hat gehen lassen:

»Ich hoffe, daß jeder von Euch das Verdienst für die Ehrung, die Seine Majestät der König mir und Eurem Kapitän hat zuteil werden lassen, sich selbst zuschreibt. Kein Kommandant könnte von seinen Kapitänen bessere Dienste erhalten, und weder ich noch sie ein höheres Maß von Tüchtigkeit und tapferer Entschlossenheit, als sie die Offiziere und Mannschaften im Verlauf der Schlacht vor dem Rio de la Plata bewiesen haben.«

Die Royal Navy hat ihren eigenen Prosastil. Er hat alles in sich, was die Hüter der Sprache fordern und selten erreichen. Er ist direkt, kraftvoll, volkstümlich, knapp, männlich und angelsächsisch. Es ist eine vorzügliche Prosa (nur leider auf deutsch fast nicht wiederzugeben), und es ist vielleicht interessant, Admiral Harwoods Signal dem Text der Depesche eines anderen Meisters der Prosa gegenüberzustellen, eines Mannes, dem die Angelegenheiten der Navy nicht fremd sind und der damals der Admiralität vorstand: die Depesche, die Admiral Harwood erhalten hatte:

»Von der Admiralität.

In Anerkennung des tapferen und erfolgreichen Kampfes, den Seiner Majestät Schiffe *Ajax*, *Achilles* und *Exeter* gegen das deutsche Panzerschiff *Admiral Graf Spee* geführt haben, wünscht der Erste Lord, daß ich Ihnen mitteile, daß Seine Majestät geruht hat, Commodore Henry Harwood zum Komtur des Höchst Ehrenwerten Bathordens zu ernennen, und Captain Parry, H.M.N.Z.S. *Achilles,* Captain Woodhouse, H.M.S. *Ajax,* und Captain Bell, H.M.S. *Exeter,* zu

Rittern desselben Ordens. Commodore Harwood ist außerdem zum Konteradmiral in Seiner Majestät Flotte befördert worden, rückwirkend vom 13. Dezember, dem Datum des Gefechts.«

Auf die Gefahr hin, langweilig zu wirken, soll hier wiederholt werden, daß der Stil der Royal Navy es in sich hat. Sie wissen, was sie sagen, und sie wissen, wie sie es sagen müssen. Es ist ein Stil, dessen Studium sich lohnt — für Politiker, Schreiber von Leitartikeln und — Bücherschreiber.

In der Unterredung zwischen McCall und dem Admiral sprach dieser von der 24-Stunden-Klausel. Da diese Klausel in den nächsten Tagen zu einem wichtigen Faktor wurde, sei sie hier nochmals genau erklärt: Wir wissen bereits, daß ein Kriegsschiff einer kriegführenden Nation nur vierundzwanzig Stunden in einem neutralen Hafen bleiben darf, wenn ihm nicht aus hinreichenden Gründen eine Fristverlängerung gewährt wird. Wenn jedoch während dieser vierundzwanzig Stunden ein Handelsschiff einer Macht aus dem Hafen ausläuft, die mit der Regierung, der das Kriegsschiff gehört, im Kriege steht, dann darf das besagte Kriegsschiff erst vierundzwanzig Stunden nach dem Auslaufen des gegnerischen Handelsschiffes den neutralen Hafen verlassen; und der neutrale Staat, der in diesem Fall die politische Autorität verkörpert, hat die Pflicht, das Kriegsschiff am Auslaufen zu hindern. Hinter dieser Vorschrift steht der sehr, sehr alte Gedanke, dem Flüchtling einen angemessenen Vorsprung zu geben, und überdies die Absicht, unangenehme Zwischenfälle vor den Toren neutraler Staaten zu vermeiden.

McCall setzte Harwoods Anregung sofort in die Tat um. Nach einem kurzen Gespräch mit Rodriguez fuhr er geradewegs nach Montevideo zurück. Der Chauffeur war sichtlich erfreut, daß er so früh zurück war — vielleicht kam er jetzt doch noch dazu, Lotte im Strandbad zu treffen —, und raste im Rekordtempo los. McCall ging zuerst zu Millington-Drake, um Bericht zu erstatten. Der Chauffeur war erleichtert, da er dafür nur zehn Minuten brauchte, und dann ließ McCall sich vor dem Eingang zum Werftgelände absetzen.

In Martins Ausguck war es glühend heiß. Aber Martin war eine Treibhauspflanze, ihm machte die Hitze nichts aus. Er hörte sich McCalls Bericht gelassen an und sagte dann: »Wir sollen also kehrtmachen?«

»Ja. Wir müssen die *Spee* bis Dienstag hier festhalten.«

Martin nickte. »Die 24-Stunden-Klausel, ja? Gute Idee. Im Hafen liegt ein französisches Kühlschiff unter Dampf. Sie müssen sofort den französischen Konsul aufsuchen und auch den Kapitän ... Haben Sie schon mit Millington-Drake gesprochen?«

»Ja, er hat nicht einmal mit der Wimper gezuckt. Das Foreign Office ist anscheinend an solche Bocksprünge gewöhnt. Dagegen bin ich ja nur ein simpler Seemann.«

»Ich hab' in der Zwischenzeit auch was gemacht«, sagte Martin langsam. »Es ist zwar nur ein kleiner Nadelstich, paßt aber sicher in Harwoods neue Pläne.« Er lächelte wie eine Siamkatze.

»Was haben Sie denn angestellt? Sie sehen ja mächtig zufrieden aus.«

»Sie selbst haben mich auf die Idee gebracht. Sie

erinnern sich: Wir sprachen davon, die Ladung des deutschen Schiffes aus Buenos Aires mit Embargo zu belegen. Nachdem Sie abgefahren waren, hab' ich mit Grimley (dem englischen Direktor der uruguayischen Eisenbahn) telephoniert und ihm gesagt, er solle aufhören, Eisenbahn zu spielen, und mich für ein paar Stunden hier vertreten. Dann machte ich mich an die Arbeit. Die Deutschen hatten den Leitenden Schiffsingenieur an Land geschickt, um die Ladung beim Zoll zu klarieren; aber die Herren Beamten kommen nie vor 9 Uhr, und es fiel mir leicht genug, erst die Inspektion und die Klarierung hinauszuzögern. Wenn einem der gute Wille ...« Martin grinste teuflisch vor sich hin.

»Als ich also ganz sicher war, daß vor Mittag keine Stahlplatten zur *Graf Spee* hinübergeschafft würden, überließ ich den Deutschen mit dem Gold am Hut sich selbst und ging stadtwärts. Kennen Sie den Zolldirektor?«

»Ist das nicht der Dicke mit dem schönen Schnurrbart?«

»Jawohl. Ein großer Frauenheld, heißes, spanisches Blut und so! Er sitzt jeden Tag um zwölf im Café Rincon. Dort ging ich also hin, mit einer Dame, die wir Madame X nennen wollen: eine unserer freiwilligen Helferinnen — Grimley hat sich für sie verbürgt. Sie ist Übersetzerin, arbeitet für eine Rundfunkgesellschaft. Sie spricht zwar kein sehr gutes Englisch, behauptet aber, von beiden Elternteilen Engländerin zu sein. Doch das Beste sind ihre Körperteile: wunderbare Figur mit schmaler Taille — vor allem aber die südamerikanischen Augen. Natürlich gingen wir nicht zusammen hin. Sie war bereits da und hatte drei oder vier nagelneue deutsche Photoapparate bei sich. Sie saß ganz allein an einem Tisch und schien auf jemanden zu warten.«

»Auf Sie?« fragte McCall mit Bewunderung.

»Erraten! Als ich hereinkam, sah ich, daß Señor Schnurrbart bereits Feuer gefangen hatte und sie mit glühenden Blicken verschlang. Soweit war also alles in bester Ordnung. Ich trat zu ihr, verbeugte mich galant und setzte mich an ihren Tisch. Ich muß sagen, sie war einfach toll. Man hatte ihr erklärt, sie habe eine *femme fatale* zu spielen. Sie ist in Wirklichkeit ein Muster von einer Ehefrau und Mutter, wirklich; aber anständige Frauen haben genausoviel Talent für solche Dinge wie die andere Sorte. Mir selbst wurde ganz heiß dabei. Nach einiger Zeit blickte ich zu unserem Opfer hinüber, lächelte und nickte und winkte ihn an unseren Tisch. Der Rest ergab sich ganz von selbst. Ich schützte eine andere Verabredung vor und ließ die beiden allein. Und eine halbe Stunde später saß Madame X im Gefängnis, und alle Güter für die *Spee* waren mit Embargo belegt.«

McCall zog die Augenbrauen hoch: »Entschuldigen Sie die Frage, ich bin anscheinend ein bißchen beschränkt. Aber warum wurde denn Ihre Freundin ins Gefängnis gesteckt?«

»Weil sie von deutschen Matrosen der *Graf Spee* an Land geschmuggelte Photoapparate gekauft hat und sie an Señor Schnurrbart für zweihundert Peso das Stück weiterverkaufen wollte«, sagte Ray Martin kühl. »Er saß eingekeilt zwischen Liebe und Pflicht, aber Gott sei Dank siegte die Pflicht. Natürlich wird Langmann bei Guani Protest einlegen, man wird die Geschichte untersuchen, das Embargo aufheben, und Madame X wird von mir gegen Kaution aus dem Gefängnis herausgeholt werden; aber all das wird einige Zeit brauchen. Bis dahin müssen wir uns was Neues ausdenken. — Jetzt müssen Sie aber zum französischen Konsul gehen, das Kühlschiff soll heute abend um 6 Uhr auslaufen.«

Während im Hintergrund dieser Guerilla Scharmützel ausgefochten wurden, bekamen die Ereignisse durch das Begräbnis der Gefallenen der *Graf Spee* an Land eine ernstere Note. Alle Schwerverwundeten, etwa fünfzig an der Zahl, waren am Morgen vorher an Land gebracht worden und erhielten in den Krankenhäusern von Montevideo ausgezeichnete Pflege. Die gesamte deutsche Kolonie hatte sich zusammengeschlossen und betreute die jungen Seeleute wie ihre eigenen Kinder. Wenn die *Graf Spee* auslief, mußten sie natürlich interniert werden, aber sie konnten einer wohlwollenden Internierung gewiß sein. Die Jugend der Besatzung der *Graf Spee* hatte Überraschung und Mitleid erregt. Kriege werden von der Jugend ausgefochten, aber nicht von ihr gemacht, und als der Krieg zu Ende war, blieben viele dieser jungen Leute in Uruguay und wurden wertvolle Bürger.

An jenem Nachmittag sollten ihre sechsunddreißig gefallenen Kameraden auf einem Areal begraben werden, das ihnen für die Dauer des Krieges auf dem britischen Friedhof zur Verfügung gestellt wurde. Die langen Reihen der mit der Nazikriegsflagge bedeckten Särge lagen bereits auf einem Leichter und wurden, von einer Ehrenwache begleitet, an Land gebracht. Eine große Menschenmenge hatte sich seit einiger Zeit im Hafen versammelt, und die großen Leichenwagen im spanischen Stil glänzten mit ihren goldenen Kränzen und Kreuzen wie Ebenholz in der Sonne und ragten wie düstere Inseln aus dem Meer der Gesichter. Erregung und Mitgefühl stiegen hoch, als Schlepper die Hunderte von jungen Matrosen an Land brachten, die dem Begräbnis beiwohnen sollten. Sie wirkten ausgesprochen elegant in ihren weißen Mützen, ihren kurzen weißen Blusen mit schwarzen Schlipsen, ihren blauen, nach unten sich erweiternden Hosen und schwarzen Schuhen. Dann kam Kapitän Langsdorff mit seinen Offizieren in weißer Uniform, mit umgeschnalltem Säbel. Sie hatten die Erlaubnis erhalten, durch die Stadt zum Friedhof zu marschieren, und der Trauerzug begann sich zu bilden. Jedem der blumenbedeckten Särge waren sechs junge Matrosen zugeteilt, und ein Maat von besonders flottem Aussehen marschierte dazwischen. Hunderte von Uruguayern deutschen Geblüts schlossen sich dem Trauerzug an oder versammelten sich auf dem Friedhof, während viele Tausende von Männern und Frauen, die weder deutschland- noch englandfreundlich waren, in den Straßen Spalier bildeten, einige aus reiner Neugierde, die meisten jedoch aus einem Gefühl der Ehrfurcht — vor der Jugend, der Tapferkeit und dem Idealismus dieser Leute.

Dieses deutsche Gefallenenbegräbnis war, wie Ray Martin richtig bemerkt hatte, auch mit gewissen Propagandaabsichten arrangiert worden, und es war berechnet, um das Maximum an allgemeinem Wohlwollen herauszuholen. Die Pressephotographen und Wochenschauoperateure hatten fleißig zu tun. Aber unter Langsdorffs Führung behielt die Trauerfeier vom Anfang bis zum Ende ihren Charakter von Würde und Takt. Erst hinterher, als die Nazipropagandisten sich der Photos und der Berichte bemächtigten, begannen die Schmähungen, wurde die Wahrheit verbogen und die noble Gesinnung in den Dreck gezogen. An diesem Tag in Montevideo gab es keine Lügen, keinen Haß. Die Menschen dachten nur an die toten Schiffskameraden. Als auch Offiziere der britischen Handelsmarine, die als Gefangene auf der *Graf Spee* gewesen waren, sich dem Trauerzug anschlossen, waren viele unter den Zuschauern vor Ergriffenheit den Tränen nahe. Captain Dove, Captain Stubbs und die übrigen waren aus freien Stücken gekommen; sie waren selbst auf See groß geworden und wollten nun den jungen Seeleuten, die ihre Schiffskameraden gewesen und die gestorben waren, wie auch sie in dem gemeinsam erlebten schrecklichen Kampf hätten sterben können, die letzte Ehre erweisen. Sie hatten sich nicht eigentlich verabredet. Keiner hatte das organisiert. Bei einem zufälligen Treffen im Englischen Klub hatte der eine den anderen gefragt: »Gehen Sie hin? . . . Ich auch — man sollte eigentlich . . .« Und nun standen sie auf dem britischen Friedhof, eine ehrfürchtige kleine Gruppe. Einige hatten zum Glück ihre beste Uniform retten können und hatten sie jetzt angezogen. Andere, wie zum Beispiel Dove, waren im schlichten blauen Anzug gekommen. Dr. Goebbels, welcher der Welt bereits mitgeteilt hatte, die Briten hätten in der Schlacht am La Plata Senfgasgranaten verwendet, hat auch die Geschichte verbreitet, diese britischen Seeleute hätten auf die Gräber der deutschen Gefallenen gespuckt. Aber hier, am Grabe der Gefallenen, an der Seite von Langsdorff, dachte keiner an die großartigen Erfindungen eines kranken klumpfüßigen Irren. Hier gab es nichts als das Gefühl der Trauer und einer Zusammengehörigkeit, die alle Menschen in sich schloß.

Langsdorffs Erscheinung, seine Persönlichkeit verfehlten auch hier ihren Eindruck nicht. Er beschloß mit seinen Offizieren den Trauerzug und ließ seinen toten Kameraden den Vortritt, der ihnen gebührte. Nach der Trauerfeier fuhr Langsdorff zusammen mit Langmann zu einer mehrstündigen Besprechung in die deutsche Botschaft.

Wie Ray Martin voraussah, hatte Langmann mit dem geduldigen Dr. Guani einen stürmischen Auftritt und warf ihm vor, seine Mitarbeiter und Untergebenen stünden offensichtlich auf der Seite der Alliierten; er verlangte sofortige Aufhebung des Embargos, da das Material nur im ehrlichen Bemühen bestellt worden sei, die von ihm selbst gesetzte Frist einzuhalten. Guani war nur darauf bedacht, die *Graf Spee* sobald wie möglich loszuwerden, und versprach, persönlich mit dem Zolldirektor zu sprechen. Die Stahlplatten wurden gegen Abend freigegeben. Aber kaum hatte sich Guani um diese Schwierigkeit erleichtert in seinen Stuhl zurückgelehnt, als ein feierlicher französischer Gesandter um eine dringende Unterredung bat und ihm mitteilte, daß die französische Regierung, da um 18 Uhr das französische Kühlschiff *Côte d'Azur* nach Rio de Janeiro ausgelaufen sei, den Außenminister von Uruguay ersuche, die *Graf Spee* wenn nötig mit Gewalt bis vierundzwanzig Stunden nach Abfahrt des Handelsschiffes am Auslaufen zu hindern, wie es, was Seiner Exzellenz ja bekannt sei, den Satzungen des Haager Abkommens entspreche, usw. usw. usw.

Der geplagte Guani erklärte, daß die *Graf Spee* seines Wissens in den nächsten Stunden keinesfalls auszulaufen beabsichtige und daß er im gegenteiligen Fall nicht über die Macht verfügen würde, sie daran zu hindern, obwohl ein Wachboot der uruguayischen Marine längsseits des Panzerschiffs liege, um technischen Verletzungen des derzeitigen Abkommens vorzubeugen. Sehr zu Guanis Erstaunen bestand Monsieur Gentil jedoch darauf, daß Kapitän Langsdorff von der veränderten Situation in Kenntnis gesetzt werde und daß man Uruguay für jede Verletzung der 24-Stunden-Klausel zur Verantwortung ziehen werde. Guani konnte nur höflich mit den Schultern zucken und dem deutschen Botschafter die verlangte Note senden mit der Bitte um Weiterleitung an den Kommandanten der *Graf Spee.*

»Prima«, sagte Martin zu McCall, als dieser am Abend auf den Beobachtungsposten zurückkam. »Heut nacht kann sie uns also nicht entwischen, ohne das Gesetz zu übertreten. Morgen lassen wir zur gleichen Zeit das Schiff von der Houlder Line auslaufen, und Sonntag um 13 Uhr schicken wir das Getreideschiff vor. Wenn Guani seine Sache richtig macht, haben wir Langsdorff bis Montag hier festgenagelt — bis dahin werden wir uns was anderes ausknobeln. Die einzige Schwierigkeit ist die, daß wir nicht genug Schiffe hier haben. Sie sollten Johnston mobilisieren, damit er nachsieht, was noch alles in Buenos Aires liegt.«

McCall nickte. »Wenn unser Geschwader K frühestens Dienstag hier sein kann, sollten wir am besten gleich das Gerücht verbreiten, es sei schon da.«

McCall konnte natürlich nicht ahnen, auf was er sich eingelassen hatte, als Ray Martin ihn nachdenklich ansah und murmelte: »Sie haben mich auf eine Idee gebracht.«

Es war schon fast dunkel, und das Panzerschiff war so hell erleuchtet, daß die Autoscheinwerfer nicht mehr viel nützten. Tag und Nacht wurde gearbeitet, und das große Schiff war ständig von Schleppern, Leichtern und Schwimmkränen umringt.

»Trotz alledem, wir legen großen Nachdruck auf die 24-Stunden-Klausel«, erklärte McCall. »Millington-Drake und ich haben heute abend 11.30 Uhr im Regierungspalais eine Sonderaudienz bei Dr. Guani. Wir werden verlangen, daß sie ein uruguayisches Pikett auf die *Graf Spee* stellen, denn wir sind der Ansicht, daß sie mit einer solchen Wache an Bord schwerlich auslaufen werden; falls sie aber die Wache von Bord schicken sollten, so wäre das ein offensichtlicher Friedensbruch. Natürlich ist die Sache im Grunde hoffnungslos, aber wir zeigen wenigstens, daß es uns ernst ist.«

Als sie an jenem Abend Guani gegenübersaßen, sagte der uruguayische Außenminister nachsichtig, doch ohne sich zu verpflichten: »Meine Herren! Ich werde Ihrem Ansuchen noch einmal nachkommen und den Verteidigungsminister telephonisch um seine Meinung fragen, falls ich ihn erreichen kann.« Als er seinen Kollegen am Apparat hatte, gab er dem Antrag zwar nicht gerade seine Unterstützung, meinte aber, er finde ihn vernünftig. Doch General Campos war klug genug, sich zu weigern, und erklärte, das Wachboot bei der *Graf Spee* sei das Äußerste, was er sich leisten könne.

Als Guani diese Weigerung den Engländern mitgeteilt hatte, entstand eine lange Pause. Der kleine Außenminister schien sich über irgend etwas den Kopf zu zerbrechen, und seine Augen ruhten freundlich forschend auf seinen Besuchern. Die Uhr zeigte fünf Minuten vor zwölf. Da war nichts mehr zu unternehmen. Sie sahen sich gegenseitig an und standen auf, um sich zu verabschieden. Guani erhob sich ebenfalls, immer noch mit derselben Frage auf seinem Gesicht. Bevor die beiden Engländer ein Wort sprechen konnten, sagte er wie ein Onkel zu seinem Lieblingsneffen: »Mein lieber Millington-Drake.«

Millington-Drake erwiderte höflich: *»Señor Ministro?«*

Guani fuhr fort und schaute seinen alten Freund unverwandt an: »Warum versuchen Sie und Ihre Agenten auf einmal, das Auslaufen der *Graf Spee* hinauszuzögern? Warum haben Sie Ihre Einstellung geändert?«

»Oh, Exzellenz«, erwiderte Millington-Drake prompt, »das ist durchaus keine Änderung unserer Einstellung!«

Dr. Guani dachte eine Weile über diese Antwort nach, wie ein Kenner einen Schluck alten Portwein auf seiner Zunge zerfließen läßt, und sagte dann: »Wirklich nicht?« Ein leises Lächeln huschte über seine Lippen, und der undurchdringliche, wohlerzogene britische Gesandte lächelte ebenso leise zurück: »Nein, *Señor Ministro*. Es ist eine Änderung unserer Strategie.«

KAPITEL XII

SAMSTAG

Am nächsten Morgen wurde die politische Offensive unbarmherzig fortgesetzt und, wie gewöhnlich, mußten die Unschuldigen mit den Schuldigen leiden.

Wie wir uns erinnern, hatte die Telephonleitung zwischen der britischen Gesandtschaft in Montevideo und der Botschaft in Buenos Aires irgendwo ein Leck. Der raffinierte Martin sah jetzt die Zeit gekommen, diesen Umstand auszunützen, mit dem Ergebnis, daß der unglückliche Captain McCall sich am andern Morgen früh in der britischen Gesandtschaft neben einem Plakat sitzen sah, auf dem die Aufschrift prangte »Vorsicht! Feind hört mit!« Er fühlte sich wie ein Liebhaberschauspieler, der den Hamlet spielen soll, als Miß Shaw versuchte, eine Telephonverbindung mit Buenos Aires herzustellen. Sie saßen in Millington-Drakes Privatbüro. Der Gesandte saß vor seinem Schreibtisch und machte eine eher saure Miene, aber ließ es geschehen. Miß Shaw stand neben ihm, den Hörer am Ohr. Ray Martin räkelte sich auf einem Sofa und sah McCall zu. Die beiden Vertreter der Abenteurerrollen hatten, abgesehen von gelegentlichen Schlafpausen am Tag, zwei Nächte lang kein Auge zugetan. Sie sahen ein bißchen angeschlagen aus, aber ihre Kampflust hatte nicht gelitten. McCall sah Martins boshafte Blicke auf sich gerichtet, rückte ungeduldig hin und her und sagte: »Wenn dies vorbei ist, werde ich nie wieder zu einem anständigen Marineattaché taugen.«

Martin schlug die Beine übereinander, drehte seine Daumen und sagte boshaft: »Wen interessiert das schon?«

Verärgert über so viel Gefühllosigkeit sagte McCall eindrucksvoll: »Sie zwingen mich, für Ihre eigenen bösartigen Zwecke eine Verletzung ...«

Er wurde von Miß Shaw unterbrochen, die in den Apparat sprach: »Guten Morgen, Exzellenz! Der Herr Minister möchte mit Ihnen sprechen.« Sie drückte Millington-Drake den Hörer in die Hand. Dieser dankte und sagte, nachdem er Miß Shaw gebeten hatte, sie allein zu lassen: »Sind Sie's, Ovey? McCall möchte Sie sprechen ... Wie bitte? ... O ja, wir sind mitten drin ...« Er lachte. »Nett von Ihnen. Well, ich gebe Ihnen jetzt McCall.« Er hielt dem widerstrebenden Captain den Hörer hin. McCall nahm ihn resigniert und meinte: »Well, nun ist's um meine Berufsehre geschehen.« Dann fuhr er in den Apparat fort: »Hier ist McCall, Sir. In Sachen *Graf Spee* hat sich etwas Unerwartetes ereignet.«

Millington-Drake krümmte sich in seinem Stuhl und murmelte: »O Gott! O Montreal!«

Der Botschafter in Buenos Aires warnte: »Vorsicht, McCall, Vorsicht!«

McCall lief rot an: »Ich weiß, Sir. Aber dies ist äußerst dringend.«

Der Apparat hatte einen zweiten Hörer, den Ray Martin jetzt ergriff, um besser mitzuhören. McCall fuhr fort:

»Ich habe eben einen chiffrierten Funkspruch von

der Admiralität aufgefangen, daß zwei unserer Großkampfschiffe ...«

Sir Edmond Oveys Stimme sprengte fast das Telephon: »Sind Sie wahnsinnig, McCall? Ich werde aufhängen!«

Martin grinste den unglücklichen Marineattaché grausam an, der verzweifelt rief: »Sir! Ich bitte dringend, mich anzuhören! In diesem Fall muß die Sicherheit zurückstehen.«

Er sah, wie Martin ihm anerkennend zunickte, und hörte den Botschafter schwer Atem holen. Aber Sir Edmond Ovey hängte nicht auf, und McCall war in der Lage, seine Meldung fortzusetzen:

»... die beiden Schiffe werden in ein paar Stunden Bahia Blanca anlaufen, um aufzutanken. Sie sind mit voller Fahrt hierher gedampft — aus Gründen, die bekannt sind — und werden bestimmt keinen Tropfen mehr in ihren Bunkern haben, wenn sie hier sind. Sie bitten uns, dafür zu sorgen, daß zweitausend Tonnen Heizöl in Tankern von heute mittag an bereitstehen.« Er schwieg. Der Schweiß lief ihm in Strömen herunter. Er bekam nicht sofort eine Antwort, sondern hörte nur ein Stimmengemurmel am andern Ende des Drahtes. Er schaute Martin ratlos an und sagte: »Haben Sie mich verstanden, Sir? Oder soll ich wiederholen?«

Sofort antwortete Sir Edmonds Stimme: »Nein. Geht in Ordnung, McCall. Wir haben verstanden. Sie brauchen nicht zu wiederholen.«

McCall wollte gerade erleichtert aufhängen, als der Botschafter hinzufügte: »McCall?«

»Ja, Sir.«

»Das nächste Mal, wenn Sie so was machen, bitte ich

Sie, mir vorher einen Wink zu geben.« Und Sir Edmond Ovey hängte auf.

»Ich glaube, er hat's begriffen«, sagte McCall und wischte sich den Schweiß von der Stirn.

Millington-Drake starrte unentwegt an die Zimmerdecke, um zu zeigen, daß er sich von dem ganzen peinlichen Vorfall distanziere.

Ray Martin sagte: »Nehmen Sie sich's nicht zu Herzen, alter Junge. Lügner werden geboren und nicht gemacht.«

»Welchen Erfolg versprechen Sie sich eigentlich von diesem Manöver?« erkundigte sich Millington-Drake höflich.

»Ganz einfach. Spätestens heute nachmittag werden vermutlich die Zeitungsjungen durch die Stadt schreien, daß die halbe britische Flotte vor Punta del Este liegt. Aber ich werde ihnen vorher noch ein paar Details zuflüstern. McCall! Erinnern Sie sich an das Mädel, das gestern kam und nach der *Exeter* fragte? Sie sagte, sie kenne den Leuchtturmwärter.«

McCall nickte: »Was meinen Sie damit?«

»Ich habe sie hergebeten. Sie wartet im Nebenzimmer. Kommen Sie! Ich glaube, wir können sie brauchen.«

Er nickte dem Gesandten kurz zu und zog McCall mit sich, der dem Blick Millington-Drakes auswich und im Hinausgehen sagte: »Well, ich muß wohl weitermachen. Wer A sagt ... Vielen Dank, Herr Minister. Sie vergessen nicht, daß das Schiff von der Houlder Line heute um 18 Uhr auslaufen soll?«

Millington-Drake nickte, und McCall flüchtete erleichtert ins Nebenzimmer.

Als er eintrat, hörte er, wie Julita zu Martin sagte:

»Aber ich weiß bestimmt, daß die *Exeter* versenkt worden ist!«

»Woher wissen Sie das?« fragte Martin.

»Mein Vetter arbeitet in Punta del Este beim Leuchtturmdienst. Er ist auf der Insel Lobos stationiert. Er hat nach der Seeschlacht nur noch zwei Schiffe gesehen und die *Exeter* war nicht dabei ...«

Julita war ganz in Schwarz gekleidet. Sie sah blaß und mager aus, hielt sich aber tapfer. Als McCall die Tür hinter sich geschlossen hatte, erklärte ihm Ray Martin: »Sie hatte einen Freund auf der *Exeter*. Ein Junge namens Roper.«

»Und Sie hatten sich sehr lieb?« fragte McCall sanft. Julita nickte. »Ja, sehr. Ich möchte — ich möchte die Wahrheit wissen. Als er das vorletzte Mal fortging, versprach er, zurückzukommen — und er kam auch. Letztes Mal versprach er's wieder — und nun ist sein Schiff untergegangen und — verzeihen Sie — ich weiß nicht, was ich sagen soll —«

»Señorita«, sagte McCall, »Sie wissen doch, daß im Krieg vieles geheimgehalten werden muß.«

Und als sie nickte, fuhr er fort: »Aber etwas will ich Ihnen doch verraten: die *Exeter* ist nicht versenkt worden. Viele ihrer Leute sind tot oder verwundet, aber sie ist nicht versenkt worden. Heute morgen ist sie wohlbehalten auf den Falklandinseln eingetroffen.«

Dies war sogar für Martin neu. McCall fuhr fort: »Auf den Falklandinseln können die Verwundeten richtig gepflegt werden. Sie dürfen die Hoffnung nicht verlieren, Señorita. Wenn Sie mir einen Brief an Ihren Freund geben wollen, so will ich alles tun, damit er ihn bekommt.«

Julita strahlte, und die Hoffnung leuchtete wieder aus ihrem Gesicht. »Würden Sie dann aber auch uns eine Gefälligkeit erweisen?« fiel Martin ein.

Julita nickte und hörte seinen Erklärungen aufmerksam zu.

Wie Martin vorausgesagt hatte, waren die Mittagszeitungen voller Gerüchte über die Zusammenziehung starker englischer Seestreitkräfte vor der La-Plata-Mündung. Namen wie *Renown* und *Ark Royal* und noch ein halbes Dutzend anderer Großkampfschiffe wurden freimütig genannt. Aber am meisten freuten sich Martin und McCall über einen höchst authentischen Bericht vom Leuchtturmwärter auf der Insel Lobos, der meldete, er habe das Schlachtschiff *Barham* und weitere schwere Einheiten der britischen Flotte, die mit Admiral Harwoods Geschwader zusammen operierten, nicht nur gesichtet, sondern auch erkannt. »Das ist es, was ich unter ›bestätigenden Details‹ verstehe«, sagte Ray Martin befriedigt.

»Julitas Vetter muß besonders gute Augen haben«, bemerkte McCall. »Die *Barham* liegt momentan in Gibraltar im Trockendock ...«

Was Captain McCall Julita mitleidig verraten hatte, entsprach der Wahrheit. An jenem Morgen hatte Captain Bell auf H. M. S. *Exeter* die felsige, kahle Küste der Falklandinseln gesichtet. Etwa eine Stunde später lief er in Port Stanley ein, wo ihm der Gouverneur und die Einwohner einen prächtigen Empfang bereiteten. Während der dreitägigen Reise waren die Ingenieure und Mechaniker ununterbrochen am Werk gewesen, um die elektrischen Kompasse, die Telephone und die Verbindungen zwischen der Kommandobrücke, dem Rudergänger und dem Maschinenraum wiederherzustellen. Schließlich waren in der Nacht vor ihrem Eintreffen im Bestimmungshafen die Reparaturen so weit fortgeschritten, daß Bell seinen eigentlichen Platz auf der vorderen Brücke wieder einnehmen konnte, wo ein Kapitän hingehört, wenn zum erstenmal wieder Land gesichtet wird.

In Port Stanley erhielt Bell Order vom Marineministerium, sein Schiff wieder seetüchtig zu machen und dann so schnell wie möglich nach England zurückzukehren. Bell blieb etwa sechs Wochen auf den Falklandinseln. Aber in den anderthalb Tagen nach der Ankunft in Port Stanley saßen Bell und der Gouverneur wie jede lebende Seele auf den Inseln, ja, fast alle Menschen auf der Erde, vor ihren Radioapparaten und lauschten den Berichten über das von Stunde zu Stunde sich steigernde Drama von Montevideo, Berichte, die mehr und mehr von einer einzigen Stimme beherrscht wurden — der Stimme von Mike Fowler.

»Es ist jetzt bald ein Viertel nach neun, liebe Hörer, hier in der großen Stadt Montevideo, diesen Samstag, den 16. Dezember. Wie wir hören, tobt in New York gerade ein Schneesturm, aber auf dieser Seite der Erde haben wir einen herrlichen Sommerabend, und die halbe Stadt ist *›on paseo‹*, das heißt auf den Beinen, und schlendert durch die Straßen. Es ist mindestens eine halbe Million Menschen, die in diesem Augenblick vor meinen Augen vorbeiströmt. Sie stehen dichtgedrängt am Kai und auf den Hafenmolen, sie belagern den Strand, die Dächer der Hochhäuser, und immer mehr kommen herbei, um den nächsten Akt im einmaligen Drama der *Graf Spee* mitzuerleben. Ich habe mich mit diesen Bürgern von Montevideo unterhalten, und einige stehen hier neben mir und werden Ihnen jetzt persönlich berichten, was hinter den Kulissen passiert. Hier zum Beispiel ist Señor Casuelo; er ist Gärtner bei der deutschen Botschaft. Kommen Sie näher! Señor Casuelo versichert uns, daß Kapitän Langsdorff, der Kommandant der *Graf Spee*, und der deutsche Botschafter gestern abend in der deutschen Gesandtschaft mit Berlin und wahrscheinlich sogar mit Hitler selbst gesprochen haben. Diese politischen Besprechungen auf höchster Ebene werden noch immer fortgesetzt, denn nach den letzten Meldungen ziehen die Engländer und ihre Verbündeten starke Kräfte vor der Mündung des La Plata zusammen, und das Schicksal des deutschen Taschenpanzerkreuzers, des Stolzes der deutschen Kriegsmarine, liegt in der Schwebe. Ich habe auch noch einen Radioamateur hier ... Ihr Name Señor? ...«

Der zweite Sprecher war nicht so schüchtern wie der erste. Er ergriff sofort das Mikrophon und verkündete: »Hier spricht Señor Torres! Hallo, ihr Kurzwellenbastler der Vereinigten Staaten. Ich sende jeden Abend mit meinem ...«

Mike schien sich ziemlich zurückgesetzt zu fühlen, denn er unterbrach abermals: »Vielen Dank, vielen Dank. Das war also Señor Torres. Dieser junge Mann mit seinem selbstgebastelten Kurzwellenempfänger hat Signale auf der geheimen Wellenlänge aufgefangen, welche die deutsche Botschaft für ihren Verkehr mit Berlin verwendet. Und obgleich seine Frau Minna deutscher Herkunft ist — sagen Sie doch ein paar Worte, Minna! ...«

Minna war auch nicht auf den Kopf gefallen: »Hallo, liebe Hörer! Ich bin in zweiter Generation

Uruguayerin und eine gute Demokratin; mein Großvater stammte aus Linz, Österreich. Hallo, Kusine Thea in Minneapolis! Hörst du mich?«

»Danke, danke vielmals, Minna! — Also, wie ich schon sagte, obgleich die beiden jungen Leute hier deutsch sprechen, haben sie den Funkspruch nach Berlin nicht verstehen können, entweder war er verzerrt oder in Geheim-Code. — Und nun kommt Dolores del Monte, der internationale Gesangstar — hallo, wie geht's? —, die versprochen hat . . .«

Es enstand eine Pause, man hörte ein leises Scharren und einen kurzen spanischen Wortwechsel, und dann kam Mike wieder: ». . . die offenbar versprochen hat — zu verschwinden.« Selbst in Montevideo darf man seine Kunden nicht warten lassen. »Haha! — Jetzt ist es schon fast eine Stunde her, seit die Sonne in den Wellen des La Plata versank. Aber es ist noch immer ziemlich hell, und am hellsten ist es um das riesige Panzerschiff *Graf Spee* herum, wo Tag und Nacht gearbeitet wird. Ich habe sie mit meinem Fernglas den ganzen Nachmittag und Abend beobachtet. Es herrscht Hochbetrieb an Bord. Zu einem Zeitpunkt habe ich beobachten können, wie Hunderte von Offizieren und Mannschaften sich auf dem Achterdeck versammelten . . . Irgendeine wichtige Besprechung, doch die Disziplin schien mir nicht besonders gut zu sein. Niemand weiß, was dort beschlossen worden ist. Niemand weiß, was heute mit Herrn Hitler besprochen worden ist oder was heute abend mit ihm besprochen werden wird. Aber dauernd fahren Barkassen und Leichter zwischen dem Kreuzer und der S. S. *Tacoma,* einem deutschen Handelsschiff, das bereits in Montevideo lag, als die *Graf Spee* eintraf, und jetzt nur wenige hundert

Meter von ihr vor Anker liegt ... Ich kann nicht erkennen, ob die Barkassen Güter an Bord der *Graf Spee* bringen oder ob sie welche dort abholen ... Wie bitte, Señor? Was können Sie sehen?... O ja ... Von der *Graf Spee* wird gerade schweres Material in zwei längsseits liegende Schlepper verfrachtet. Natürlich, jetzt sehe ich's auch! Das sind die Schweißapparate von Buenos Aires, mit denen sie die Wunden aus der Seeschlacht repariert haben. Meine lieben Hörer! Die *Graf Spee* schafft die Schweißapparate von Bord. Das heißt, daß die Reparaturen beendet sind! Das heißt, daß sie bereit ist zum Auslaufen! Aber wann? Sie hat nur eine einzige Chance: im Schutz der Dunkelheit einen Durchbruch ins offene Meer zu wagen. Und wenn sie es tut, dann bedeutet das einen Bruch des Völkerrechts. Denn heute abend um sechs Uhr ist ein britischer Frachter von Montevideo ausgelaufen, und nach der 24-Stunden-Klausel muß das feindliche Kriegsschiff ihm einen Vorsprung von vierundzwanzig Stunden gewähren. Also kann die *Graf Spee* nach internationalem Recht den Hafen nicht vor Sonntag abend sechs Uhr verlassen; das heißt also nur zwei Stunden, bevor die von der uruguayischen Regierung festgesetzte Frist abläuft. Das ist die rechtliche Seite der Angelegenheit. Aber hier stehe ich in Montevideo, inmitten des großen Dramas dieses Krieges, und ich kann nur sagen, liebe Hörer, das Völkerrecht ist die eine Seite und Kapitän Langsdorffs persönliche Einstellung ist die andere Seite in dieser Geschichte. Tatsache ist, daß die Maschinen und Geschütze der *Graf Spee* praktisch unversehrt sind. Sie ist noch immer eins der schnellsten und mächtigsten Kriegsschiffe auf den Meeren. Sie ist noch immer in der Lage, einen Durch-

Das brennende Wrack
des Panzerschiffs Graf Spee
auf dem Rio de La Plata

bruch ins offene Meer zu versuchen, wann es ihr paßt, und der britische Admiral Harwood weiß das ganz genau. Tag und Nacht, zu jeder Stunde und zu jeder Minute, schwebt auf den Lippen und im Herzen aller nur eine einzige Frage: Wird die *Graf Spee* es wagen, auszulaufen?«

KAPITEL XIII

SONNTAG

In der Nacht auf den Sonntag gab es für niemanden viel Schlaf. Als die Dämmerung hereinbrach, schlossen die drei britischen Kreuzer den Hafen ab, damit ihnen die *Graf Spee* auf keinen Fall entgehen könne. Aber sie ließ sich nicht blicken. Sie lag noch immer im Hafen vor Anker. Tausende von Menschen standen unermüdlich am Ufer und warteten. Um 3 Uhr früh fuhr Langsdorff an Land, ging zur deutschen Botschaft und sprach noch ein letztes Mal mit Berlin. Er erhielt seine letzten Befehle, und sogleich nach seiner Rückkehr auf das Schiff beobachteten die Zaungäste eine intensive Bewegung an Bord. Offiziere und Mannschaften strömten auf dem Achterdeck zusammen. Nach den Geräuschen zu urteilen, die über das Wasser herüberdrangen, schien es eher eine politische Versammlung zu sein als eine Ansprache Kapitän Langsdorffs an seine Mannschaft. Seltsame Dinge geschahen in jener Nacht im Herzen des großen Schiffes und in der Seele des Kapitäns.

Im Morgengrauen des Tages, an dem das Schiff auslaufen oder interniert werden mußte, zog Harwood seinen kleinen Verband vierzig Meilen flußabwärts zurück und außer Sichtweite. Dies mochte das letzte Mal sein. Die Entscheidung lag nicht in seiner Hand. Vor Dienstag konnte er keine weiteren Verstärkungen erwarten. Damit hatte er sich abgefunden. Seine einzige Sorge war, die *Graf Spee* nicht durch die Finger schlüpfen zu lassen. Es bestand noch die schwache Hoffnung, daß es Millington-Drake mit der 24-Stunden-Klausel gelänge, das Panzerschiff im Hafen zurückzuhalten, aber Harwood wollte sich nicht darauf verlassen. Mit Recht. Denn am selben Morgen rief Dr. Guani den britischen Gesandten zu einer dringenden Besprechung in sein Büro. Er hatte erfahren, daß ein drittes alliiertes Handelsschiff um 1 Uhr mittags auslaufen sollte, und bat Millington-Drake dringend, dies unter allen Umständen zu verhindern, da er natürlich sehr darauf bedacht war, die *Graf Spee* sobald wie möglich, und zwar innerhalb der festgesetzten Frist, loszuwerden. Millington-Drake blieb nichts anderes übrig, als zuzusagen, da er fürchten mußte, daß man seine Taktik bekanntmachen würde. Da die *Graf Spee* noch im inneren Hafen vor Anker lag und die Frist bei Sonnenuntergang ablief, war die Alternative klar: entweder hatte sie um 8 Uhr abends die uruguayischen Hoheitsgewässer verlassen, oder sie wurde interniert. Eine einfache dramatische Situation, deren Bedeutung für jedermann leicht zu fassen war, besonders in der Darstellung von Mike Fowler:

»Meine Damen und Herren, es ist Sonntagmorgen, 10.15 Uhr. Dies ist der 17. Dezember, der Tag, an dem die der *Graf Spee* zugestandene Frist abläuft. Um es genau zu sagen: heute abend um acht Uhr Ortszeit muß sie entweder die Hoheitsgewässer verlassen haben, oder die uruguayische Regierung wird sie internieren. Gerüchtweise verlautet, daß draußen vor der Mündung des La Plata fünf, vielleicht sogar sieben britische Kriegsschiffe auf sie warten. Ein anderes Gerücht besagt, daß auch die Deutschen Verstärkung heranholen, so daß eine noch größere Seeschlacht als letzten Mittwoch bevorsteht. Wir hatten gedacht, die *Graf Spee* würde vergangene Nacht im Schutze der Dunkelheit das Weite suchen, aber sie ist immer noch hier. Die ganze Nacht hindurch hat Kapitän Langsdorff mit der Nazi-Diplomatie eine der wichtigsten Entscheidungen seit Kriesbeginn ausgearbeitet. Wird er mit seinem zerschossenen Schiff den sicheren Hafen von La Plata verlassen? Wird er sich nach Buenos Aires durchschlagen, vier Stunden flußaufwärts? Wird er die Fahrt in den sicheren Tod riskieren? Niemand weiß es. Vor einer Stunde ist Kapitän Langsdorff auf sein Schiff zurückgekehrt. Er hat mehrere Stunden an Land verbracht. Der deutsche Botschafter, Dr. Langmann, hat ihn zum Kai begleitet, und als sie sich zum Abschied die Hand gaben, soll er gesagt haben: ›Bis morgen.‹ Natürlich hat er es deutsch gesagt, und ich gebe Ihnen hier nur die Übersetzung seiner Worte . . .«

Mike redete pausenlos in einem so lebendigen, einfallsreichen und eindringlichen Ton, als hätte er die halbe Welt als Zuhörer. Einer der eifrigsten Zuhörer war jedenfalls Admiral Harwood. Das Spionagesystem und die geheime Nachrichtenübertragung über die Falklandinseln und die Admiralität war schon viele Monate vorher sorgfältig ausgearbeitet worden, aber infolge einer Ironie der Technik war es Mike mit seiner Reportage nach Amerika, die an die BBC weitergeleitet und von dort in Bruchteilen von Sekunden über die ganze Welt ausgestrahlt wurde, die den britischen Admiral nicht nur von Minute zu Minute, sondern fast von Sekunde zu Sekunde über die Handlungen und Absichten seines Feindes unterrichtete. In nur sieben Sekunden raste Mikes Stimme um den ganzen

Erdball und wieder zurück bis zum hintersten Mann auf den drei britischen Schiffen vor Montevideo. Die Stimme hatte etwas Hypnotisierendes. Es war unmöglich, ihr nicht zuzuhören. Die Leute an Bord verrichteten ihre Arbeit halb automatisch und hielten dauernd die Ohren gespitzt, um die neueste Meldung nicht zu verpassen. Wenn Mike eine Funkpause einlegte, warteten alle gespannt, bis er wiederkam. Manchmal blieb sein Mikrophon unterdessen angeschlossen, so daß man den Lärm der Menschenmenge hören konnte, vermischt mit leiser Musik von Manolos Orchester, und dann und wann die Stimme einer fernen Schiffssirene. Es war unheimlich und unerträglich spannend. Montevideo und der Feind waren weit weg, und doch schien es, als ob ein unsichtbares Auge ihn beobachtete. Es würde sie nicht überrascht haben, wenn Mike plötzlich von ihren eigenen Handlungen gesprochen hätte.

Die drei britischen Schiffe patrouillierten weit auseinandergezogen vor der La-Plata-Mündung, blieben jedoch in Sichtverbindung. Das Flaggschiff lief in Sichtweite der Insel Lobos. Es war ein strahlender Tag und sehr heiß. Harwood und Woodhouse waren auf der Brücke und horchten wie alle anderen auf Mikes Stimme. Medley brachte Harwood einen Funkspruch. Dieser las ihn, packte Woodhouse am Arm und deutete mit dem Kopf auf den Steuerbord-Entfernungsmesser. Das Gerät stand in einem kleinen angebauten Flügel der Brücke und war ein idealer Platz für vertrauliche Besprechungen. Swanston, der nichts anderes zu tun hatte, war dort gerade eifrig damit beschäftigt, die Messingbeschläge zu putzen. »Abtreten, Swanston«, sagte Harwood und trat mit Woodhouse auf die Plattform. Er übergab ihm den Funkspruch mit den Worten: »Von unserem Botschafter in Buenos Aires.« Der Text lautete: »Hartnäckige Gerüchte kursieren hier, daß die *Graf Spee* heute abend auslaufen wird.«

Woodhouse nickte, gab den Funkspruch zurück und sagte: »Es ist also soweit!«

Harwood brummte: »Meinen Sie? — Was würden Sie tun, wenn Sie die *Graf Spee* unter Ihrem Kommando hätten?«

Woodhouse, der eine ehrliche, klare Frage schätzte, überlegte eine Weile und antwortete dann besonnen: »Well, ich würde auslaufen, sobald es dunkel wird, und versuchen, den Schiffen, die draußen auf mich warten, auszuweichen und so schnell wie möglich die offene See zu gewinnen. Und wenn es mir mißlänge, ihnen zu entwischen, würde ich bis zum Ende kämpfen. Das würden Sie doch auch tun, Sir?«

Harwood nickte nachdenklich. »Klingt sehr einfach. Ich möchte wissen, ob es auch für Langsdorff so einfach ist.«

»Warum nicht?« fragte Woodhouse ehrlich überrascht.

Nach kurzem Überlegen antwortete Harwood, und er hörte sich an, wie einer, der laut denkt: »Er hat eine Menge Dinge, die ihm Kopfschmerzen bereiten ... Kopfschmerz Nummer eins: er weiß nicht, über welche Kräfte wir hier draußen verfügen. Kopfschmerz Nummer zwei: er kann sich in Montevideo internieren lassen, aber Uruguay wird vielleicht später mit in den Krieg hineingezogen, und zwar auf unserer Seite; dann würde die *Graf Spee* in unsere Hände fallen ... Natürlich kann er auch nach Buenos Aires entwischen, aber das Flußbett ist eng ...«

Woodhouse fiel ein: »... und seicht ...«

Harwood nickte: »... und schlammig ... Wenn er seine Wasserzuleitung verschmutzt, sitzt er fest ...«

Plötzlich kam er zu einem Entschluß, schlug mit der Faust auf die stählerne Brüstung und rief: »Ja! Er wird kommen!«

»Wann, glauben Sie?«

»Jetzt! ... Am Mittag! ... Bei Sonnenuntergang! ... Irgendwann! Er kann ja selbst den Zeitpunkt bestimmen. Aber das Überraschungsmoment hat er verpaßt, denn der Bursche dort« — er zeigte mit einer Kopfbewegung auf den Lautsprecher, aus dem gerade eine Samba ertönte — »wird uns jede Bewegung berichten, die sie machen.«

»Also los! Dicht vor seiner Haustür wollen wir auf ihn warten.«

Harwood grinste unternehmungslustig wie ein zu Streichen aufgelegter Junge: doch dann seufzte er und sagte: »Kommandanten von Kriegsschiffen, mein lieber Woodie, sind nicht nur Marineoffiziere: was wir tun oder lassen, wird von unseren Freunden und Feinden stets so oder so ausgelegt — und die Neutralen machen es auch nicht anders.«

Aber das war für Woodhouse kein Problem: »Wenn wir sie versenken, gibt's nur eine Auslegung!«

Harwood schüttelte den Kopf: »Das ist nicht so sicher. Überlegen Sie mal ein bißchen. Wenn wir innerhalb des La Plata das Feuer eröffnen, wird man uns sofort Verletzung neutraler Hoheitsgewässer vorwerfen. Stellen Sie sich vor, was der kleine Goebbels da draus machen kann!«

Aber Woodhouse war nicht kleinzukriegen. Er hatte ein Schiff unter den Füßen, um damit in den Kampf zu ziehen, das war alles, was ihn interessierte. »Well, das ist Ihre Sache, Sir«, erklärte er und legte damit das ganze Problem rundweg in die Hände seines Vorgesetzten zurück.

Harwood schüttelte sich wie ein Bär und brummte: »Ja, danke vielmals!«

Plötzlich hörte die Musik auf und Mikes Stimme ertönte wieder aus dem Lautsprecher: »Sondermeldung! Hier spricht Mike Fowler aus Montevideo. Es herrscht hier allgemein die Ansicht, daß das Panzerschiff möglicherweise versuchen wird, einen anderen neutralen Hafen anzulaufen, Buenos Aires oder Bahia Blanca, wobei sie den ganzen Weg über innerhalb der neutralen Hoheitsgewässer bleiben könnte. Es herrscht Hochbetrieb um die *Graf Spee.* Sie hat jetzt Sonnensegel über das Steuerbord-Fallreep gespannt, wahrscheinlich um vor unseren Blicken zu verbergen, was sie in die Schlepper verladen, die pausenlos zwischen dem Kriegsschiff und der S. S. *Tacoma* hin und her fahren ... Ein Herr neben mir sagt soeben, daß die *Graf Spee* Dutzende von Matrosen — wie bitte, Señor? Oh, vielen Dank! *Si, comprendo.* Ich stelle richtig: daß die *Graf Spee* Hunderte von Matrosen auf die *Tacoma* bringen läßt. Alle haben ihren Seesack mit und verschwinden sofort, wenn sie auf der *Tacoma* ankommen, unter Deck. Ich kann Sie versichern, liebe Hörer, obwohl wir jede Bewegung dort drüben verfolgen, haben wir keine Ahnung, was dort wirklich gespielt wird. Die Spannung ist fast unerträglich. Die wahrscheinlichste Lösung scheint zu sein, daß die *Graf Spee* mit einer Rumpfmannschaft, ich möchte fast sagen, mit einem Himmelfahrtskommando auslaufen wird, sich der Übermacht zum Kampf stellen und mit fliegenden Fahnen untergehen ...«

Plötzlich wurde Mike Fowlers Stimme von einem lauten Krachen unterbrochen, gefolgt von Geschrei und Gekreisch. Millionen von Menschen warteten in höchster Spannung auf eine Erklärung. Sie vernahmen nur seltsam verzerrte Geräusche, und dann war Mike, ein bißchen außer Atem, wieder da: »Bitte um Entschuldigung, liebe Hörer. Ich stand mit meinem Mikrophon hier im Café auf einem Tisch, und der ist direkt unter mir zusammengebrochen ... Sonst ist weiter nichts passiert. Tut mir leid, wenn ich Sie erschreckt habe. Ich wette, Sie haben alle geglaubt, die *Graf Spee* sei ausgelaufen ...«

Ein paar hundert mitfühlender Hände halfen Mike auf die Beine und richteten die vielen Mikrophone wieder auf. Pop sammelte die Whiskyflaschen, die unter dem Tisch gestanden hatten, und zählte sie nach. Es waren bereits siebenunddreißig Stück, allesamt von Pop selbst sorgfältig aufgefüllt und zugekorkt. Als Mike seine Hörer von ihrem Schrecken beruhigt hatte, sah er Manolo neben Pop knien und eifrig auf ihn einreden, der sich seine Argumente mit ziemlich tauben Ohren anhörte. Und Mike fragte: »Was gibt's, Manolo?«

Manolo setzte sein freundlichstes Lächeln auf, breitete die Hände aus und sagte: *»Whisky terminado.«*

»Manolo sagen, kein Whisky mehr«, fiel Pop schnell ein. »Kein Whisky mehr, keine Lieferung mehr. Zuviel Leute.«

Manolo nickte, schaute Mike strahlend an und sagte: *»Si, claro«*, und überschüttete dann Pop mit einem spanischen Wortschwall, während er auf Mikes Whiskyvorrat wies.

Pop sagte trocken: »Manolo sagen, er möchte

Whisky von dir kaufen.« Er winkte Mike zu, der ebenso feierlich zurückwinkte. Das war für beide der große Augenblick.

»Well«, sagte Mike obenhin, »wir könnten ihm ein halbes Dutzend Flaschen überlassen — zu einem bestimmten Preis.«

Pop übersetzte: *»Seis botellas.«*

Manolo sah immer noch nicht, worauf er sich eingelassen hatte: *»Seis? Tu tonto? Para todas!«*

Mike schüttelte nur den Kopf und hielt sechs Finger hoch. *»No! Seis!* Frag ihn, was er bezahlen will.«

Etwa sechshundert Köpfe richteten sich auf Pop, der Mikes Frage ins Spanische übersetzte. Dann drehten sich die Köpfe wie bei einem Tennismatch zurück zu Manolo, dessen erstaunter Blick fast überzeugend wirkte: *»Lo mismo!«*

Pop strahlte. Das war ja ein Kinderspiel. Dann sah er Mike an und übersetzte mitleidig: »Dasselbe, was du ihm zahlen.«

Manolo nickte etwas ängstlich. *»Veinticinco pesos.«*

Mike lächelte wie ein Engel, schüttelte den Kopf und sagte: »Ich will das Doppelte haben. *Cincuento pesos.«*

Das war zuviel für Manolo. Sein Geschäftsinstinkt ließ ihn völlig im Stich. Er schrie: *»Cincuenta!«*, und es verschlug ihm die Stimme. Dann sagte er: *»No!«*

Mike lächelte.

»No, no, no.«

Mike lächelte immer noch.

»No, no, no, no!«

Mike lachte laut heraus, dann machte er plötzlich ein feierliches Gesicht, blickte Manolo in die Augen und fragte: »Abgemacht?«

Ohne zu antworten, kniete Manolo nieder und ergriff sechs Flaschen. Dann erhob er sich und rief: »Abgemacht!« und drängte sich durch die Menschenmenge ins Haus.

Mittlerweile war es Mittag geworden, die Zeit des Sonntagsmahls, das in Montevideo genauso wichtig ist wie überall, hier aber sehr viel länger dauert. Dem Sonntagsmahl folgt in Lateinamerika die unantastbare Stunde der Siesta, und nicht einmal die *Graf Spee* durfte sie unterbrechen. Nach und nach leerten sich die Kai- und Strandanlagen, die Molen und Hausdächer und auch Manolos Bar.

Nur auf der *Graf Spee* ging der geschäftige Betrieb weiter. Schlepper und Leichter fuhren immer noch zwischen dem Panzerschiff, dem Ufer und der *Tacoma* hin und her, und ein Arbeitskommando begann jetzt, die Sonnensegel zu streichen. Mit oder ohne Himmelfahrtskommando — das Schiff machte sich zum Auslaufen bereit!

Aber nicht überall in Montevideo wurde Mittagsruhe gehalten. Im Außenministerium fand an diesem Sonntagnachmittag eine Sitzung statt, deren Beschlüsse für die Geschichte der westlichen Halbkugel von großer Tragweite waren. Dr. Guani hatte sämtliche diplomatischen Vertreter des amerikanischen Kontinents zu sich gebeten. (Die Südamerikaner verstehen unter »americano« Nord- und Südamerika zusammen.) Es war etwa 15.30 Uhr, und die Mittagshitze brütete über der Stadt. Millington-Drake saß in Hemdsärmeln vor seinem Schreibtisch, als Miß Shaw meldete, das Konsulat habe angerufen und berichtet, ihre Beobachter hätten gerade alle Vorsteher der amerikanischen diplomatischen Vertreter, einschließlich des Botschafters der

USA, Argentiniens und Brasiliens nacheinander vor dem Cabildo vorfahren und durch den Privateingang eintreten sehen. Tatsächlich war Millington-Drake bereits über die geplante Sitzung informiert.

Es ist interessant, sich die Auffassungen, die in jener Zeit in Nord- und Südamerika herrschten, in Erinnerung zu rufen. Auf Grund seiner Erfahrungen in Genf kannte Guani erstens den Wert gemeinsamen Vorgehens, und zweitens wußte er, daß man das Eisen schmieden muß, solange es heiß ist. Jetzt, wo die westliche Hemisphäre noch unter dem Eindruck der jüngsten Erfahrung stand, war die Zeit gekommen, eine klare Auffassung zu gewinnen und sich zu gemeinsamem Handeln zusammenzuschließen. Guani verheimlichte der Versammlung nichts. Klar und offen erläuterte er ihnen die Haltung der uruguayischen Regierung und deren Gründe. Seine Zuhörer hätten Guani gewiß zu jeder Zeit achtungsvoll angehört, aber der Umstand, daß im Augenblick keiner der Anwesenden wirklich wußte, was sich an jenem Abend um acht Uhr ereignen würde, gab jedem seiner Worte vermehrtes Gewicht und hielt seine Besucher von Anfang bis zum Ende in Spannung. Es muß eine außergewöhnliche Sitzung gewesen sein. Mancher der Anwesenden war tief beeindruckt, als der Außenminister von dem Druck sprach, den beide Regierungen, sowohl diejenige Seiner Majestät wie diejenige Hitlers, auf ihn ausgeübt hätten und der zuweilen geradezu unerträglich gewesen sei. Mit einem Lächeln gab er zu, daß der Druck von britischer Seite ein klein wenig erträglicher gewesen sei, da er durch die taktvolle Persönlichkeit seines Freundes Millington-Drake ausgeübt worden sei ... Dieses Zugeständnis zwang den besorgten Anwesenden ebenfalls ein Lächeln ab, denn alle kannten Dr. Langmann und seine Methoden. Doch der höfliche kleine Scherz brachte keine Entspannung, und alle waren sich klar, daß etwas geschehen müsse. Man erinnert sich vielleicht, daß alle Staaten des amerikanischen Kontinents einschließlich den USA wenige Wochen später ein Abkommen veröffentlichten, demnach jede Seekriegshandlung innerhalb einer sehr weit gezogenen Zone um die Küsten Amerikas (einige zweihundert Meilen und im Abkommen genau definiert) als offener Neutralitätsbruch angesehen würde. Dieses Abkommen war im Grunde nicht mehr als eine Erweiterung der Monroe-Doktrin, welche zwar nicht in der amerikanischen Verfassung niedergelegt ist, aber die Vereinigten Staaten doch verpflichtete, gegen jede Aggression in Übereinstimmung mit den übrigen amerikanischen Staaten zu handeln. Die Tatsache, daß dieses Abkommen die traditionelle 3-Meilen-Zone zu einer von mehreren hundert Meilen erweiterte, zeigt jedoch, wie der Eindruck war, unter dem damals ganz Amerika stand, und wie weit die amerikanischen Staaten zu gehen bereit waren, um sich aus dem Krieg herauszuhalten. Wenn wir heute zurückblicken aus einer Zeit, wo die USA nicht nur die anerkannten Führer auf politischem Gebiet, sondern auch in bezug auf das Kriegspotential sind, darf sich jeder denkende Staatsbürger beruhigt fühlen. Was Kipling einmal »Die Bande der gemeinsamen Angst« genannt hat, hat früher einmal das britische Empire zusammengehalten; heute verbinden sie die ganze Welt.

Um 6 Uhr war die Sitzung zu Ende, und auch die allgemeine Siesta war vorbei. Die Menschenmengen strömten wieder zu den Kais und Strandanlagen. Die